인물과 사건으로 읽는

조선왕조사

서정우 지음

세시

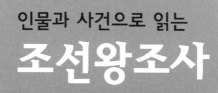

인물과 사건으로 읽는
조선왕조사

서정우

　전북 익산 출생. 「시문학」을 통해 등단. 저서로는 시집 〈뱀장어〉, 〈괭이밥을 향한 경례〉와 산문집 〈우리들 슬픈 사랑의 그림자〉, 그리고 식물도감 〈탄천의 야생화. 공저〉 등이 있다.

　〈인물과 사건으로 읽는 조선왕조사〉는 많은 사람들이 역사를 고리타분하게 생각하는 것을 곁에서 지켜본 지은이의 안타까움에서 시작되었다. 쉽게 읽히면서도 선민의 지혜와 그 시대상황을 알 수 있는 책. 이 땅을 사는 사람들이 이 책을 통해 역사에 대한 흥미로 현재를 살아가는 지혜를 터득했으면 좋겠다는 간절한 마음을 담았다.

인물과 사건으로 읽는
조선왕조사

1판 1쇄 발행 / 2011년 12월 30일
지은이 / 서정우
펴낸곳 / 도서출판 세시
출판등록 / 3-553호
주소 / 서울 마포구 대흥동 303번지 3층
전화 / 715-0066
팩스 / 715-0033
Email / sesi3344@hanmail.net
ISBN / 978-89-85982-40-5　　부가기호 03910

책머리에

역사를 읽는 시간은 즐겁다. 단지 읽었을 뿐인데 언제나 깨우침을 주기 때문이다. 역사는 과거에 멈춰 있는 것이 아니라, 문득 책 밖으로 뛰쳐나와 현재의 상황을 보여주고 그 답도 제시한다. 실로 놀라운 일이다.

역사의 답은 찾는 자에게만 제시된다. 시대가 아무리 바뀌어도 사람들이 추구하는 삶은 예나 지금이나 크게 다를 바가 없다. 못 가진 자는 가지려고 하고 가진 자는 지키려고 한다. 선악의 개념도 수시로 바뀌고, 충효의 개념도 상황에 따라 달라진다. 권력과 민심의 상관관계 역시 크게 다를 바가 없다. 다만 시대가 갖고 있는 소품의 역사가 달라졌을 뿐이다. 따라서 가만히 눈을 감고 현 시대와 역사의 한 시대를 연계해보면 과거와 현재가 참 비슷하게 겹친다. 우리는 과거에서 참 많이 떠나온 것 같지만 그리 멀리 떠나질 않았고, 역사는 흘러간 것이 아니라 언제나 내 주변에서 살고 있는 것이다.

　이런 의미에서 바라본 조선왕조의 오백년 역사는 역사이기 이전에 현재의 어떤 상황에 대한 해답서인 것이다. 또한 그 시대에 살았던 개인의 삶 역시 다만 과거가 아니라 곧 시대의 삶이고, 한 시대를 대표하니 역사의 거대한 숨소리인 것이다. 따라서 이 책은 각 시대마다 존재하는 인물을 중심으로 이야기를 엮어나갔다. 비록 단편적인 인물이지만 그 인물이 한 왕조의 특성을 드러내도록 하며 동시에 오백년 역사의 통시적인 흐름도 나타내고자 한 것이다. 또한 인물에 관한 기록이나 설화를 수록하는데 있어 정사와 야사 어느 한 곳에 치중하지 않았다. 이는 편년체로 되어 있어 자칫 딱딱해지기 쉬운 정사가 주는 지루함과 황당한 이야기로만 되어있는 야사의 한계를 탈피하고자 함이다.

모쪼록 이 글을 읽는 독자는 한 시대 한 인물의 움직임만 보려고 하지 말고 그 안에 존재하는 역사를 보면서 현재 역시 투영시켜 보았으면 한다. 역사는 흘러가는 것이 아니라 돌고 도는 것이다. 따라서 역사를 찬찬히 짚어보며 느끼고 깨닫고자 하는 자에게는 그 어떤 서적을 읽는 것보다 더한 축복이 될 것이다. 끝으로 이제는 그 명을 다해 사라져가는 책에 다시 생명을 불러 넣어준 세시 출판사 소준선 사장님께 심심한 감사의 말씀을 올린다.

목차

뜻이 있는 길로 가리라

"한의 고조가 장량(장자)을 기용하여 유용하게 썼다 하지만 또한 이는 장량이 한의 고조를 쓴 것이옵니다."

뜻밖이었다.

정도전의 이 말은 곧 자신과 정도전의 관계가 한 고조하고 장량과 같다는 것이 아니겠는가!

"그 무슨 말이오?"

이성계는 막 들려던 술잔을 내려놓았다. 아무리 개국공신이고, 자신의 등극을 위해 노심초사한 신하라지만 이런 식의 자기 치사는 도리에 어긋나는 일이다.

아랫사람을 취함에 있어 그 그릇됨을 헤아리는 것은 마땅히 상관의 역할이거늘, 오히려 자신이 윗사람을 취했다는 이야기는 이성계를 가볍게 보았다고 생각할 수도 있는 일이다. 지혜롭다는 정도전이 이런 말을 할 줄이야!

"전하, 무릇 군왕이 그 뜻을 따라줄 신하를 선택함은 만고의 진리이옵니다. 하지만 신하 역시 비록 미약한 존재이지만 그 존재를 알아주실 군왕에게 몸과 마음을 다 바쳐 앞일을 도모한다는 생각을 말씀 올린 것이옵니다."

자리를 고쳐 앉고 말하는 정도전의 목소리에는 추호의 떨림도 없었다.

"……."

약 일각의 시간이 흘렀다. 이성계는 송화주를 입에 댄 채 말없이 정도전을 바라보았다. 그리고 단정하고 공경스러운 자세에서 그가 교만을 부리고 있는 것이 아님을 다시 한 번 확인하고는 크게 웃은 뒤 한 잔의 어주를 내렸다.

"허허허, 삼봉(三峰:정도전의 호)의 말이 맞소."

삼봉 정도전은 고려 말에 태어나, 이색의 문하에서 정몽주, 이숭인, 권근 등과 수학하다가 공민왕 12년(1363)에 벼슬길에 올라 조선 태조 7년(1398)에 비명횡사하기까지 파란만장한 삶을 살았던 사람이다.

그는 학문을 함에 있어 유학뿐만 아니라 예악제도, 음양, 병력, 의학 등 학문이라면 가리지 않고 조석을 끊고 몰두했으니, 이런 그의 자세에 탄복한 많은 학자들이 늘 그의 곁에 머물렀다.

한 번은 이런 일이 있었다.

같은 문하생이었던 정몽주가 남방에 위치한 영주에서 홀로 학문에 정진하던 정도전에게 〈맹자〉를 보냈다. 마침 학자들과 같이 제자백가 사상을 논하던 터라 그들 모두 이 선물을 보았다.

"허허. 이럴 수가 있소! 아니 이 책은 맹자가 아니오?"

"그러게 말이오. 정녕 포은이 삼봉에게 이 책을 읽으시라고 보낸 것이 맞소이까?"

그들은 마치 자신이 무시당했다는 투로 분연히 들고 일어서며 금방이라도 정몽주를 잡도리하겠다는 태도였다. 그러나 정작 당사자인 정도전은 태연히 앉아 그들의 옷자락을 붙잡았다.

"하하, 다들 좌정하시지요."

"아니 그럼 삼봉께서는 아무렇지도 않다는 말씀이오?"

아직도 흥분이 가시지 않은 학자들이었다. 이에 정도전은 조용히 말했다.

"맹자는 누구나 읽었던 바이나, 그 뜻의 오묘함을 누구나 깨닫지 못합니다. 이 책은 제가 부탁하여 보낸 것입니다."

"……."

좌중이 말을 잃자 조용히 주위를 둘러보던 정도전은 다시 말을 이었다.

"읽는 행위는 아무나 할 수 있는 게지요. 하지만 읽고 외기는 할망정 아무나 깨닫고 행하지는 못합니다. 저는 사람됨이 부족하여 이렇게 묵향 그윽한 글씨들을 대해야만 다시 정리를 할 수 있답니다. 우스운 이야기 같지만 저는 읽으면서 머릿속으로 행합니다. 수십 갈래의 상황을 놓고 계속 그 길을 가지요."

이 말에 좌중은 아연실색하고 말았다. 책을 읽으면서 머릿속으로 행한다니. 정도전의 말은 계속 이어졌다.

"허허허. 그러고 보니 읽는 속도가 무척 느리답니다. 아침에 책을 붙잡으면 저녁이 되어도 한 장, 혹은 반 장 정도밖에 읽지 못하니 이거 심히 부끄럽습니다 그려."

정도전의 말을 들은 사람들은 아무런 말도 하지 못했다. 간혹 헛기침 소리를 내며 먼 산만 바라볼 뿐이었다.

　그러나 시대는 정도전이 심도 있게 깨달은 학문을 인정하려 들지 않았다. 후에 그는 성균박사가 되어 주자학의 깊은 곳까지 파고들었지만, 고려 말의 정치판도는 그의 존재를 조금도 알아주지 않았다.
　이때 중국은 고려를 지배하던 원나라의 세력이 약화되고 한족이 세운 명나라가 일어서는 시기였다. 하늘처럼 떠받들던 중국이 급격하게 변화하다 보니 당연히 고려 조정도 벌집을 쑤셔놓은 것처럼 갑론을박이 벌어졌다. 일부에서는 원의 지배를 벗어나려는 움직임이 일었고, 또 다른 대신들은 반대로 원을 도와야 한다고 주장해 혼란이 가중되었다.
　이에 정도전은 유교의 예(禮)를 숭상하는 주자학의 이론을 빌어 명과의 관계를 요구하고 나섰다. 하지만 우왕 즉위 초 시중(侍中) 이임직 등이 주도하는 친원파들의 득세로 결국 뜻을 이루지 못하고 나주에 있는 회진현으로 귀양가는 신세가 되어버렸다.
　정도전에게는 자신의 학문을 현실화할 수 있는 힘이 필요했다. 자신을 귀양까지 보낸 집권층에게는 어떤 기대도 할 수 없었다. 암담했다. 나라가 바로 서려면 나라를 살피는 자가 올바른 뜻을 가지고 있어야 하는 것임을…….
　그러나 작금의 고려 조정은 어떠한가. 공민왕이 궁중에 신돈이라는 요승을 끌어들인 뒤, 중의 신분으로 공사를 주무르게 하였다. 또 신돈은 여성편력도 대단하여 지금의 우왕도 그의 자식이라는 설이 파다했다.
　정통성 문제가 부각되다 보니 대신들은 종종 국왕을 업수이 여겼다. 시중으로 있는 이임직의 말 한마디로 벼슬길이 오갔으며, 벼슬길에 오른 자들은 눈치보기에만 급급해 누구 하나 바른 소리를 하는 사람이 없었다.

정도전은 하늘을 우러러보았다. 가을 하늘은 구름 한 번 없이 맑았다. 정도전의 입가에 한숨 소리와 함께 시가 맴돌았다.

> 죽음이란 예부터 한 번은 찾아오는 것
> 편안히 살고자 목숨을 붙이려 하기는 싫네
> 적막하게 흐른 천 년 뒤
> 가을 하늘엔 영웅 열사가 표연히 떠가네

썩어가는 조정만을 기대할 수는 없다! 정도전의 마음이 굳어가고 있음을 나타내는 시였다. 무엇인가 새로운 계기를 마련해야 했다.

눈을 돌려 신진 사대부를 찾았다. 힘과 지략이 있는 자, 그리고 만인을 포용할 수 있는 자. 마침내 그가 찾아낸 인물은 홍건적과 왜구의 격퇴로 용맹을 떨치고 있는 이성계였다.

"그래! 이성계를 만나보자."

우왕 7년(1383) 가을, 정도전은 귀양살이에서 풀려났다.

그는 곧 함주에 있는 동북면도지휘사 이성계를 찾아가 그의 막료가 되었다. 그가 이성계의 막료를 자원한 것은 자신이 선택한 인물을 면면히 분석하자는 목적에서였다.

이성계는 눈을 지그시 감고 사색을 즐기는 편이었는데 막상 대화가 시작되면 얼굴 가득 온화한 미소를 머금고 대해 상대방을 편하게 해주었다. 그래서인지 이성계의 군대는 장수나 병졸들 모두 정이 넘 쳤다. 싸움에 나가서는 맹수같이 돌진하는 자들이지만 싸움이 끝나고 기지로 돌아오면 서로를 위해주었다. 이런 모습은 상하 누구를 막론 하고 변함이 없었다.

또한 이성계는 무인이면서도 문인에 대한 호감이 컸다. 보통의 무 인들은 문인에게 강한 피해의식이나 적개심을 가지고 있었다. 이것도 아니면 문인 알기를 우습게 여기는 경향이 컸다.

하지만 정도전이 보아온 이성계는 문인에 대해서는 너무하다할 정 도로 우호적이었다. 이 정도면 정도전이 생각하던 인물인 것이다.

좋다. 이성계에게 나를 걸리라!

어느 이른 저녁, 정도전은 드디어 마음을 굳히고 이성계를 찾아갔 다. 이성계는 정도전의 방문에 의아하다는 표정을 지었다.

"아니, 삼공. 기별도 없이 어인 일이오?"

"……."

"무슨 불편한 일이라도 있는 게요?"

"아닙니다. 장군께 드릴 말씀이……."

정도전은 잠시 말문을 닫았다. 그리고 침을 한번 삼킨 후 이야기를 시작했다.

"장군 정도의 포용력과 이렇게 잘 훈련된 군대로 무슨 일인들 못하 겠습니까?"

아닌 밤중에 홍두깨였다. 이성계는 잠시 정도전을 바라보다가 묵직 한 음성으로 물었다.

"그게 무슨 말이오?"

이성계의 눈빛이 심상치 않았다. 정도전은 짐짓 딴청을 부렸다.

"장군님의 군대는 능히 어떤 적이라도 격퇴할 수 있다는 것입니다. 왜구나 홍건적이나……."

그러다가 정도전은 곧 자세를 바로잡았다. 그가 들어올 때 문을 열어 두었기에 군영 앞에 서 있는 노송(老松) 한 그루가 눈에 띄었다. 정도전은 그 노송을 보며 시를 읊었다.

창망한 세월 한 그루 소나무
청산에서 몇 만 겹 자랐구나
다른 해에 서로 만나볼 수 있을까
사람 사는 이치로 따라 좇으리라

새로운 나라의 건국을 암시하는 시였고, 자신이 이성계의 오른쪽 날개가 되겠다는 복종의 시였다.

그러나 이성계는 말없이 정도전을 바라보고만 있었다. 착각이었을까? 그런 이성계의 눈에서 섬광 같은 빛이 흘러나왔다. 둘은 한동안 말이 없었다. 칠흑 같은 어둠만이 그들의 몸을 휘감았다.

우왕 8년 1월이었다. 여진 사람 호발도가 동북면에 들어와 재물을 약탈하고 사람을 잡아가는 행패를 부렸다. 그리고 그해 8월에는 다시 단주로 침입하는 등 북방의 혼란이 심각하였다.

고려 말의 조정은 남쪽의 왜적과 북쪽의 여진족에게 많은 시달림을 받았다. 그러나 이를 지켜낼 만한 힘이 부족했으니 곳곳에서 방어에 구멍이 뚫렸다. 조정이 의지할 곳은 최영과 이성계밖에 없었는데, 최영은 이미 노쇠하여 임무 수행이 어려웠으니 믿을만한 자는 이성계뿐이었다.

이성계도 고려왕조에 있어 자신의 막중한 책임을 모르는 바는 아니었다. 그러나 자신의 힘만으로는 너무 벅찼다.

"이것 참 큰일이구려! 변방은 금세라도 봇물이 터질 것 같은데 조정에서는 도무지 관심을 보이지 않으니……."

하루는 정도전의 거처로 이성계가 찾아와 자신의 답답한 마음을 털어놓는 것이었다.

이 말을 들은 정도전은 뛸 듯이 기뻐했다. 그도 그럴 것이 지난 번 자신이 의중을 드러낸 후 한 번도 자신을 부르지 않았고, 자신의 방문조차 업무를 핑계로 받아들이지 않던 이성계가 직접 자신을 찾아온 것이다. 이는 자신의 뜻을 내심 수긍하는 것이 아니고 무엇이랴!

"장군……."

정도전은 곧 그 자리에 엎드려 최대한의 예의를 표했다. 그러자 이성계는 바로 정도전의 팔을 붙잡아 일으키며 엄히 꾸짖는 것이었다.

"공은 다른 생각은 하지 마시오. 지금 우리는 고려의 신하로 만나고 있는 것이오. 생각이 지나치면 신상에 해로운 법이오."

"……."

정도전이 말없이 고개를 떨어뜨리자 이성계는 한결 마음을 누그러뜨리고 특유의 온화한 목소리로 다시 물었다.

"혀는 화근을 불러일으키지요. 다른 말씀은 마시고 지금 이 상황에 대한 공의 의견을 말해 주시오."

순간 정도전은 온몸을 바르르 떨었다. 장군의 이 말은 무슨 뜻인가? 언뜻 생각하면 자신을 책망하는 소리지만 다시 생각하면 때를 기다리자는 이야기가 아니겠는가!

"…… 장계를 올리시지요."

정도전은 형식적인 방안을 전했다. 장계를 올린다는 것은 지금의 상황을 조정에 보고하는 것이다. 그러나 당장 조정에서 할 수 있는 일은 없었다. 다만 장계를 올려 이성계의 우국충정을 모든 신하에게 보여 그들에게 이성계의 존재를 재삼 확인시키자는 의도였다. 다시 말해서 정도전은 이 상황에서도 은근히 이성계를 떠본 것이다.

"장계라……."

이성계는 한참을 곰곰이 생각하더니 이내 빙그레 웃었다.

"좋은 생각이오. 그럼 초안은 공에게 부탁하리다."

이성계 역시 정도전과 뜻이 같은 것이다. 정도전도 빙그레 웃었다. 이심전심이었다.

'…북쪽은 여진, 몽고 등과 경계를 접하고 있어 매우 어려운 상황입니다. 비록 나라가 평안한 상태라 할지라도 식량을 저장하고 군사를 길러 만일의 사태에 대비해야 하심이 마땅한 줄 아옵니다.……'

정도전은 곧 붓을 들어 초안을 작성했다. 후에 이는 '안변지책'이란 이름으로 〈고려사열전〉에 기록되었는데 이것은 이성계가 유일하게 내세운 국방 정책이었다.

이듬해인 우왕 10년(1384) 7월, 정도전은 성절사(중국의 황제와 황후의 생일을 축하하러 가는 사신) 일행이 되어 중국을 다녀왔다. 이 일행의 목적은 표면상으로는 성절을 축하하는 것이었으나 실질적인 목적은 명나라와의 관계를 호전시키는 데 있었다.

이성계가 최영과 손을 잡고 이인임 일당을 제거하였기에 그 후 이인임에게 정면 대응을 했던 정도전의 입지는 크게 강화되었고, 그 뒤에는 이성계가 막강하게 버티고 있었다.

신진 사대부 이성계의 후원. 이제 정도전에게 자신의 뜻을 펼칠 수 있는 기반이 조성되었다. 그래서인지 정도전 일행은 90일이 족히 걸리는 임무를 60일 만에 달성하고 돌아왔다.

이때부터 정도전의 벼슬길은 탄탄대로였다. 성균관 책임자가 되었다가 남양 지방의 목사로 내려가 있기도 했다.

이런 가운데 명나라가 고려 왕실에 철령 이북의 땅을 요구해왔다. 명의 이 요구는 고려 조정을 온통 들끓게 하였다.

"명이 철령 이북 땅을 요구해왔소. 이는 분명 우리 땅인데 자신들의 요동 관할 아래 두겠다는 것이오. 이런 방자한 태도가 어디에 있소!"

본래부터 친원파가 많았던 고려 조정이었다. 귀족들이 분개하는 것은 당연했다.

"명의 요구가 이럴진대 가만있을 수는 없는 일이오. 군사를 일으켜 싸워야 합니다."

최영 장군이었다. 그러나 이성계의 의견은 달랐다.

"불가합니다. 그 이유로 첫째, 작은 나라가 큰 나라를 치는 것은 무모합니다. 둘째, 농사철에 군사를 모집하는 것은 잘못입니다. 셋째, 나라의 형세가, 군사가 원정을 가면 왜구의 침입이 있을 것이고, 넷째, 계절적으로 보아 많은 비가 내려 질병이 많기 때문입니다."

그러나 왕은 이성계의 말을 듣지 않았다.

"이미 군사를 일으켰으니 중단할 수는 없는 일이오."

결국 우왕 14년(1388) 4월 군대는 평양을 떠났고, 이성계는 행군하는 도중에도 내내 불가함을 논하며 회군할 것을 청했다. 고려 조정이 이를 묵살하니 그해 5월 이성계는 분연히 압록강을 건너 돌아왔다. 이것이 바로 위화도 회군이다.

이성계의 위화도 회군은 고려 조정에 커다란 파문을 일으켰다.

이성계는 먼저 최영 휘하에 있는 친원파를 제거했으며, 우왕을 몰아냈다.

그리고 바로 정도전을 대사성에 임명하였다. 대사성은 당시 성균관의 으뜸가는 벼슬로 품계가 정3품에 이르는 직위였다. 그러니 이는 호랑이에게 날개를 달아준 격이 아니고 무엇이겠는가.

우왕이 폐출되고 창왕이 왕위에 오르자 그의 벼슬은 밀직부사(왕의 명령 출납, 군사기밀 담당)가 되었다. 이때부터 그의 뛰어난 재능은 유감없이 발휘되기 시작한다.

맨 먼저 정도전이 한 일은 창왕을 몰아내는 일이었다.

"우왕뿐 아니라 창왕 역시 본래 왕족의 후손이 아니외다. 창왕은 요승 신돈의 아들이니 그를 왕으로 섬길 수는 없는 일이오."

정통성을 문제삼은 것이다. 공민왕이 요승 신돈을 신임하여 궁궐에 들여놓았는데 신돈이 음란한 짓을 벌여 낳은 아들들이 바로 우왕과 창왕이라는 것이었다.

이런 정도전의 주장은 처음에는 강한 반대에 부딪쳐 실현되지 않았으나 채 2년이 되지 않아서 그의 뜻대로 되고 말았다. 그는 다음 단계로 왕실의 먼 친척인 공양왕을 옹립하였다. 이때의 공양왕은 말이 왕이지 실질적인 권력은 이성계에게 있었다. 결국 정도전의 계획은 세력이 전혀 없는 허수아비 왕을 내세워놓고 점차 자신들의 뜻을 실현시키자는 것이었다.

왕의 세력이 무력해진 후 그가 내놓은 것은 전제(田制)와 군제(軍制)의 개편이었다. 당시의 귀족들은 엄청난 부와 특권을 누리고 있었다. 국가는 귀족들에게 광대한 땅을 주고, 조세까지 면해 주니 상대적으로 농민들의 부담은 이중삼중으로 커져만 갔다.

"귀족들의 땅이 많으니 가난한 자는 노예와 같이 일을 하나 먹을 것이 부족하고, 국가는 그 세금을 받지 못하니 재정이 더욱 빈약해진다."

이런 지적을 수시로 했고, 공양왕 2년(1390)에 이르러 개혁을 하게 되었다.

'국가의 모든 땅을 국가에 귀속시킨다. 이후 모든 백성에게 땅을 골고루 분배하도록 한다.'

이 발표는 백성들의 엄청난 호응을 불러 일으켰다. 날마다 굶주리는 백성들에게 이보다 더한 희소식이 어디 있으랴.

백성들은 너나없이 이성계를 외쳐댔다. 정도전은 이 개혁의 주된 세력이 이성계가 이끄는 신진 사대부들임을 누누이 부각시킨 것이다. 이로 인해 땅을 빼앗긴 고려의 귀족은 입지가 크게 줄었고, 반면에 이성계의 인기는 하늘 높이 치솟게 되었다.

다음으로 정도전이 행한 개혁은 사병제도의 철폐였다. 고려는 장수들에게 군기와 장비, 국가 명부에 올라 있지 않은 군사들을 소유하는 것을 인정하였다. 그러다 보니 귀족들의 힘이 막강해져서 왕실의 존재를 위협할 정도였다. 당연히 중앙집권체제의 유지는 어려웠다.

정도전이 들고 나온 것이 바로 이 문제였다.

"원수(귀족들이 사병을 거느리면 그 귀족을 원수라 칭함)들의 병사가 많으면 많을수록 국가의 권위가 흔들립니다. 이는 왕이 귀족을 통제할 수 없는 상황으로까지 갈 수 있으니 기실 우리 내부에 적을 키우는 것과 다름이 없습니다."

정도전은 체제의 정비를 강력히 주청했다. 정도전의 이 주장은 이성계 추종세력들의 지원을 받아 급격히 확산되어 갔으며 시간이 흐를수록 이성계 반대세력의 입지는 눈에 띄게 약화되었다.

드디어 공양왕 3년(1391)이 되자 왕은 교지를 내렸다.

'원수제도를 철폐하고, 사병제도 역시 폐지의 과정을 밟게 하라. 모든 군사를 국가에 귀속시키며 이후 원수의 뜻으로 군사를 사사로이 움직일 수 없다. 그리고 삼군도총제부를 두어 도총제에 이성계, 중군통제사에 배극렴, 좌군통제사에 조준, 우군통제사에 정도전을 임명한다.'

"아, 하늘이시여."

교지가 내리자 정도전은 눈물을 보이고 말았다. 이는 자신이 고려 조정에 몸담았을 때부터 소망해 왔던 일이 아니었던가.

그때부터 지금까지 날마다 계획하고 수정하고 또다시 계획하기를 수천 번이었다. 그동안 자신의 포부는 기반이 없었기에 모래 위에 세운 집에 불과했다. 그러던 것이 이제 이성계를 만나 그와 함께 하면서 이렇게 현실로 나타나게 된 것이다.

"아, 하늘이시여 감사합니다."

정도전. 이로써 자신이 꿈꾸어 왔던 일이 드디어 고려의 조정에서 다 이룩된 것이다.

정도전은 고려 말과 조선 초에 성리학적 이념의 새로운 국가 건설에 힘을 기울인 거인이다.

그는 또 숭유억불정책을 펼쳐 유학의 보급에 힘을 썼으며, 조선의 정치이념이 된 〈조선경국전〉 등 수많은 책을 펴냈고, 〈고려사〉를 지어 한 시대의 테두리를 잡기도 했다. 조선의 태조 이성계가 한양 천도를 할 때에는 궁궐과 종묘의 위치, 성내 48방의 명호를 재정키도 하였다.

그러나 그의 말년은 매우 불행했다. 태조 5년 조선과 명나라 사이에 표전문제가 발생하였다. 이는 명나라에 보낸 장계에 명나라를 경박하게 취급하는 문구가 있다 하여, 명나라가 사사건건 트집을 잡은 것이 발단이 되었다.

한두 번도 아니고 매해마다 이러니 조선 역시 분노가 치밀었다. 이에 정도전 등은 반명 태도를 확실히 하고 요동 정벌을 목표로 군사를 양성하였다. 하지만 이 자주권 회복 움직임도 수포로 돌아갔다. 왕권을 둘러싸고 분쟁을 하던 이방원에 의해 정도전은 역모를 꾀한다는 누명을 쓴 채 죽음을 당한 것이다.

정도전은 전 학문의 분야에 통달했던 그의 지식을 유감없이 발휘한 한 시대의 기린아였다.

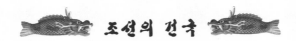

조선의 건국

고려 말에는 권문세족의 발호로 중앙 집권 체제가 약화되고 왕권도 쇠퇴하였다. 이에 공민왕은 권문세족과 인연이 없는 승려 및 사대부와 제휴하여 개혁을 시도하였다.

그러나 우왕이 즉위하면서 권문세족의 횡포는 오히려 심해져 사대부 세력은 위축되었다.

이 시기에 신진 사대부는 고려 왕조의 테두리 안에서 점진적인 개혁을 추구하는 온건파와 왕조 자체를 바꾸려는 적극적인 혁명파의 두 파로 갈라져 서로 대립하였다.

이때, 다수의 사대부들은 온건파에 속해 있었다. 그러나 정도전, 남은 등과 같은 혁명파는 신흥 무인 세력과 농민 군사들을 끌어들여 새 왕조 개창의 기반을 마련하였다. 특히, 이들은 막강한 군사력을 지니고 있고 국민의 두터운 신망을 얻고 있던 이성계와 손을 잡음으로써 왕조 교체의 결정적 힘을 얻게 되었다.

마침내 혁명파는 이성계의 위화도 회군으로 정치와 군사적 실권을 장악하고 새 왕조를 개창하였다.(1392)

제 형제를 죽인 왕이
어찌 나라를 다스릴까

"방우는 능히 그러고도 남을 아이야."

태조 이성계의 나직한 독백이 어둠 속으로 흩어졌다. 이미 유시(밤 9시~11시 사이)도 지나 내전에는 등불 하나 없이 짙은 어둠만 깔려 있었다. 옆에 있는 사물조차 분간하기 어려운 어둠이었다.

이런 어둠 속에서 태조는 천장 한 구석만 망연자실 바라보고 있었다. 일체의 미동도 없었다. 다만 간헐적으로 같은 말을 되풀이할 뿐이었다.

"정녕 돌아오지 않으려가."

허공을 헤매던 이성계의 두 눈에 물기가 어렸다. 한 세상을 풍미하였고, 한 왕조의 역사를 연 군왕이지만 자식의 돌연한 반항 앞에서는 어쩔 수 없는 아비일 뿐이었다.

이성계는 장남 이방우를 무척 아꼈다. 어려서부터 남들보다 총명하기도 했지만 무엇보다 그의 마음을 흡족케 한 것은 이방우의 강직한 성품이었다. 이방우는 한번 뜻을 굳히면 목에 칼이 들어와도 굽히지 않았다.

그가 장성하면서 그의 인물됨은 점점 부각되었고, 공양왕은 그를 명나라에 사신으로 보내 조선을 대변하도록 하였다. 명나라에 간 이방우는 최선을 다해 공양왕의 뜻에 흡족한 결과를 얻어냈다.

그러나 그의 운명은 가혹했다. 일을 마치고 명에서 돌아오는 길에 아버지의 왕위 찬탈 소식을 듣게 된 것이다.

"이럴 수는 없는 일이다. 나의 아버지가 그런 일을 하시다니……"

이방우는 땅을 치며 통곡했다. 평소에 존경해 마지않았던 훌륭한 아버지가 아니던가. 그런데 이제는 고려 왕조의 대역적이 된 것이다. 그는 그 길로 행로를 바꾸었다.

"아버지는 이 나라의 역적이다. 내 일찍이 군사부일체라 배웠는데 이제 나라가 없으니 어찌 아버지가 있으랴."

이방우는 그 길로 개성을 등지고 산 속으로 숨었다. 그를 찾는 사람들이 많아졌고, 그의 귀경을 종용할 때마다 그는 서둘러 자리를 옮겼다. 이런 숨바꼭질을 수없이 되풀이 한 후에 그는 해주 땅에 들어가 아예 자취를 감추었다.

이방우의 이런 행동은 태조 이성계에게 커다란 아픔이었다. 아무리 군왕의 지위에 앉아 만천하를 호령한다 해도 자신은 군왕이기 이전에 자식을 둔 아비가 아니던가.

또한 자신의 혁명이 아무리 옳다 한들 아들의 지적은 그 나름대로 인정할 수밖에 없는 항변인 것이다. 그래서 내심 이방우의 행동을 대견하게 생각했고, 후에 왕위를 계승하고자 마음먹은 그였다. 그런데 그런 아들의 행방이 아주 묘연해진 것이다.

"어쩔 수 없는 일이로다."

태조는 한숨을 길게 내쉬고는 자리에서 일어나 밀창문을 열었다. 차가운 밤바람이 기다렸다는 듯이 내전으로 밀려 들어왔다.

"아, 방우야."

답답했다. 어둠 속 멀리에서 반짝이는 별 하나가 수심에 가득한 태조의 눈에 들어왔다.

조선조 태조 원년의 일이었다.

적장자의 소식이 묘연해지면서 조정에는 연일 세자 책봉 문제가 대두되었다. 그도 그럴 것이 주상의 나이가 환갑이 다 되어가니 언제 불시에 승하하실지 모를 일이었다.

"전하, 세자의 자리가 비어 있습니다."

"그러하옵니다! 전하. 하루 바삐 왕세자를 책봉하셔야만 하옵니다."

대신들은 번갈아 태조 앞으로 나아가 아뢰었다. 이방우의 안위와 귀가를 염두에 두고 있는 태조의 안타까움도 대신들에게는 별반 소용이 되지 않았다. 나라의 종묘사직을 이어갈 차기 집권자의 선별만이 그들의 주된 관심거리였다.

"경들의 뜻이 정녕 그러하단 말이오?"

"전하, 통촉하여 주시옵소서."

"……."

일단 말을 꺼낸 대신들은 물러서지 않았다. 이성계도 어쩔 수 없는 일이었다. 한편으로는 서운했으나 대신들의 말이 타당하지 않은가. 왕세자를 정하는 일은 한 나라의 미래를 결정짓는 중대한 일인 것이다.

결국 태조는 마음을 정하고 왕세자를 책봉하도록 했다.

"경들은 들으시오. 왕세자 책봉은 나라의 뿌리를 굳건히 하는 일이오. 내 이제 세자를 정하고자 하니 경들은 짐의 일곱 아들 가운데 적당한 왕자를 추천해주시오."

왕세자 결정은 임금의 고유 권한이다. 하지만 임금은 결정을 내리기 전에 대신들의 주청을 받아들이는 절차를 거쳐야 한다.

태조에게는 죽은 전처 신의왕후 한씨 소생인 방우, 방과, 방의, 방간, 방원, 방연이 있었고, 후처로 맞이한 신덕왕후 강씨가 낳은 방번과 방석이 있었다. 이 가운데 스스로 떠난 방우를 제외하고 나머지 일곱 왕자 중에서 세자를 책봉해야 했다.

임금의 명이 내리자 대신들의 움직임이 활발해졌다. 누구는 서열로 보아 당연히 방과가 차기 왕이 되어야 한다고 했고, 누구는 조선왕조 건국에 공이 지대한 방원을 추대해야 한다고 했다.

사실 공적으로 보자면 이방원이 차기 왕이 되는 것은 당연했다. 부왕인 이성계를 위해 반대파 정몽주 일파를 제거했으며, 부왕이 차마 인정상 하지 못했던 그 외의 모든 일을 도맡아 처리한 자가 바로 이방원이 아니던가.

그렇다면 왕위는 자연적으로 다섯째 방원에게 이어져야 했다. 하지만 여기에 또 다른 변수가 작용했으니, 이는 다름 아닌 신덕왕후 강씨였다.

대신들이 서로 간에 의견을 분분히 나누고 있을 즈음, 정도전과 남은 두 사람이 임금의 부름을 받고 내전에 입시했다. 이들은 고려 말 이성계의 위화도 회군 때부터 적극적으로 이성계를 밀어준 개국 공신이었으며 작금의 지위는 재상이었다.

"오랜만에 이렇게 마주보는구려."

태조는 두 대신의 얼굴을 보자 옛 시절이 떠오르는 듯 회상에 잠긴 표정으로 다정히 말을 건넸다. 그의 이런 말씨에 크게 고무된 두 대신은 황감하다는 표정을 지으며 어찌할 바를 몰랐다.

"허허. 그렇게만 서 있지 말고 이리로 앉으시오. 내 따로 두 분을 보고 싶었지만 오늘은 의논할 것도 있소이다."

태조의 말투. 상대방에게 편안함을 주는 이 말을 듣고서야 둘은 자리에 앉았다. 곧이어 간단한 주안상이 들어오고 태조는 두 대신에게 연거푸 어주를 내렸다. 술이 들어갔음인가. 처음엔 그저 군신 간의 예의에 치우쳐 있던 두 사람이 자연스럽게 이야기를 시작했고, 곧 옛 시절의 무용담으로 분위기가 달아올랐다.

얼마 후 정도전이 웃음을 거두고 진지한 자세로 말을 꺼냈다.

"전하. 전하께옵선 아까 우둔한 저희에게 의논하실 것이 있다 하셨습니다."

잊지 않고 있었던 것이다. 아니 신하된 도리로 잊을 수 없는 일이 아닌가. 정도전의 이 질문에 이성계는 우울한 말투로 대답하였다.

"두 분은 나를 허물치 말고 내 말을 들어주시오. 사실 세자 책봉 문제를 대신들에게 맡기긴 했으나 대신들의 의향이 무척 궁금하오. 두 분의 생각은 어떤지 좀 알려주시오."

임금의 부탁이었다. 이에 정도전은 곧 자신의 생각을 피력하였다.

"전하. 때가 태평하면 적장자를 책봉함이 옳으나 여의치 않으면 공이 많은 자를 택하심이 옳은 줄로 아옵니다."

공이 많은 자는 바로 이방원이었다. 정도전은 차기 왕권을 이방원에게 물려주는 것이 당연하다고 생각했다. 그러나 그의 말이 끝나기가 무섭게 어디선가 여인의 흐느끼는 소리가 들려왔다. 이 소리는 가까운 곳에서 나는 것이었고, 목소리로 보아 신덕왕후임이 분명했다.

신덕왕후가 옆방 어딘가에 숨어서 이들의 대화를 엿듣고 있었던 것이다. 이 소리를 들은 이성계가 얼굴에 우울한 빛을 역력히 띄우며 입을 열었다.

"내겐 다 같은 아들이지만, 저 사람의 뜻이 저러하니……."

신덕왕후에 대한 태조의 사랑은 지극했다. 이 사랑은 나이가 들어가면서 더 지극해졌고, 신덕왕후의 말이라면 인재의 등용까지 그대로 따를 정도였다. 이제 신덕왕후는 왕의 권좌에 자신의 소생을 앉히고 싶어 하는 것이다.

태조의 이 말 한마디에 두 대신은 입을 다물었다. 뜻이 전달되었음이다. 두 대신은 아무 소리도 못하고 그 자리를 물러 나오고 말았다.

태조 2년 8월 20일, 왕세자가 결정되었다. 태조의 부름을 받고 의중을 전달받은 정도전과 남은의 활약으로 세자 책봉은 손쉽게 마무리되었다. 신덕왕후 소생으로 정하되 일곱째인 방번은 성격이 광폭하다는 이유를 들어 물리쳤고 여덟째 방석을 세자로 책봉하였다.

왕세자의 책봉이 있자 신덕왕후는 뛸 듯이 기뻐했다. 이제부터 자신의 가문에서 이 나라의 왕권을 계승하는 것이 아닌가. 하지만 주변 상황은 달라졌다. 세자 책봉 문제가 있기 전까지는 아우를 친동기처럼 돌보던 왕자들의 태도가 변한 것이다. 특히 강한 세력을 갖고 있는 다섯째 이방원의 태도는 드러내놓고 신덕왕후를 압박하였다.

신덕왕후는 하루하루가 무척 버거웠다. 소화불량과 불면증이 생겼고, 날이 갈수록 이 증상은 더해갔다. 급기야 신덕왕후는 자리에 눕고 말았다. 아무리 좋은 약을 지어 먹어도 오히려 병은 더하여 몸이 나

뭇가지처럼 말라만 갔다.

태조 5년(1396) 8월, 방석이 세자가 된 지 3년 만에 결국 신덕왕후는 세상을 뜨고 말았다.

태조의 슬픔은 더할 나위가 없었다. 자신이 세상에서 가장 사랑하는 아내의 죽음이었으니 그 심정이 어떠했으랴. 태조는 곧 명을 내려 정릉을 축성하였고, 신덕왕후의 혼령을 달래고자 흥천사라는 절을 짓기도 하였다.

그러나 쓸쓸하기는 매한가지였다. 자신은 환갑을 지낸 몸으로도 건강하게 살아 있으나 아내들은 약속이나 한 듯이 자신의 곁에서 떠나버린 것이다.

'내가 부덕한지고. 그래서 두 아내를 먼저 저승으로 보내고, 큰 아들마저 나를 버린 게야.'

태조의 근심은 날이 갈수록 더해갔다. 이 근심은 병이 되었고, 태조 7년에는 자리에 눕게까지 되었다.

가볍게 생각했던 병이 점점 심해지니 만조백관들은 왕의 쾌유를 빌며 하루하루를 근심 속에 보내게 되었다.

그러나 굳건히 자리를 지켜야 할 사람이 그 자리에서 오랫동안 떠나 있으면 틈이 생기게 마련이다. 태조의 병환이 거동을 못할 정도로 심해지자 이 틈을 이용하여 머리를 들고 일어선 자가 이방원이었다.

"때가 온 듯하네……"

이방원은 비밀리에 그의 측근인 이숙번, 하륜 등을 처소로 불렀다.

"아바마마께는 더없는 불효겠지만 작금의 현실을 더 이상 놔둘 수 없네."

말을 마친 이방원의 두 눈에서 강한 빛이 흘러 나왔다.

"놔둘 수 없다 하심은……."

이숙번이었다. 그는 고려 말 공양왕 시절부터 이방원에게 충성을 맹세하고 따랐던 사람이다.

"내 누차 이야기했지만 지금의 왕세자가 어디 진정한 세자이던가. 이 나라 건국에 아무런 역할도 하지 못한 자가 세자가 된다는 것이 어디 이치에 맞는단 말인가?"

순간 이숙번, 하륜의 표정이 굳었다. 드디어 그들이 숨죽여 기다리던 때가 온 것이다.

"하오면, 우선 해야 할 일은 정도전과 남은을 제거하는 것입니다."

하륜이었다. 이방원의 전략가로서 이방원은 그의 말이라면 늘 믿고 따랐다.

"옳은 말이오. 정도전이 요즘 요동 정벌을 하겠다고 대대적으로 군사를 모집하고 있는 바 이를 빌미로 삼으면 될 것이오."

말인즉 정도전을 역적으로 몰아 내치자는 것이었다. 조선 초의 왕실에서 정도전의 입김은 무척 강했다. 개국 공신이고 또한 조선 건국의 정치, 경제, 군사 이념이 그의 머리에서 나왔으니 그의 세력이 어느 정도였는지 짐작할 수 있다. 게다가 세자를 강력히 옹호하고 있으니 자연 이방원에게 껄끄러운 상대일 수밖에 없었다.

"지금 정도전은 남은의 집에서 연회를 벌이고 있습니다. 그 둘을 없애는데 이 밤이 적기인 듯하옵니다."

이미 사전 조사와 군사들의 출병 준비까지 마친 상태였다.

"좋소. 거병하시오!"

이방원은 이숙번 이하 사병들을 데리고 그 길로 남은의 집으로 쳐들어갔다. 집안으로 불화살을 쏘아대며 불길을 피해 달아나는 사람들을 하나씩 잡아들였다.

한밤의 대사건이었다. 이 일로 시대의 큰 별 정도전은 어이없게 그 자리에서 참형되었으며 남은 역시 도망치다 추적병에 의해 죽임을 당했다. 태조 7년 8월 26일 밤의 일이었다.

태조로서는 생각도 할 수 없는 참변이었다. 그날 밤 병석에 누워 있는 태조에게 누구 하나 이야기한 사람이 없었기에 다음날 아침의 보고는 청천벽력과도 같았다.

"전하, 지난 밤 정도전과 남은 등이 왕세자와 공모하여 다른 왕자들 모두를 주살하려 했사옵니다. 다행히 주살당하기 일보 직전에 이를 알게 되었고, 상황이 위기일발인지라 그 도당을 일소하고 지금에야 아뢰게 되었습니다."

다 죽였다는 말인가. 태조는 아득히 멀어져가는 정신을 붙잡으려 애쓰면서 더듬더듬 말했다.

"진정…… 진정 그러하단 말이오?"

"그러하옵니다. 전하, 왕세자 역시 이 음모에 가담한 것으로 아옵니다. 한 나라의 세자가 자신의 형들을 주살하려 했사옵니다."

"……."

할 말이 없었다. 이는 분명 이방원이 세자 책봉에 불만을 품고 제 동생을 몰아내려 꾸민 음모가 아니겠는가. 진작부터 방원의 야심을 알고 있었지만 이렇게 큰일을 저지를 줄이야.

대신들은 세자의 부덕을 계속하여 입에 올렸다.

"지금 경들의 주청은 세자를 폐하라는 것이오?"

폐세자만은 안 되는 일이다. 죽은 왕후도 왕후지만, 한 나라의 임금이 명한 일을 대신들이 들고 일어나 바꾸고자 함은 임금의 권위에 도전하는 것이었다.

만조백관들은 모두 부복한 채 일체의 미동도 없었다. 조준이 앞으로 나가 아뢰었다.

"전하, 왕세자는 나라의 근본을 어지럽히는 일을 서슴지 않고 했사옵니다. 이를 그대로 두면 백관들 누구도 신임하지 않을뿐더러 백성들도 조정을 따르지 않을 것이옵니다. 통촉하여 주시옵소서."

"통촉하여 주시옵소서."

조준의 말이 끝나자 백관들이 일제히 목소리를 높였다. 이를 본 이성계는 노기를 띠며 말했다.

"듣기 싫소. 그만들 물러가시오!"

그러나 백관들은 그 자리에 엎드려 꼼짝도 하지 않았다. 이런 백관들의 기세는 아침부터 시작하여 한낮이 지나도 변함이 없었다.

참으로 가슴 아픈 일이었다. 두 왕비의 죽음, 장남 이방우의 잠적, 이로 인한 왕자들 간의 싸움. 신하들 역시 자신의 뜻과는 상반된 입장을 내세우며 저리들 버티고 있다.

'내 왕이 되지 않았다면 이런 일이 없었을 것을…….'

이성계의 눈에 물기가 어렸다. 자꾸 과거의 화목했던 가정이 떠올랐다.

그러나 현실은 이런 행복을 떠올리는 것조차 용납하지 않았다. 결국 태조는 오후 늦게야 하문(下問)을 하였다.

"그럼 대신들은 누구를 세자로 책봉하자는 것이오?"

임금의 뜻이 바뀌자 대신들은 곧 이방원을 추천했다. 이름을 듣는 순간 태도는 곧 온몸을 부르르 떨었다.

"아니 되오! 방원이는 아니 되오!"

이름만 들어도 노여움이 복받쳐 올랐다. 이를 본 백관들은 숙연해져서 다시는 이방원의 이름을 꺼내지 못했다. 그리고 서열상으로 보아 둘째인 이방과를 추천했다. 이에 태조 역시 고개를 끄덕이며 그 길로 방석 형제와 신덕왕후 소생 경순 공주의 부군을 불러 일렀다.

"다시 또 무슨 말이 필요하겠느냐. 이제 너희는 편한 곳으로 가서 몸과 마음을 더럽히지 말고 살아라."

이들도 이미 각오한 바였다. 울면서 하직 인사를 하고 영추문으로 발길을 돌렸다. 이것이 이들에게는 마지막 발길이었다. 문밖을 나서자마자 이들을 뒤따라온 군사들이 불시에 달려들어 목을 치고 만 것이다.

이 소식은 곧 태조에게 전해졌고, 태조는 소식을 듣자마자 앉은 자리에 쓰러져 통곡하였다.

"방원이 이놈, 이제는 제 동생들마저 죽였구나! 제 동생들마저……."

그 후 태조는 종종 혼수상태에 빠지기도 했다. 주위의 내관들이나 어의가 백방으로 애를 써도 소용이 없었다. 그저 '방원이 이놈, 방원이 이놈' 만을 되풀이할 뿐이었다.

조선조 태조 7년 5일. 기력을 되찾은 태조는 만조백관들 앞에서 왕위를 둘째 이방과에게 전수한다는 윤음을 내렸다.

"과인이 덕이 없어 왕위에 오른 후 7년 동안 아무것도 이룬 바가 없다. 더욱이 일전에 왕자들을 둘러싸고 생긴 일은 과인에게 덕이 없음을 극명하게 보여준 것이었다. 과인은 이제 왕세자에게 이 자리를 전수하리니, 만조백관과 백성들은 새 임금을 잘 받들어 조선이 태평성대를 구가하게 하라."

태조는 곧 용상에서 일어나 뒤도 돌아보지 않고 자리를 떠나 편전으로 들어갔다. 이런 그의 얼굴에는 아직도 풀리지 않은 노여움과 고통으로 점철된 회의가 교차되었다.

그러나 대신들의 입장에서는 상왕(上王)으로 물러선 태조에 대한 동정으로 조정을 비워둘 수는 없었다. 곧 조선조 2대 임금인 이방과의 즉위식이 있었다. 이가 곧 정종이다.

정종은 왕위에 오르자마자 도읍을 옛 고려의 도읍지인 개경으로 옮겼다.

개경 환도에 대해서 태조는 별반 말이 없었다. 신덕왕후의 능과 홍천사가 한양에 있는데도 그저 묵묵히 따라오는 것이었다. 이런 태조의 모습을 보는 대신들은 가슴 한 곳이 저미어 저마다 수군거렸다.

"분명 실의에 빠지신 것일 게야."

"암, 그렇지. 더 이상 말해 무엇을 하겠나?"

"쯧쯧."

그러나 이런 주위의 동정을 아는지 모르는지 이성계는 아무 말도 하지 않고 개경으로 갔다. 개경에 도착해서는 하루하루를 힘없이 보내더니 봄이 되자 여장을 꾸려 평주 온천으로 떠났다.

이런 이성계의 태도는 더 이상 세속에는 관여치 않겠다는 것이 분명했다. 자식들이 자신의 뜻과 상반된 길을 걸어도 일체의 간섭을 하지 않았으며, 궁궐이라는 곳에 대해서도 미련을 두지 않았다.

다만 자연을 벗 삼고 절에 들어가 휴식을 취하는 것을 유일한 낙으로 삼았다. 하지만 운명은 이성계의 이런 낙조차 허락하지 않았다.

박포라는 사람이 있었다. 그는 무인년에 있었던 정도전 제거에 공을 세운 자였다. 그러나 그에게 내린 공(功)이 적다하여 불평을 심하게 하고 돌아다닌 연유로 귀양까지 다녀온 사람이다. 그러다 보니 불만이 더욱 쌓이게 되어 급기야 난을 일으킬 생각을 가지게 되었다. 마음을 굳힌 그는 곧 넷째 왕자인 회안군 이방간의 집을 찾아갔다.

이방간 역시 왕권에 대한 야심이 큰 자였다. 정종에게 후사가 없기 때문에 다음 왕위는 다른 왕자에게 전수해야 했다. 서열로 보면 셋째인 이방의가 차기 왕이 되어야 하지만 이방의는 왕권에 대한 미련이 털끝만큼도 없는 사람이었다. 그러니 다음은 이방간이 왕이 되어야 하는 법인데 지금, 이 나라의 현실은 모든 권력이 사실상 이방원에게가 있었다.

하루는 박포가 이방간의 집에 찾아가 정담을 나누는데 하늘에 붉은 기운이 나타났다. 이를 본 박포는 얼른 이방간을 향해 꾀를 부렸다.

"하늘에 요망한 기운이 있으니 마땅히 처신을 조심하셔야겠습니다."

박포의 말은 이방간을 겨냥한 것이었다. 이방간이 되물었다.

"처신을 조심하라 함은 무엇을 하라는 것인가?"

그러자 박포는 기다렸다는 듯이 바로 대답하였다.

"병권을 모두 놓으시고 출입을 삼가야 하옵니다. 또 의관을 바르게 하며 행동을 신중히 하기를 망한 고려의 왕씨들 같이 하는 것이 옳습니다."

고려가 망하고 난 뒤 남아 있던 왕씨들은 그들의 성이 왕(王)이라는 것만 가지고도 늘 노심초사하며 숨어 살았다. 고려의 왕씨를 들먹이는 박포의 속뜻은 이방간의 마음을 긁어놓자는 심산이었고, 이방간은 박포의 뜻대로 분노의 기색을 보였다.

"그 다음을 말해 보아라."

이방간은 다급히 재촉했다. 그러자 박포는 다시 한 번 속을 뒤집자는 의도로 말했다.

"이렇게 숨죽여 사는 것이 불안하시면 이를 피해 멀리 도망가 계시는 것이 현명합니다."

이방간의 얼굴에 핏대가 올랐다. 자신이 무엇이 두려워 도망을 간단 말인가. 지금 박포의 말은 분명 이방원을 두고 한 말이다. 그러나 이방간은 자신이 동생보다 못하다고는 생각하지 않았다. 사병으로 거느린 군사도 별반 차이가 없을뿐더러 무예 역시 동생과는 백중지세가 아닌가.

"그게 아니면 다음 방도를 말해보라."

그제서야 박포는 두 눈을 반짝이며 자신의 심중을 털어놓았다.

"현재 정안대군 이방원의 군사는 정예화 되어 있으며 숫자 또한 무시할 수 없이 많습니다. 반면 나리의 군사는 비록 숫자는 있으나 훈련이 되어 있지 않아 맞부딪치면 승산이 희박합니다. 묘책을 쓰셔야지요."

박포가 털어놓은 이 말에 이방간은 그만 박포의 두 손을 꽉 움켜쥐었다.

"박공, 박공이 날 도와주시오."

"하오면 소인이 한 가지 계책을 말씀드리오리다. 이방원을 제거하는 일은 크게 벌이시면 안 됩니다. 얼마 안 있으면 부부인 생신이온데 이날 이방원에게 혼자 들라 이르십시오. 그래서 단신으로 오는 그를 잡아 목을 치시면 이후 그의 졸개들은 머리를 잃은 몸뚱이일 뿐이니 뿔뿔이 흩어질 것은 명약관화한 일입니다.”

박포의 계책. 이방간은 곧 이를 실행에 옮기고, 이방원이 들어오기만을 기다렸다. 그러나 하늘의 도움인지 마침 이날 이방원은 신열이 있어 오지 못하고 선물만 보냈다. 이렇게 되자 박포와 이방간은 좌불안석이었다.

이 상황을 때마침 이곳에 기거하던 ‘이래’라는 사람이 보게 되었고, 그는 곧 이 소식을 이방원에게 전했다.

“허나 싸울 수 없는 일. 형님을 죽이느니 차라리 내가 죽겠소.”

이방원은 차마 친형에게 칼을 들이댈 수는 없었다. 그저 다툼 없이 마무리되었으면 하는 생각뿐이었다. 그러나 상황은 급속도로 변하고 있었다.

자신의 거사가 탄로 났음을 느낀 이방간은 곧 군사를 몰고 선죽교를 지나 이방원을 치고자 했다. 이방원의 설득에도 아랑곳없이 이방간은 칼을 들었다. 여기저기에서 창검이 난무했고 병사들의 시체가 선죽교 다리를 가득 메웠다. 비록 승리는 하였지만 참으로 부끄러운 싸움이었다.

이방원은 자신의 친형을 죽이는 것을 엄히 막았고, 후에 이방간이 원하는 대로 토산 땅으로 보내 거기에서 살게 했다. 이방간을 꼬드긴 박포는 참수시켜 거리에 목을 내걸었다.

이 일은 마무리가 되고 난 후에야 태조에게 알려졌다.

“참으로 모진 인생이구나. 그 어리석은 방간이 놈마저 권력에 눈이 어두워 일을 벌이다니……. 이제 어찌 백성들을 보며 살아갈까?”

생각할수록 기구한 운명이었다. 두 아내와 두 자식의 죽음, 그리고 이제는 친동기인 자식들 간의 싸움. 아버지의 마음을 조금도 헤아리지 못하고 저희들 욕심만 차리려 하니 이게 어디 사람이 겪어야 할 일인가.

그 후 이성계는 정릉 흥천사에 가서 소일하거나 평주 온천에 가서 세월을 잠그고 살았다.

한편 이 사건 이후 이방원은 정종 뒤에서 지시하던 것을 직접 나서서 행하기 시작했다. 이에 만조백관들이 임금보다도 이방원을 더 어려워했고, 국사 또한 그의 손에서 처리되는 경우가 많아졌다. 대신들의 여론이 이방원을 하루 바삐 세자로 책봉해야 한다는 쪽으로 기울게 되었고, 정종은 2월 1일에 이방원을 세자로 책봉하였다.

이방원의 세자 책봉은 이성계에게 마른하늘에 날벼락 같은 소식이었다.

"이… 이놈. 이놈이 기어이 제 속을 드러냈구나."

눈엣가시 같은 아들이었다. 이제 이방원이 세자의 지위까지 확보했으니, 임금으로 등극하는 것은 시간문제인 것이다.

"내 이놈을 그냥……."

이성계는 치밀어 오르는 분노를 주체 못해 개성으로 말머리를 돌리려 했다.

"아니다. 내 평생 다시는 개성에 가지 않으리라."

이성계는 그 길로 오대산으로 들어가 버렸다.

그해 11월 11일 이방원은 조선조 3대 임금이 되어 나라를 다스리기 시작했다. 실질적인 왕이 되어 스스로의 강한 통치를 하기 시작한 것이니 이가 바로 조선조 3대 임금 태종이다.

태종 이방원은 강력한 왕권을 확립하여 후대에 세종조에 태평한 나라를 넘겨주게 된다. 뿐만 아니라 저폐(종이돈)를 만들어 유통구조를 안정시켰으며, 신문고 설치, 호패법 실시 등을 통하여 조선 왕실의 기반을 확고히 다졌다.

비록 두 번이나 피를 부르고 왕이 되었지만 태종은 조선의 역사에 든든한 디딤돌을 마련하였다.

왕자의 난과 함흥차사

조선 초에 일어난 '왕자의 난'은 2차례 모두 그 원인이 세자책봉 문제에 있었다.

1차 왕자의 난(1398년)은 왕위 계승권을 에워싸고 벌어진 이복(異腹) 형제간의 싸움이었다.

태조에게는 8명의 왕자가 있었는데, 이들은 전 왕비 한씨(韓氏) 소생인 1남 방우, 2남 방과, 3남 방의, 4남 방간, 5남 방원, 6남 방연과 계비 강씨(康氏) 소생의 7남 방번, 8남 방석이다.

태조는 계비 강씨의 의견에 따라 개국공신들을 앞세워 8남 방석을 태자로 삼았는데, 이 처사로 인해 한씨 소생 왕자들의 불만이 많았다. 특히 조선 창업에 공로가 지대했던 이방원의 불만은 극에 치달았는데, 마침 정도전 등이 요동 정벌을 위해 군사력을 키우자 이를 기회 삼아 역모를 빙자하여 모조리 죽였으며, 계비 소생의 왕자 둘 역시 죽여버렸다. 이로 인해 태조는 충격을 받고 정사에 뜻을 잃어 다음 달 9월에 이방과에게 왕위를 물려주고 함경북도 함흥으로 들어가 나오지 않다가 판승추부사 성석린과 함께 돌아왔다.

제2차 왕자의 난은 1400년 동복(同腹) 형제인 이방원과 이방간이 세자 자리를 두고 싸운 것이다. 제1차 왕자의 난 이후 정종이 왕위를 계승했지만 그에게는 후사가 없어 세자 자리마저 비어 있었다. 이 자리를 마음에 둔 이방간은 박포를 앞세워 군사를 일으켜 이방원과 치열한 싸움을 하였다. 이 싸움에서 이방간은 패해 달아났으며 이방원은 자연스럽게 차기 왕권을 잡게 되었다. 그러자 태조는 다시 큰 분노를 지닌 채 또 동북지역으로 낙향하였다. 태종 역시 사자를 보내어 한양으로 모시고자 하였지만 사자로 간 사람도 감감 무소식이었다. 일설에는 사자로 온 사람을 태조가 다 죽였다고 한다. 그러나 기록에 전하는 것으로는 박순(朴淳)이라는 사람만이 죽은 것으로 되어 있다. 이를 연유로 하여 '함흥차사'라는 단어는 이때 나온 말로 '심부름 간 사람이 돌아오지 않거나 소식이 없음'을 뜻하는 고사성어로 쓰인다.

　　후에 태조는 사부인 무학대사의 방문을 받고, 수십 일을 함께 머물며 대화를 나눈 뒤 한양으로 돌아왔다.

성군의 재목은 따로 있나이다

"뭐라고?"

양녕대군은 몸을 벌떡 일으켰다. 양녕이 일어서자 그 기세에 놀란 황촛불이 파르르 떨며 방안에 커다란 그림자 너울을 만들었다.

"다시, 다시 말해보아라!"

"……."

"다시 말해보라고 하지 않느냐!"

밤이 깊어서인가, 아니면 양녕의 놀라움이 그만큼 커서인가 그의 목소리는 온 방안을 울렸다. 그러자 그때까지 두려움이 깃든 얼굴로 양녕을 외면하고 있던 어리의 입에서 나지막한 음성이 흘러나왔다.

"저… 하. 얼마 전부터 꽃이… 꽃이… 보이지 않습니다. 송구하옵니다."

"꽃이 보이지 않는다 함은……."

"……."

"어리야, 어리 네가 진정 아기를 가졌다는 것이냐?"

양녕의 목소리는 흥분으로 떨리고 있었다. 보면 볼수록 한 송이 해

당화같이 아름다운 어리였다. 어리는 원래 중추부사 곽정의 소실이었는데, 한눈에 반한 양녕이 그녀를 궁궐로 불러들였다. 이제 어리가 자신의 생명까지 잉태했다 하니 양녕의 기쁨과 놀라움은 이루 말할 수 없었다.

"송구하옵니다, 저하."

그때서야 어리는 고개를 들었다. 두 눈에서 눈물이 흘러내리고 있었다.

"송구하다니. 그게 무슨 말이냐? 무엇보다 큰 경사인 것을."

"저……하."

"하하하. 내가, 이 양녕이 정녕 아버지가 된다는 말이냐! 꿈같은 일이 내게도 생긴단 말이더냐!"

"흑……."

급기야 어리는 울음을 터뜨렸다.

어리는 몸에 태기가 있다는 사실을 알았을 때 하늘이 캄캄했다. 자신이 양녕을 따라 이 동궁전에 몰래 잠입했을 때만 해도 이런 엄청난 일이 벌어질 줄은 생각도 못했다. 그저 세자 저하의 호탕한 성품이 좋았고, 언제나 자상하게 보살펴주는 분 옆에 있다는 것만으로 한없이 행복했다.

하지만 동궁전에 기거하던 중 태종 임금에게 발각되어 궁궐 밖으로 내쳐지기도 했다. 다행히 양녕대군의 장인인 김한로의 도움으로 천신만고 끝에 몰래 잠입하여 다시 곁에 있게 되었는데 임신은 어리에게 있어 날벼락이었다.

떳떳치 못한 자신의 신세. 자신이 낳을 이 아이는 그야말로 비극의 씨앗이라고 생각했다. 그래서 홀로 가슴앓이를 해왔는데 저하께서 이렇게 기뻐하실 줄이야.

"세자 저하, 망극하옵니다."

어리는 양녕의 품으로 파고들었다. 이 세상 누구보다도 넓은 가슴을 지니신 분. 어리는 그 가슴에 안겨 하염없이 눈물만 흘릴 뿐이었다. 태종 17년 겨울이었다.

다음날부터 양녕은 비밀리에 유모를 구하기 시작했다. 어리가 기뻐할 일이고, 어리를 위하는 일이라면 무엇이든 하고 싶었다. 하지만 드러내놓고 할 수는 없었다. 우선 상황이 되는 대로 동궁전의 나인과 내시들을 통해야 했다.

"유모를 구하는 일이 부왕께 알려져서는 안 되느니라. 만에 하나 그렇게 되면 나는 물론이거니와 너희 역시 성치 못할 터이니 각별히 조심하렷다!"

신신당부하고는, 날마다 소식이 오기만을 노심초사 기다렸다. 하지만 며칠이 지나도 감감 무소식이었다.

"대체 뭣들 하고 있는 것이냐! 너희들의 불충이 하늘에 닿아 있음을 왜 몰라!"

날마다 거센 호통을 들어야 하는 나인과 내시들의 고통도 이만저만이 아니었다. 아무도 모르게 유모를 구하자니 마땅한 사람이 없었던 것이다. 급기야 그들은 범위를 확대하여 유모를 구했다. 사방에 수소문하기도 하고, 그들이 직접 궐 밖으로 나가 알아보기도 했다.

하루하루가 지날수록 양녕의 초조함은 더해갔다. 아무것도 손에 잡히지 않았다. 또한 자신의 일에 누구라도 간섭하면 신경질부터 냈다.

양녕에게 가장 귀찮은 존재는 우빈객 이래였다. 빈객은 세자의 학행을 담당하는 곳인 세자시강원의 사람들이다. 이들 대부분은 왕세자의 거친 말투와 주청을 아무리 해도 들은 체도 안 하는 태도에 손발들고 그저 왕세자가 하는 대로 내버려두었다.

그러나 우빈객 이래는 달랐다. 우빈객은 세자시강원의 종2품 벼슬로 그는 빈객들 중에서 꼿꼿하기로 이름났으며, 왕세자의 잘못이 있으면 조금도 주저하지 않고 훈계를 하였다.

이런 이래이다 보니 양녕의 모난 말투와 학업을 등한시하는 태도를 그냥 보아 넘길 수는 없었다.

"저하, 부디 심기를 바로잡으셔야 하옵니다."

"······."

"저하, 저하께서는 이 나라를 이끌어 가셔야 할 분이옵니다. 그런 저하께서 행실이 부덕하시면 만인의 신뢰를 얻지 못하옵니다."

이래의 충고는 양녕이 학업 도중 잠시라도 생각이 흐트러지면 여지없이 이어졌다. 양녕에게 이래는 당연히 지긋지긋한 존재였다.

"제발 그만 좀 해둡시다. 내 우빈객의 뜻을 모르는 바가 아니나 지금은 머리가 아파서 그러는 것이오."

양녕은 그날그날 핑계를 대면서 학업을 피했다. 하지만 핑계도 한두 번인 것이다. 이래는 더욱 강경한 자세로 꾸짖었다.

"저하, 아니 되옵니다. 심기를 바로잡으소서."

"말씀드리지 않았소. 잠시만 쉬었다 합시다."

"저하, 지금 저하의 학문은 저하께서 지닌 글재주에 비하면 너무 부족하옵니다. 주상께서도 늘 이 점을 심려하고 계신 바 부디 왕업의 도(道)를 닦으셔야 하옵니다."

"왕업의 도라!"

양녕이 픽 웃고 말았다. 모두들 그랬다. 자신은 이미 포기하고 있는 왕위 자리를 놓고 대신들은 틈만 나면 왕업의 도를 이야기했다. 부왕도, 모친도, 심지어 동생들도 늘 왕업의 도를 말하였다.

"이봐요, 우빈객. 그 지긋지긋한 말 좀 그만둘 수는 없겠소?"

"저, 저하!"

양녕의 말이 과했음인가. 우빈객 이래는 사색이 되었다.

"저하, 어찌 그런 말씀을……."

"모두 너무들 하십니다. 한 나라의 세자가 무슨 죄인이라도 된다는 말씀입니까? 나 역시 세자이기 전에 청년이란 말입니다."

양녕은 이마에 핏대를 세우면서 언성을 높였다. 그러나 양녕이 분노한다 해도 물러설 이래가 아니었다.

"저하. 바로 저하의 그런 생각이 문제이옵니다. 덕행을 닦고, 학문을 게을리 하지 않으셔야 성군의 길을 걸을 수 있습니다. 하오나 저하께서는 늘 사냥과 잡기에 정신을 놓고 계시니 어찌 제 길을 걷는다고 하겠습니까? 부디 마음을 바로 하십시오. 마땅히 셋째 왕자님 충녕대군의 행실을 살펴보셔야 하옵니다."

"또 충녕을 말씀하십니까! 충녕을 말씀하시려면 당장 이 자리를 떠나주시오!"

양녕은 두 눈을 부릅뜨고 이래를 노려보았다. 그러나 우빈객 이래는 이런 양녕의 분노에는 아랑곳하지 않고 그 자리에 꼿꼿이 앉아 있었다.

"저하, 부디 심기를 바로잡으소서."

"치우시오. 정녕 모두의 뜻이 충녕에게 있다면 충녕을 세자로 하시면 되지 않소!"

"저……하."

양녕은 자리를 박차고 일어섰다. 그리고 성큼성큼 동궁전을 나와 뜰을 거닐었다. 그런 양녕의 등 뒤로 차가운 바람이 휭 하니 불었다.

태종에게는 왕자가 넷이 있었다. 그 첫째가 양녕이고, 둘째 효령, 셋째가 충녕이었으며, 일찍 세상을 뜬 성녕이 있었다.

이들 형제들은 모두가 출중한 면을 지니고 있었다. 양녕은 서화에 소질이 있었으며 궁술에도 능했다. 반면에 효령과 충녕은 학업에 전념함이 지극했다. 다만 차이가 있다면 효령은 학문을 함에 있어 유학보다는 불도 쪽에 치우쳤으며, 충녕은 부왕이 원하는 이상으로 다방면에 뛰어난 학식을 가지고 있었다.

책을 가죽 끈으로 묶어 그 끈이 헤어질 때까지 읽었다는 충녕의 일화는 조정은 물론 저잣거리에까지 파다했다. 뿐만 아니라 서화나 수석, 음악까지 무불통지였으며, 형제와 나라를 생각함에도 깊이가 있었다.

한마디로 뛰어난 왕재였다. 형제 중에서 충녕이 으뜸인 것이다. 당연히 만조백관이 충녕을 바라보는 눈은 진작부터 경이로움 그것이었다.

'그래, 왕재는 역시 충녕이지.'

양녕 역시 충녕을 참된 성군의 재목으로 보았다.

그러나 운명은 양녕을 세자로 만들었고, 그에게 충녕이 지닌 모든 것을 강요하는 것이다. 게다가 태종은 무력으로 왕위에 올랐기에 다음 대에는 빛나는 덕행을 지닌 왕이 나오기를 학수고대하였다. 자신의 시대가 힘에 의한 통치였다면 다음 대에는 요순시대처럼 덕치를 이루어야 한다는 것이 태종의 굳은 신념이었던 것이다.

'하지만 나는 부왕의 핏줄을 타고났어. 책을 읽는 것보다 무술을 익히는 것이 훨씬 좋아.'

양녕에게 있어 왕위 계승은 부왕이 바라고, 이 나라 백성들이 바라는 바와는 거리가 먼 것이었다.

결국 양녕은 스스로를 내치기 시작했다. 시간만 나면 풍류를 즐기고, 여색을 가까이 했다. 궁궐 밖으로 나가 한량들과 어울리며 밤늦게까지 돌아다니다 새벽이 되어서야 담을 넘어 들어오는 일이 많았다.

자신의 행실은 당연히 부왕의 귀에 들어갈 것이고, 그러면 자신은 폐세자가 되어 왕위 등극을 하지 않게 된다는 계산에서였다. 시간이 흐를수록 양녕의 의도대로 조정의 여론은 양녕을 떠나 충녕에게로 가고 있었다.

'조금만, 조금만 더 이러면 되는 것이다. 그리하면 내 뜻대로 왕위가 충녕에게 전수될 것이다.'

점차 열매가 맺혀가고 있었다. 하지만 이 열매는 조선을 위해서는 지극한 것이지만 양녕에게는 뼈를 깎는 고통이 아닌가.

양녕은 고개를 들어 하늘을 바라보았다. 12월의 차가운 하늘은 금방이라도 눈이 내릴 듯 잔뜩 찌푸려 있었다.

결국 양녕은 비밀리에 유모를 구해서 어리 곁에 두었다. 양녕은 어리와 유모의 처소를 별당으로 옮기고, 이런저런 핑계를 대며 별당에서만 지내려 했다.

그렇게 세월은 흘러 태종 18년 봄이 되었다.

어리의 배는 만삭이 되어 누가 보아도 아기를 가졌음을 금세 알아볼 수 있었다.

　일이 이쯤 되자 동궁전에는 여기저기 수군거리는 목소리가 잦아졌고, 이 목소리는 조금씩 동궁전 밖으로 새어 나가 결국 태종의 귀에까지 들어갔다. 태종이 격분은 당연했다.

　"이런 천하에 못된 놈이 있나!"

　태종은 치밀어 오르는 분노를 이기지 못해 온몸을 부르르 떨었다.

　"상세히 고하라."

　"전하, 고정하시옵소서."

　"괘념치 말고 서둘러 고하라 이르지 않았느냐!"

　"예, 전하……."

　이제는 어쩔 수 없는 일이다. 태종 앞에 나선 사람은 대제학 조말생이었다. 조말생은 금상의 자문을 담당하는 홍문관 소속 정2품 벼슬을 지니고 있는 자이다. 그 사람됨이 충직하여 태종은 늘 그를 가까이 두고 자문을 구하곤 하였다. 그에게서 양녕과 어리에 관한 이야기가 쏟아져 나왔다.

　태종은 어이가 없었다. 어리는 지난날 세자의 잘못을 덮어줄 때 분명 궁궐 밖으로 쫓아낸 아이가 아닌가. 그런데 그 아이가 어째서 동궁전에 들어와 있으며, 잉태까지 했다 하니 참으로 기가 막힐 일이다.

　"전하, 어리는 세자 저하의 장인 되는 김한로가 다시 잠입시킨 것으로 아옵니다."

　"무엇이, 김한로가?"

　"그러하옵니다. 전하."

　"……."

　태종은 입을 굳게 다물었다. 김한로는 사돈인 동시에 태종의 오른

팔 역할을 하는 중신이었다. 여지껏 철석같이 믿었는데 어찌 이런 일을 벌일 수가 있단 말인가.

"정녕, 정녕 김한로란 말이지?"

"그러하옵니다. 지난 가을 김한로의 부인이 여자 종을 데리고 입궐한 적이 있사옵니다. 세자비를 만난다는 구실로 왔는데 그 부인이 나갈 때는 혼자 나갔다 하옵니다."

조말생은 천천히, 그러나 또박또박 그동안의 일을 아뢰었다. 조말생이 새로운 사실을 이야기할 때마다 태종의 감정은 복받쳐 오르고 있었다.

김한로가 탑전에 불려온 것은 그로부터 얼마 뒤의 일이다. 김한로는 전처럼 평온한 얼굴로 탑전에 부복했으나 태종의 용안이 심하게 일그러져 있는 것을 보고 뭔가 심상치 않은 일이 벌어졌다는 것을 깨달았다.

"경은 과인을 속인 일이 있는가?"

"……."

자신을 뚫어지게 쳐다보고 묻는 태종의 용음이었다. 순간 김한로는 가슴이 덜컹 내려앉으면서 어리의 얼굴이 눈앞에 떠올랐다. 이미 모든 것이 들통났음이 분명했다. 어리를 입궐시킨 후 하루도 마음 편한 날이 없었는데 결국 발각이 되고 만 것이다.

"전하! 신을, 신을 죽여주시옵소서."

김한로는 몸을 파르르 떨었다. 이제는 어찌할 도리가 없는 것이다.

"……."

"전하……."

김한로는 울먹였다. 비록 세자의 장인이라 할지라도 돌이킬 수 없는 죄인이 아닌가.

"들으시오."

한참 김한로를 쏘아보던 태종은 묵직한 음성으로 말문을 열었다. 놀랍게도 태종은 그 사이에 마음을 평정한 것이다.

"비록 경이 세자의 빙부이지만 국법을 어기고서 어찌……. 과인은 이제 경의 여식 숙빈을 사저로 내칠 것이오. 지아비를 섬기는 지어미로서, 지아비의 허물이 있으면 이를 마땅히 고치려 함이거늘 숙빈은 이를 그저 덮어놓고만 있으니 이는 애초부터 지어미의 길을 포기한 것이나 다름없는 것이오."

"전하!"

김한로의 울음이 터져 나왔다.

태종의 옥음은 계속 이어졌다.

"또한 대제학은 들으시오. 김한로의 직책을 거두어 죽산으로 내칠 터인즉 이를 의금부에 알리시오. 그리고 어리라는 아이는 다시 얼씬도 못하도록 멀리 내쫓도록 하고, 세자 또한 과인의 명이 있기 전까지는 동궁전 밖 출입을 일체 금하도록 조치하시오!"

엄명이었다. 이로 인해 동궁전이 발칵 뒤집혔음은 물론, 김한로의 집안은 아예 풍지박산이 되었다. 태종 18년 4월의 일이었다.

양녕에게는 실로 마른하늘에 날벼락이었다. 참담했다. 이 일이 있은 후 며칠 동안 양녕은 주체할 수 없는 슬픔과 혼란 속에 빠져 있었다.

'이미 엎질러진 물이다. 아니, 나는 오래 전부터 이 상황을 예견하지 않았던가.'

'아니다. 분명 세자란 직책에는 이런 것들이 큰 죄가 되리라.'

수많은 갈등과 혼란으로 양녕은 며칠 밤을 뜬눈으로 지새웠다. 그런 양녕의 마음엔 아랑곳없이 밤새 이름 모를 새들의 노래 소리가 들려왔다. 그 소리는 때로 어리의 고운 목소리로, 때로 숙빈의 고요한 목소리로 들리기도 했다. 몸을 일으켜 문을 열어보면 일순 사위는 고요했다. 환청이었다.

양녕은 자리를 박차고 일어나 우물가로 갔다. 물을 퍼 올려 머리에 끼얹었다. 초여름이었지만 몸에 닿는 물은 차가웠다. 그러나 달아오른 마음의 열기를 식히지 못했다. 몇 번이고 연거푸 퍼 올렸다. 그러자 어느 한 순간 갑자기 머리가 맑아지면서 가슴속 깊숙한 곳에서 청량한 느낌이 올라왔다.

'그래, 이제 끝을 내자.'

결정을 내린 것이다. 양녕은 곧 방으로 들어가 새 옷으로 정갈하게 갈아입고 연상 앞에 앉았다.

"여봐라. 지필묵을 준비하라."

명을 받은 동궁 내관이 먹을 갈았다. 향긋한 먹내음이 새벽 공기를 타고 코끝으로 파고들었다. 참 오랜만에 맡아보는 내음이었다. 세자의 자리를 물려주기 위해 억지로 멀리했던 학문에 대한 그리움이 불쑥 솟아올랐다.

하지만 충녕의 사람됨이 능히 한 나라의 성군이 될 수 있음이 분명한 터, 양녕은 자신의 선택이 잘못되었다고는 생각하지 않았다. 양녕은 세필에 먹을 듬뿍 묻혀 붓끝을 다듬었다. 그 순간 손가락이 부르르 떨렸다.

'아바마마, 소자 이것으로 방황을 매듭지으려 하옵니다. 부디 저의 뜻과 아바마마의 뜻이 충녕에 가 닿아 태평성대를 이루기를 비옵니다 ……'

드디어 붓이 화선지에 닿았고, 양녕은 힘차게 글을 써내려갔다. 이는 자식이 부왕에게 보내는 서간이 아니라 신하가 금상에게 보내는 상소문이었다.

'……한나라의 고조가 산동에 있을 때 비록 재물과 색을 탐했으나 천하를 평정하였습니다. 그러나 진평왕은 어질었지만 그가 즉위하자 나라가 망했습니다. 어찌 첩 하나를 두고 소자를 평하시려 하옵니까. 김한로는 오로지 소자의 마음을 기쁘게 해주려 했음인데 이를 빌미로 관포지교를 그처럼 내칠 수는 없는 것이옵니다. 또한 어리가 잉태를 하였고, 산달이 얼마 남지 않았는데 이를 내쳤으니 백성을 사랑하시는 금상으로서 그 원망은 어찌 감당하시려 하옵니까?'

이렇게 시작된 상소문은 두 장이나 되는 장서였다. 이를 다시 읽어 보는 양녕의 입가에 쓸쓸한 미소가 번졌다.
"내관은 날이 밝으면 이 상소를 부왕께 올리도록 하여라."
결단의 상소, 통한의 상소가 드디어 완성된 것이다.
'이제 효령을 만나야 한다.'
어느새 날이 밝아왔다. 진시가 가까워지고 있었다. 양녕은 서둘러 효령의 사저로 갔다.
문 밖 출입을 금지당한 양녕이었으나 아무 거리낌이 없었다. 양녕이 효령의 사저에 도착하자 문지기는 황급히 이를 효령에게 알리려 했다. 그러나 양녕은 이를 제지하고는 홀로 사랑으로 갔다. 효령의 글 읽는 소리가 낭랑하게 들려왔다.

"흠."

잠시 글 읽는 소리를 듣고 섰던 양녕은 방문을 활짝 열어젖히고 안으로 들어갔다.

"아니, 형님께서 어인 일로?"

효령은 깜짝 놀랐다. 양녕은 금족령이 내린 몸이다. 그런데 동궁전 밖 출입도 출입이거니와 그 장소가 하필 자신의 거처라니!

"왜. 내가 못 올 곳에라도 왔다는 것이냐?"

"별 말씀을 다 하십니다. 형님께서 못 오실 데라니요. 그러지 않아도 형님을 뵌 지가 오래 되어서 일간 찾아뵈려던 참이었습니다. 어서 앉으시지요."

효령은 침착했다. 예의를 다하고 있는 것이다. 양녕은 이런 효령의 태도는 안중에도 없다는 듯이 그저 장승처럼 서서 말했다.

"필요 없느니라."

"……."

"네게 일러줄 말이 있어 왔을 뿐이다."

양녕은 그 자리에 선 채 천장을 바라보았다. 그러니 효령 역시 어정쩡한 자세로 서 있을 수밖에 없었다.

이른 아침 형제간의 만남. 그리고 위태롭게 이어지는 대화였다.

"이제 나의 세자 자리가 경각에 달렸음을 아느냐?"

"……."

"말이 없다는 것은 너 역시 생각한 바가 있다는 것이렷다."

"아니옵니다. 형님."

효령은 일순 당황했다. 사실 형님인 양녕의 폐세자는 공식적으로 말만 나오지 않았지 거의 굳어가는 상황이었다. 따라서 차기 세자 자리는 적장자의 순이라면 자신에게 오는 것이다. 이를 은근히 마음에 둔 효령이었다.

"괜찮다. 내 너를 아는 바. 너를 탓하고자 온 것이 아니다. 다만 ……."

"다만 무엇이옵니까?"

뜻밖이었다. 양녕은 효령의 마음을 꿰뚫고 있었던 것이다.

"단도직입적으로 묻겠다. 너는 충령의 사람됨을 어떻게 생각하느냐?"

"……."

"성군의 재목으로 나는 충녕을 보았다."

"……."

"사람에게는 다 역할이 있는 법이다. 나는 나대로의 역할이 있고, 너는 너대로의 역할이 있다. 네가 비록 학문을 좋아하고, 정사를 향한 뜻이 있다 하더라도 네 마음이 강하지 못하고 유순함에 치우쳐 있으니 어찌 군왕의 자질을 갖추었다고 할 수 있겠느냐."

"……."

"또한 너의 학문은 부처에 가 닿았으니, 유학에 뿌리를 둔 만조백관을 다스리기에는 어려움이 많을 것이다. 그러나 충녕은 아니다. 모든 분야에 있어 그 박식함이 오히려 대신들을 앞지르고 있을뿐더러 덕망과 인격을 고루 갖추고 있으니 이 어찌 성군의 자질이라 아니하리."

"형님, 그만 하시지요. 무슨 뜻인지 알겠습니다."

사실 양녕의 세세한 설명은 효령에게는 사족이었다. 자신도 익히 알고 느끼는 바였다. 다만 주상의 자리에 대한 욕심이 어쩔 수 없이 자신의 마음속에 자리 잡고 있었다. 효령은 고개를 떨구었다.

"효령아."

"예."

"진정한 세자는 충녕이다. 나는…… 나는 이를 위해 지난 수년간 거짓으로 살아왔다."

"혀, 형님……."

비로소 효령의 눈자위에도 물기가 스며든다. 자신 또한 어렴풋이 짐작해왔던 일이 아니던가.

"그렇게 하는 것이 종사를 위한 일이라고 생각했다."

그렇게 혼잣말처럼 중얼거리고 양녕은 천장을 올려다보았다. 자신의 눈자위가 시큰해져왔기 때문이었다. 그런 양녕의 얼굴로 아침 햇살이 환하게 비쳤다. 감당할 수 없는 짐이어도, 뿌리치기 어려운 금상의 자리. 그 영욕의 자리를 양녕은 미련 없이 버리려는 것이다.

"형님, 아무 심려 마오소서. 형님 뜻대로 될 것이옵니다."

"그래 고맙구나. 정말 고맙다."

두 사람은 손을 마주잡았다. 양녕뿐만이 아니라 효령 또한 자신의 안락과 영달보다는 나라를 위한 대의에 기꺼이 뜻을 같이 하기로 한 것이다. 두 사람이 흘리는 뜨거운 눈물은 그 어느 보석보다도 아름답게 서로의 가슴을 적셨다. 태종 18년(1418) 6월의 일이었다.

양녕의 상소는 이내 태종에게 전해졌고, 조정은 발칵 뒤집혔다. 곧 태종은 삼정승을 들라 일렀다. 이에 태종과 삼정승은 폐세자를 논했다. 결국 세자의 자리는 그해 6월 5일, 충녕에게 돌아갔다. 조정은 새 세자 책봉으로 인해 기쁨으로 넘쳤고, 양녕은 이를 뒤로 한 채 경기도 광주로 유배길을 떠났다.

양녕의 유배! 양녕 스스로가 원해서 간 길이다. 나라의 발전을 위해 덕이 있는 동생에게 보위를 양보하고 자신은 의연히 역사의 뒤안길로 사라진 것이다.

녹봉이 얼마인데 고래 등 같은 집을 짓는단 말인가

"흠. 내가 지당대신(至當大臣)이란 말이지요?"

"그렇다니까요, 영상대감!"

좌의정 맹사성의 목소리가 높아졌다. 느긋한 성격의 그로서도 답답했던 것이다.

'지당대신'이란, 모든 일에 '예, 지당하신 말씀입니다.' 하며 상대방비위 맞추기에 급급한 자를 일컬어 비아냥거리는 소리이다. 그러나정작 그런 소리를 듣고 있는 영의정 황희가 남 이야기 하듯 하는 데대해 맹사성은 화가 났다.

"영상, 대관절 영상이란 자리가 어떤 자리입니까. 일인지하요 만인지상의 자립니다. 그런데도 저 무지한 자들의 소행을 그냥 보아 넘기시렵니까?"

"……."

맹사성은 강력히 결단을 요구하고 나섰다. 그러자 무심한 표정으로이를 듣고 있던 황희가 천천히 말문을 열었다.

"이보시오, 좌상대감. 저들이 날 지당대신으로 보았다면 나는 지당

대신이 분명하오. 또 좌상이 나를 그런 사람이 아니라고 생각하신다면 아닌 게지요. 이를 두고 내가 발 벗고 나서서 나는 이런 사람이오. 하는 것은 비웃음을 자초하는 일밖에 되지 않아요.”

“…….”

“사람들은 한 순간에 집착하여 그것만이 전부인 양 판단하지요. 그러다 시간이 흐르면 자신의 잘못을 느끼고, 생각을 다시 바꾸곤 하더군요. 그러니 그냥 내버려두는 수밖에요. 또 그런들 어떻습니까, 허허허. 자, 약주나 한잔 듭시다.”

“…….”

맹사성은 황희가 건네주는 술잔을 받았다. 할 말이 없었다. 또 이런 모습이다. 지금 자신의 귀에는 집현전 학자들의 비아냥거리는 소리가 천둥소리같이 들리는데 도대체 이 황희라는 사람은…….

황희는 고려 공양왕 시절 그의 나이 27세에 문과에 합격한 이래 조선 태조와 태종, 세종조까지 60년 동안 내리 벼슬을 살았다. 이중 영의정으로 있었던 기간만 해도 18년이었으니 가히 세종조 시절에는 혼자서 정승을 지냈다고 해도 과언이 아니다.

이런 황희에 대해 사람들은, 그 오랜 기간 동안 그가 자리를 보존할 수 있었던 것은 시비를 가리지 않고 그저 흥흥 하였기 때문이라고 단정하기도 했다. 이를 뒷받침이라도 하듯, 한 일화가 사람들의 입에서 입으로 전해졌다.

하루는 노비들 사이에 싸움이 일어났다. 서로 말싸움을 하다가 결국 주먹까지 오갔으니 소란은 꽤 큰 편이었다. 그래도 황희는 사랑방에서 기척도 없이 앉아 있었다.

한참 동안 소란이 있은 후 한 노비가 그의 방 앞으로 찾아와 상대방의 잘못을 낱낱이 고하고 자신의 정당성을 주장했다. 이 말을 경청한 황희는 "그래, 네 말이 맞구나." 하고 그 노비의 말을 그대로 인정하였다. 그러자 곧바로 같이 싸웠던 노비가 찾아왔다. 그 역시 상대방의 잘못된 부분을 일일이 말했다. 이 말을 들은 황희는 "그래, 네 말도 옳구나."라고 말하였다. 이런 황희의 처사를 묵묵히 지켜보고 있던 조카가 못 참겠다는 듯이 불만이 섞인 목소리로 말하였다.

"모든 일에는 옳고 그름이 있는 법입니다. 그런데 어찌 두 노비의 말이 다 옳다고 말씀하십니까? 대감께서는 시비를 가려주시어 저들의 우매함을 깨우쳐주셔야 하지 않습니까?"

당돌한 질문이었다. 그러나 황희는 이를 평온한 자세로 듣고 있다가 조용히 말했다.

"네 말도 과연 옳구나."

이 일화를 듣고 사람들은 시비를 가리지 않는 사람이라고 쑥덕거렸다. 황희는 모른 체하였다. 사람으로 태어나 유학자의 길을 걸으면서 어찌 주관이 없을 수가 있으며, 시비를 가릴 줄 모른단 말인가! 다만 노비 간의 다툼 정도를 가지고, 노하여 벌주는 것 자체를 꺼리는 것이었다.

그가 나서면 집안이 더욱 소란해질 것은 자명한 일이고, 자신이 누가 옳다고 이야기하면 노비들 둘 중의 하나는 소외되니 이를 경계한 일이기도 했다.

그러나 정작 시비를 가려 지조를 굽히지 않을 일에 있어서는 그 뜻이 서릿발 같았다.

　태종 16년(1416) 가을의 일이다.

　이때 황희의 나이는 54세로 호조판서에 제수되어 있었다. 당시 왕세자였던 양녕은 아주 담을 넘어 궁궐 밖으로 나가 기생과 한량들과 어울리며 온갖 짓궂은 일을 하고 다녔다. 이를 두고 동궁전에서는 쉬쉬 했지만 꼬리가 길면 잡히는 법이다.

　"어이! 이것 봐. 여기 웬 홈이 파였지?"

　순찰을 돌던 동궁전의 포졸은 담 밑에 일정한 깊이로 움푹 팬 자국을 발견하였다.

　"아니! 저것도 좀 보게. 담 위 기왓장이 부서졌잖아!"

　담 아래 바닥이 패이고 담 위의 기왓장이 부서져 있다는 것은 곧 담에다 사다리를 걸쳤다는 이야기가 된다.

　이 일은 곧 의금부로 알려졌고, 탐문과 추국을 통하여 양녕의 행실이 낱낱이 태종에게 보고되었다. 그러잖아도 세자의 행실을 탐탁치 않게 여겼던 태종은 크게 노하였다.

　이를 두고 조정에서는 회의를 하였다. 많은 대신들은 태종의 비위를 거스를까봐 쉽게 이야기를 꺼내지 못했다. 태종이 워낙 불같은 성격이어서 언제 불벼락이 떨어질지 모르는 일이었다. 이에 황희가 나섰다.

　"전하, 세자 저하께서 아직 연소한 관계로 그와 같은 실수를 저지른 것으로 생각되옵니다. 통촉하여 주시옵소서."

　황희는 양녕의 사람됨을 잘 알고 있었다. 어렸을 때부터 줄곧 보아 왔던 양녕은 결코 방탕하다거나, 어리석은 왕자가 아니었다.

그러나 태종의 분노는 쉽게 가라앉지 않았다.

"세자가 어리다니! 세자의 나이가 23세가 아닌가! 경은 어찌 연소하다는 이유로 죄를 은폐시키려 하는가!"

태종은 양녕을 두둔하는 황희에게 크게 화를 냈고, 결국 이 일로 황희는 공조판서로 좌천되었다.

하지만 한번 정한 뜻은 그대로 밀어붙이는 황희였다. 황희는 당시 좌의정이었던 이직과 더불어 충녕대군의 세자 책봉을 강하게 반대하였다. 양녕의 인품을 호소하였고, 인륜지사에 위배된다고 주장했다.

그러나 조정의 여론은 이미 충녕을 지지하는 쪽으로 기운 뒤였다. 1418년 충녕대군이 세자로 책봉되자 황희는 졸지에 서인으로 몰려 교하로 쫓겨 가게 되었다. 일단 소신이 서면 목숨마저 초개와 같이 여기는 황희였다. 비록 관직을 박탈하였어도, 이런 황희를 태종은 늘 마음에 두고 있었다.

후에 충녕은 왕위에 올랐다. 조선왕조 4대 임금 세종대왕이다. 세종은 왕위에 오르자마자 황희의 충절을 높이 사 곧 조정으로 불렀다. 이는 곧 태종의 뜻이기도 했다.

세종 역시 황희 정승을 끔찍이도 아꼈다. 다른 지조 있는 대신들과 같이 정사를 논하다가도 마지막에 가서는 황희를 바라보았다. 이 아낌의 정도는 세종 자신의 판단력이 흐려졌을 때도 여실히 드러났다.

세종 19년(1437)의 일이다.

천흥사라는 절을 완공하였을 때 세종은 이 절에 많은 금은보화를 선사하였다. 이밖에도 절에 가는 하사품이 산더미 같았다. 많은 백성들이 이 장면을 목격하였고, 왕이 다시 불교로 귀의하고 있다는 말이 저잣거리에 나돌았다.

이때만 해도 조선의 건국이념인 숭유억불 정책이 완전히 뿌리 내리지는 않았다.

숭유억불 정책을 기반으로 조선을 세우긴 했어도 태조 이성계는 늘 무학대사를 가까이 두었으며, 말년엔 불교에 귀의했다. 태종 역시 불교를 향한 마음이 모질지 못했다. 게다가 세종의 둘째 형인 효령이 불가에 있었다.

그러자 요승들의 방자함이 점점 커지더니 급기야 사람들을 현혹하기 시작했다. 한 해 동안 양반의 자제부터 평민의 아들까지 불가에 몸을 두는 숫자가 수만 명에 이르게 되었다.

이에 태학생 정극인 등이 불교 숭상을 반대하는 상소를 수차례 올렸다. 그러나 세종은 이를 대수롭지 않게 여기고 그냥 묵살하고 말았다. 여기서 주저앉을 성균관 유생들이 아니었다. 이들은 곧 무리를 지어 시위를 하였다.

"전하! 전하의 불교 숭배로 많은 사람들이 중이 되고자 하옵니다. 통촉하여 주시옵소서."

"전하, 통촉하여 주시옵소서!"

"전하, 용의(龍意)가 그러하옵시면 저희 성균관 유생들 역시 머리 깎고 절로 들어가야 하옵니다."

유생들의 목소리가 커지자 세종은 진노했다.

"어찌 그대들은 과인의 참뜻을 몰라주는 것인가! 과인이 불교를 가까이 함이 유교를 멀리 하자는 것이 아니지 않은가."

급기야 세종은 유생들을 강제 해산시켰고, 이를 주도한 정극인을 사형에 처하라고 명령하였다. 이에 깜짝 놀란 황희가 앞으로 나섰다.

"전하! 아니 되옵니다. 전하께옵서 정극인을 죽이시면 사책(史冊)에 무어라고 기록되겠습니까? 유생들을 탄압하고, 자신의 충절을 보여준 자를 마음에 들지 않는다 하여 내친 임금으로 남게 되옵니다. 통촉하시옵소서!"

간절한 진언이었다. 이에 세종은 자신의 용렬함을 뉘우치고 정극인에게 내렸던 사형을 철회하였다.

정승의 자리는 뜨거운 감자와도 같은 것이다. 황희가 이 자리를 18년 동안이나 지켰던 것은 다름 아닌 이런 소신에 찬 신념 때문이었다. 말하기 좋아하는 세인들의 표현처럼 그저 예, 예 하는 지당대신이었다면 불가능한 일이 아니었을까.

세종이 황희를 자신의 몸처럼 아끼는 이유는 황희의 충절도 충절이었지만 그보다 더한 것은 황희의 생활 모습이었다. 황희는 말 그대로 청렴결백한 사람이었다.

황희의 장남 황호안은 일찍부터 조정에 발을 들여놓아 젊은 나이에 벼슬이 참의에 이르렀다. 벼슬이 높아지자 재물도 쌓였고, 한때 큰 집을 짓고 낙성식을 하였다. 참의라는 벼슬도 높은 품계였지만 그보다도 그의 부친은 바로 이 나라 영상이 아니던가! 당연히 이 낙성식에는 조정의 수많은 고관대작들이 참석하게 되었다.

그러나 정작 참석해야 할 황희는 이 자리에 나타나지 않았다. 잔치를 벌인 호안이나 참석했던 대신들 모두 의아해 했지만 오랜 시간 황희를 기다리다 잔치가 시작되었다. 흥겨운 가락이 담장을 타고 흘러나갔고, 주연은 한창 무르익었다.

그제야 황희가 소리 없이 대문에 들어섰다. 그리고 말없이 집 안

구석구석을 둘러보더니 한숨을 크게 내쉬고는 대문 밖으로 나가는 것이었다.

그러자 잔치는 어색하게 되었고, 다들 머쓱한 표정으로 하나둘 자리를 떠났다. 아버지의 뜻을 알아차린 황호안은 곧 자신의 과오를 깨닫고 그 후 작은 집으로 옮겨 살았다고 한다.

하루는 세종이 황희의 집을 방문하였다.

조정에 떠도는 소문대로 정말로 일국의 정승집에 비가 새는지 궁금해서였다. 황희의 집을 방문한 세종은 그만 아연실색하고 말았다. 방안에 멍석이 깔려 있는 것이 아닌가!

"허! 이거 영상께서 나라 망신은 다 시킵니다. 하지만 이 멍석이라면 가려운 등 긁기에는 딱 좋겠소!"

한참 만에 세종의 입에서 나온 말이었다.

일국의 영상이면서 생활은 늘 검소했던 사람이 바로 황희였다.

당시의 사회상으로 보면 청탁도 많았고, 축재도 가능하였다. 이를 통해 얼마든지 재물을 모을 수 있었는데도 황희는 언제나 한 생각을 지켰다.

'일국의 신하가 재물이 많다 함은 스스로 자신의 치부를 드러내는 것이다. 녹봉이 얼마인데 그것으로 고래 등 같은 집을 짓고, 수많은 종을 부릴 수 있단 말인가! 참으로 통탄할 일이다. 조정에 있는 대신들이 이런다면 어느 백성이 대신을 믿고, 나라를 믿겠는가.'

이 땅은 우리 땅이다

"예로부터 제왕이 왕업을 일으킨 땅은 나라의 근본으로 더없이 소중한 곳이오. 또한 우리나라의 북쪽 경계에 있는 두만강은 하늘이 만들고 땅이 마련해준 천혜의 요새로, 국경을 한정지어주는 곳이기도 하오. 그런데 이제 그 땅이 오랑캐(여진족)들의 말발굽 아래 놓이게 되었으니 내 이 일을 생각하면 잠이 오지 않소. 경은 부디 나의 뜻을 헤아려주기 바라오."

세종은 김종서를 함길도 관찰사로 임명한 뒤 곧 그를 내전으로 불러 두 손을 잡아쥐며 신신당부하는 것이었다.

"저, 전하……."

김종서는 그만 당황하여 어찌할 바를 몰랐다. 평소 먼발치에서 보기만 해도 어렵고 어려운 주상인데 몸소 자신의 손까지 잡아주시니 그로서는 더할 나위 없는 영광이 아닌가.

"내 일찍이 경에 대해서는 들은 바가 많소. 경의 용맹과 슬기는 조정 안팎에 널리 알려져 있으니 내 경을 굳게 믿겠소."

말을 마친 세종은 그윽한 시선으로 김종서를 바라보았다. 입가에는 흡족한 미소가 잔잔히 번져 있었다.

"성은이 망극하여이다."

김종서는 그만 뭉클해져오는 가슴을 주체할 수가 없었다. 북방 개척의 어려운 소임을 자신에게 일괄하시는 것이라면 주상께서는 그동안 자신을 면밀히 지켜보신 것이 아닌가. 그러나 지금 이 시각, 자신이 할 수 있는 것은 아무것도 없었다. 그저 고개만 조아릴 뿐이었다. 세종 15년(1433)의 일이었다.

김종서의 함길도 관찰사 부임은 동북면 일대의 방비를 맡고 있는 장수들에게 커다란 충격을 주었다. 비록 변방에 위치해 있는 지역이지만 장수들 이하 병졸들까지도 '김종서'라는 이름을 익히 들어온 터였다.

"뭐, 김종서가 관찰사가 되어 온다고?"

"그러게 말이야. 비록 문무에 뛰어나다고는 하지만 오랑캐와는 한 번도 대면이 없던 자가 와서 무얼 하노."

"맞아. 그자가 이곳 형세도 모르면서 우리 방어선을 더 앞으로 전진시킨 자였지."

한 마디로 말해서 그들이 알고 있는 김종서는 비웃음과 무시의 대상이었다. 그도 그럴 것이 두만강 유역에 살고 있는 여진족의 힘은 너무도 막강했다.

원래 여진족은 반농 반수렵 생활을 했기 때문에 식량, 의류 같은 생활필수품이나 농기구 같은 생산 도구를 조선에서 구해 가야만 했다. 여진족은 이런 이유로 자주 조선의 영토를 침범하였다.

지난 태종 시절 여진족은 경원부(야인 방어의 전초기지)를 습격하였고, 이에 맞서 싸운 부병마사 한흥보가 전사하는 사태가 벌어졌다. 조정에서는 그 보복 조치로 경원부 북쪽에 위치한 여진족을 무찔러 추장을 죽이는 등의 성과를 거두었다. 조선이 가지고 있는 힘의 우위를 그들 앞에 내보인 것이다.

그러나 이것도 잠시뿐, 여진족 추장들은 각 부족의 힘을 모아 대반격을 가해왔다. 이로부터 북쪽 지역에서는 일진일퇴가 계속 되었고, 전쟁이 계속될수록 이곳의 방비는 점점 힘들어졌다.

결국 태종은 경원부를 공주 뒤에 위치한 종성으로 옮겼으며 이로써 부령 이북은 여진족의 활동 무대가 되었다. 그저 저희들이 하고 싶은 대로 내버려두는 상황이 된 것이다.

그러던 여진족과의 관계가 세종조에 와서는 더욱 악화되어 한때는 전초기지를 훨씬 뒤에 위치한 용성으로 후퇴시켜야 한다는 여론이 일기도 했다.

그러나 이를 완강히 반대하고 오히려 전초기지의 방어선을 전진시키자고 주장한 이가 바로 김종서였다. 그의 건의에 따라 세종이 김종서를 관찰사로 임명하였으니 이곳의 장병들은 김종서라는 인물을 기쁘게 맞이할 수만은 없었다.

"어디 한번 하고 싶은 대로 해보라지."

냉담했다. 그저 김종서에게 형식적인 예의만 갖출 뿐이었다.

이런 상황을 알고서도 김종서는 조금도 노여워하지 않았다. 실제로 그 역시 한양에서 언변만 늘어놓던 때와는 판이한 상황에 적잖이 당황했다.

하루하루가 긴장의 연속이었다. 곡식과 일용품이 부족한 여진족들은 시도 때도 없이 조선 땅으로 쳐들어왔다. 때로는 한낮 식사 시간을 겨냥하기도 하고, 때로는 한밤중에 밀물처럼 쳐들어오기도 했다.

당연히 김종서는 긴장을 풀 수가 없었다. 잠시 쉬는 시간을 가질 때면 투구만 벗어 옆에 놓을 뿐이었다. 아무리 땀이 등골을 타고 흘러내려도 갑옷을 벗을 수 없었다. 말이 함길도 관찰사지 일반 병사와 조금도 다를 바가 없는 생활이었다. 함길도를 조선의 영토로 만들겠다는 일념만 가득할 뿐이었다.

"오랑캐의 내습이다!"

척후병의 목소리가 울리면 김종서는 곧 말에 올랐다. 한시라도 갑옷을 벗어본 일이 없기 때문에 순식간에 늠름한 모습으로 부하 장병들 앞에 섰다.

"가자! 놈들을 한 놈도 남기지 말고 주살하되 항복하는 자들은 해치지 마라."

김종서는 선두에 서서 질풍처럼 내달렸다. 장군이 이처럼 자기 몸을 돌보지 않으니 휘하 장병들 역시 파도와 같이 진격해 들어갔다.

"이놈들, 너희 놈들이 감히 김종서에게 대들겠다는 것이냐!"

호랑이의 포효였다. 김종서의 칼이 번뜩일 때마다 오랑캐의 목이 여기저기 나뒹굴었다. 기세 좋게 침략을 했다가 오히려 된서리를 맞은 것이다.

용장 아래 비겁한 사병은 없다고 했다. 비록 냉담하게 상관을 받아들였지만 병사들 역시 몸을 아끼지 않는 김종서의 태도에 감동하여 몸을 사리지 않았다. 차라리 오랑캐의 창검에 죽을망정 한 발도 뒤로 물러서지 않는 것이었다.

싸움은 오래 가지 않았다. 김종서의 군대는 어느덧 승전보를 울리면서 기지로 돌아왔다.

김종서의 명성은 점차 함길도 전체에 퍼졌다. 심지어 여진족들은 김종서를 호랑이에 비유하면서, 노략질을 하다가도 김종서와 그의 부대만 보이면 황급히 달아나버리는 것이었다. 상황이 이렇게 바뀌자 장병들의 태도 역시 달라졌다.

"우리 장군님은 사람이 아니라 신이셔."

"그럼. 그걸 말이라고 하나. 하늘이 내리신 분이 아니면 그렇게 용맹하고 슬기로울 수가 있나!"

장병들의 마음은 바로 행동으로 나타났다. 멀리서 김종서의 모습만 보여도 경의의 태도를 보였고, 김종서가 죽으라면 죽는 시늉까지 할 정도였다.

김종서는 그저 말없이 이런 장병들의 변화를 주의 깊게 지켜보았고, 큰 싸움에서 승리한 날이면 모든 장병을 모아놓고 잔치를 열었다.

"자, 마음껏 드시오. 그대들이 있기에 내가 있고, 우리가 있기에 이 나라 조정이 건재하는 것이오."

김종서는 장병들과 조금도 거리를 두지 않았다. 장수들의 잔에도, 말단 병졸의 잔에도 똑같이 술을 내렸다. 고기 역시 차등 없이 골고루 내렸으니 한번 잔치가 열리면 그 규모는 일반 고을의 큰 잔치보다 더 컸다.

그러자 이곳에 물자를 대주는 벼슬아치들의 원망 소리가 점점 높아졌다. 심지어 한 벼슬아치는 임금에게 이렇게 아뢰기도 했다.

"저들의 술안주가 우리들의 식사보다 좋습니다. 부디 시정하여 주십시오."

하지만 김종서는 이를 한마디로 묵살했다.

"어리석은 말씀 마시오. 바람에 왕모래가 흩날리는 변방에서 이들 모두는 나라를 위해 목숨을 걸고 싸우고 있소. 이들의 수고는 이 나라의 힘이 될지니 이제 북방을 평정하려는 마당에 초라하게 시작할 수는 없는 일이오. 분명 유종의 미가 있을 것이오."

김종서의 태도가 이러하니 벼슬아치들 중에서 앙심을 품은 자가 점차 많아졌다. 하루는 큰 싸움을 치르고 밤이 깊도록 왁자지껄 잔치를 벌이고 있는데 홀연히 화살 한 개가 날아와 술통에 박혔다.

김종서가 베푼 잔치에 날아온 화살 한 개. 화살의 목표가 김종서나 부하 장수가 아니라 술통이고 보면 분명 이 잔치를 못마땅하게 생각하는 무리 중 누군가가 시위를 하는 것이 분명했다.

삽시간에 사람들은 분분히 일어서서 우왕좌왕했다. 그러나 김종서는 태연히 그 자리에 앉아 술잔을 기울이더니, 이내 사람들에게 자리에 앉으라고 지시를 내렸다.

"모두들 들으시오. 이는 필시 어느 간사한 인간이 나를 시험해 보는 것이 분명하오. 이제 그가 나를 시험했으니 더 이상 내게 아무런 짓을 하지 못할 것입니다. 걱정 마시고 마음껏 즐기시오."

이어 부하 병사들에게 이야기했다.

"모두 들으라. 내가 한양에 있을 때에는 너희들의 고충을 잘 몰랐다. 그러나 지금 나는 이곳에 있다. 나는 너희와 한 몸이다. 모두들 주위를 둘러보아라. 너희들이 앉아 있는 이 땅은 분명 우리 조선의 땅이다. 우리는 우리의 땅에서 술을 마시는 것이다. 너희들이 목숨을 아끼지 않고 싸운 덕분에 우리는 지금 이곳에 있다. 허나 아직도 선왕이 만드신 우리의 영토 일부가 저들 오랑캐의 말발굽 아래 놓여 있으니 이 아니 통탄할쏘냐. 우리가 찾아야 한다. 마음껏 마시고 마음껏 취해라. 다만 우리의 임무를 잊지 말도록 하라."

이런 김종서의 태도는 장병들에게 희망과 용기를 주었다. 그 이후로도 장병들은 싸움이 있을 때마다 목숨을 내걸고 싸웠다.

오래지 않아 경원부에서는 여진족의 침입이 사라졌다. 호랑이 김종서가 지키고 있는 땅에 쳐들어왔다가는 목숨 부지하기도 어려운 일이니 저들 스스로 물러선 것이다. 그러자 김종서는 곧 다음 작전을 시작했다.

그는 군대를 이끌고 전진하여 진을 훨씬 북쪽인 종성으로 옮겼다. 그리고 이곳에 종성군이라는 이름의 군을 주둔시키고 회령이라고 부르다가 그해 겨울에는 도호부(지방 관아로 대도호부 다음에 위치함)를 설치했다.

이어 세종 17년(1435), 그는 한 통의 장계를 세종에게 올렸다.

'신이 이곳에 와서 보건대 오랑캐들은 그 성격이 천태만상이옵니다. 어떤 자는 우리가 부드럽게 대해주면 저들이 겁나서 그러는 줄 알고 교만한 태도를 취하고, 어떤 자는 우리가 강하게 하면 오히려 원한을 품기도 합니다. 이들을 가리는 방법으로 간첩을 이용하면 좋을 듯싶습니다. 싸움에 앞서 간첩을 활용하여 저들의 성품을 파악하면 군이 싸우지 않아도 될 자와 싸워 쫓아내야 할 자를 가릴 것이옵니다. 고려의 신하 윤관이 여진을 꾀어 9성을 쌓았다 하나 이는 곧바로 잃어버렸으며 우리 조선의 신하인 정승우가 여덟 명의 추장을 죽였지만 곧 더 큰 화단을 입었습니다. 엎드려 바라옵건대 오면 어루만지고 거부하는 자는 처단하는 방법이 좋을 듯싶습니다.'

간첩을 활용하여 상황에 따라 유화책과 강경책을 동시에 사용하자는 의견이었다. 당시 조정에서는 선비의 덕목만 앞세워 유화책을 논하는 자와, 적의 간교함을 들어 강경책을 논하는 자의 주장이 대립하고 있었다. 그러나 김종서의 이 장계를 본 세종은 곧 무릎을 치며 말했다.

"옳은 말이오. 과거를 거울삼으면 밝은 미래가 열리는 법이지요. 이제 경들은 이 문제는 접어두시고 김종서가 열어놓은 함길도 땅에 백성들이 살 수 있는 길을 강구하시오."

백성들의 이주를 시도하자는 것이었다. 이 문제로 많은 의견들이 오갔으며 마지막으로 병조에서 내놓은 의견은 이러했다.

"이제 영북과 경원에 두 진이 설치되었으니 양 진에 백성들을 1천1백 호씩 옮기는 것입니다. 이들에게는 부역을 감하시고, 납세를 덜어주어 멀리 사는 외로움을 다독거려야 합니다. 또한 충청, 강원, 경상, 전라도의 사람들도 불러 모으되 양민은 그 고장의 관리로 임명하시고 향리와 역리는 천한 일을 면제해 주시고, 천인은 양민이 되게 하소서."

혜택을 주어 이주하도록 하자는 것이었고, 세종은 이를 따랐다. 또한 세종은 김종서를 배려하는 일도 잊지 않았다.

"김종서에게는 북진 개척에 필요한 물자를 아낌없이 내주도록 이르시오. 변방에서 모진 추위와 맞서 싸우는 자에게 이 정도는 아무것도 아닌 게요."

모든 일이 차질 없이 진행되었다. 위로는 왕의 지극한 신임이 있었고, 아래로는 자신을 믿고 따르는 장병들이 있었다. 김종서는 곧 종성에 있던 경원부를 지금의 경원으로 옮기고, 잃었던 공주 땅을 찾아

공성(이후 1443년에 경흥이라 부름)이라 이름 붙였다.

그러나 호사다마라고 했던가. 김종서의 북진이 간첩을 이용한 정책과 군건한 장병들의 용맹으로 점점 확산되어가자 조정에는 그의 명성을 시기하는 자가 많아졌다.

"전하, 김종서는 영토를 넓힌다는 구실로 그 고장 사람들의 재물을 거두어 날마다 잔치로 소일한다 하옵니다."

"그렇사옵니다. 전하. 그 작폐가 심하여 고을 관리들의 하소연이 이만저만이 아닙니다. 김종서를 잡아다가 엄히 벌함이 마땅한 줄로 아옵니다."

아무리 태평천하라 해도 간신은 있는 법이다. 하지만 이런 자의 말을 세종은 귀담아 듣지 않았다.

"경들은 들으시오. 내가 있어도 김종서가 없었다면 북방 개척은 이루어지지 않았을 것이오. 또한 김종서가 아무리 훌륭하다 한들 내가 없었으면 그 또한 어림도 없는 일이오. 지금 이 계획은 나와 김종서의 합작이니, 경들의 그런 주청은 나에게 죄를 묻는 것과 진배가 없소. 다시는 그런 말을 하지 않도록 하시오."

김종서에 대한 철저한 믿음이었다. 오히려 세종은 이 일을 기화로 더 많은 물자를 북방으로 보냈으니 이를 본 사람들은 누구나 혀를 찰 정도였다.

그러던 중 그해 9월 김종서의 어머니가 병으로 세상을 떴다. 이 사실을 안 세종은 직접 사람을 보내 김종서에게 어머니의 부음을 알렸다고 한다.

신하에 대한 끔찍한 사랑. 상중인 김종서의 건강을 염려한 세종이 여러 번 고기를 내렸을 정도였다. 김종서가 아니면 겨우 잠잠해진 북방이 다소 소란해질 것은 불 보듯 하니 세종의 걱정은 이만저만이 아니었던 것이다.

다시 북방으로 돌아온 김종서는 잠시 미뤄두었던 개척에 박차를 가했다. 계획은 조금도 차질 없이 진행되었다. 명성 또한 오를 만큼 올라 여진족들은 김종서의 모습만 보아도 꼬리를 감추었다.

장장 15년의 세월.

함길도 관찰사의 대임을 맡은 뒤 김종서는 이곳의 여진족을 물리치고 종성, 온성, 회령, 경원, 경흥, 부령의 6진을 개척하는 대공을 세웠다. 이후 지금까지 우리의 영토는 두만강까지로 명시되었으니 김종서의 공을 어떻게 다 칭송할 수 있겠는가.

6진 개척이 마무리되자 김종서는 다시 조정으로 돌아왔다. 그러자 세종은 김종서에게 특명을 내려 고려사(高麗史)를 편찬하도록 하였다. 비록 고려는 망했어도 그 역사를 왜곡해서는 안 된다는 것이 세종의 신념이었다. 따라서 태종 때 정도전, 조준 등이 지은 〈고려사〉나, 세종 때 윤회, 유관 등이 지은 〈고려실록〉이 모두 고려시대를 왜곡했다 하여 세종은 이를 없애버렸다. 그리고 이를 다시 김종서에게 명한 것이다.

피를 말리는 작업이 진행되었다. 드디어 세종의 뒤를 이은 문종 시절 김종서는 〈고려사〉를 완성하였다. 북방 개척과 더불어 또 하나의 빛나는 업적을 이룬 것이다.

하지만 이런 김종서의 노력은 후세의 기록에서 그 이름을 찾을 수가 없다. 이유는 왕권에 눈먼 수양대군의 분노 때문이다. 수양대군은 문종이 죽고, 단종이 왕위에 오르자 이를 몰아낼 결심을 한 뒤, 맨 먼저 당시 영의정과 좌의정을 두루 거친 김종서를 그의 집 앞에서 살해하였다. 대권을 잡는 데 있어 제일 두려운 대상이 김종서였으니 그만 죽으면 나머지 선비들 쯤이야 얼마든지 요리할 수 있다는 계산에 의한 것이다.

위대한 호랑이 김종서. 북방에 우뚝 서서 드넓은 벌판을 조선의 영토로 만든 인물 김종서.

장백산에 기를 꽂고, 두만강 물로 말을 씻기니
약한 저 선비들아, 이게 바로 사나이다.
어떻다 충성됨을 누가 먼저 이루리오.

이런 김종서를 죽이고 나니 수양은 더 이상 거칠 것이 없었다. 이후 궁궐은 모두가 수양의 뜻대로 움직이게 되었고, 급기야 수양은 조카 단종을 영월로 몰아내고 왕이 되니, 그가 곧 세조요, 이때가 1455년 6월이었다.

6진(六鎭)

  6진은 조선 세종 때 동북면 여진족의 습격에 대비하여 두만강의 하류 남안에 설치한 국방상의 요지로 종성 · 온성 · 회령 · 경원 · 경흥 · 부령의 여섯 곳을 말한다.

  본래 이곳의 점령은 고려 말 태조의 아버지 이자춘(李子春) 때부터 시작하였으며, 태조 때에 이르러 두만강 하류까지 조선의 영토로 편입하고 이 지역에 거주하는 여진 부족을 회유하였다. 또한 태종 초에는 경원 · 경성에 무역소를 두고 여진족과 교역을 하기도 했다. 그러나 태종 10년을 전후하여 오랑캐의 잦은 습격을 견디지 못해 뒤로 후퇴하였고, 경성 이북은 방치하였다. 이 상황은 세종까지 이어졌으며 세종 7년에는 방어선을 용성까지 후퇴하자는 여론이 일었다. 그러나 세종은 영토는 조금이라도 줄일 수 없다는 소신으로 오히려 북진개척을 본격적으로 착수(1434년) 하였으며, 김종서를 함길도절제사에 임명하는 한편 이징옥의 무위에 힘입어 육진을 설치하기 시작한 것이다.

  그로부터 10여년이 지난 1442년. 비로소 조선의 영토는 훈융(경원 북방)에서 독산(회령지방)까지 장성을 쌓아 육진의 완성을 보았다. 그리고 신설된 육진에는 남방 각 도의 백성을 이주시켜 영토를 개척하였다. 이를 계기로 우리나라의 북쪽 땅이 두만강과 압록강 연안까지 뻗치게 된 것이다.

대장부 20세에
나라를 평정치 못하면

남이라는 인물이 있었다. 그는 태종의 외손자로 어렸을 때부터 용맹과 슬기가 뛰어났으며, 심지어 보통 사람이 보지 못하는 영적인 세계까지 볼 수 있는 능력을 소유했다고 한다.

남이가 10대 때의 일이다. 하루는 친구들과 광천교 근처에서 무술을 익히다가 괴상한 장면을 목격하게 되었다. 누군가의 하녀인 듯싶은 사람이 큼지막한 함을 들고 지나가는데 그 함 위에 요괴 한 마리가 웅크리고 앉아 있는 것이 아닌가.

'이 요상한 것은 분명 요괴이다. 그런데 이놈이 어디로 가려는 것일까?'

남이는 친구들에게 대충 핑계를 댄 뒤 요괴의 뒤를 쫓아갔다. 한참을 따라가니 함을 든 사람이 큰 솟을대문 안으로 들어갔다. 그때까지도 요괴는 교활한 눈을 번뜩이며 함 위에 웅크리고 있었다.

'필시 이 집에 변이 생기겠구나!'

남이는 근처에서 어슬렁거리며 동태를 살폈다. 그러기를 얼마 후 아니나 다를까 그 집 안에서 울음소리가 흘러나왔다. 순간 남이는 집 안으로 뛰어들어갔다. 그리고 주인 내외에게 허락을 받은 후 처녀의 방으로 들어가니 아까 그 요괴가 처녀의 배 위에 앉아 목을 누르고 있지 않은가!

이를 본 남이는 큰소리로 요괴를 꾸짖었다.

"이놈, 요괴야! 당장 처자의 몸에서 내려오지 못하겠느냐!"

남이의 호통이 있자 요괴는 고개를 돌려 남이를 바라보았다. 눈과 눈이 부딪쳤다.

남이는 두 눈을 부릅뜨고 주먹을 움켜쥐었다. 당장이라도 요절을 내버리고 말겠다는 태도였다. 이런 그의 몸에서 강한 기운이 밖으로 퍼져나왔다. 이를 본 요괴는 얼굴이 사색이 되어 주춤주춤 물러서더니 이내 공중으로 달아나고 말았다.

요괴가 달아나자 얼마 후 처녀는 한숨을 몰아쉬며 의식을 되찾았다. 딸이 의식을 되찾자 이를 지켜보던 주인 내외는 오히려 황당해했다.

"이럴 수가? 다 죽어가는 아이가 호통 한 번으로 의식을 되찾다니!"

이를 본 남이는 빙그레 웃으며 말했다.

"따님의 배 위에 몹쓸 놈의 요괴가 앉아 있었사옵니다. 아까 가지고 들어온 함 위에 앉아 있다가 따님에게 옮겨 붙은 것이옵니다."

말을 마친 뒤 남이는 아직도 정신이 없는 주인 내외를 뒤로 한 채 그 자리를 물러나왔다.

하지만 그날 본 꽃 같은 모습의 처자가 계속 마음에 남았다. 하루하루 날짜가 지날수록 처자의 얼굴은 가슴 속에 더욱 깊이 각인되어갔다. 어떤 때에는 하루 종일 그 처자가 그리워, 책 읽기도 무예연습도 하지 못할 정도였다.

급기야 남이는 처자의 집으로 찾아가 청혼을 했다. 그의 청혼이 있자 처자 역시 자신을 구해준 은인이면서 기골이 장대한 남이에게 연정이 있던 터라 그만 감격하여 눈물을 흘렸다. 처자의 부친인 권람역시 흔쾌히 허락하였으며 곧 혼사에 대한 절차가 활발하게 오갔다. 한편으로는 이름 있는 역술가를 찾아가 사주를 넣고 딸 내외의 앞길을 알아보고자 하였다. 집안이며 능력이며 할 것 없이 빠지지 않는 사위였기에 전도양양한 미래도 궁금하였던 것이다. 그러나 권람의 호기심은 역술가의 입에서 나온 말에 무참히 짓밟혔다.

"허어, 부귀와 명예는 있겠으나 단명할 상이옵니다."

심지어 사주를 보는 사람을 옆에 두고서 혀까지 찼다. 더불어 같이 넣어 둔 권람의 딸 사주를 뽑더니 이번에는 아예 고개를 절레절레 흔들었다.

"이거 참 난감하외다. 따님의 사주 역시 부귀와 영화를 누릴 사주이오나 오히려 아까 그자보다 더 빨리 화를 당할 팔자이옵니다. 또한 대감께서는 이런 화를 보시지 않게 될 운이군요."

역술가의 말인즉슨 자신의 딸이 남이보다 먼저 죽는다는 것이었다. 참으로 어이없는 점괘였다. 하지만 점괘는 점괘일 뿐이다. 좋게 나온 것이라면 더없이 좋겠지만, 나쁘다고 하여 하고자 한 일을 하지 않을 수는 없는 일이다. 조심하여 살고, 보충하여 살면 될 일이 아닌가. 권람은 한참 동안 그 자리에 앉아 있다가 이내 마음의 평정을 찾았다.

그 후 남이는 세조 3년인 1457년에 17세의 나이로 무과에 장원 급제하면서 조정에 이름을 드러내었다. 그의 장원 급제는 조정에서 큰 화

젯거리였다.

세조는 남이를 내전까지 불러 어주를 하사한 후 손수 손을 잡으며 말했다.

"네가 우리 왕족으로서는 처음으로 무과에 급제했구나! 부디 가문의 명예를 더럽히지 말고 나라의 기둥이 되어라!"

이후 세조는 각별히 남이를 보살폈다. 남이가 워낙 뛰어난 인물이다 보니 세조의 귀에 들리는 말들이 모두 남이를 호평하는 소리였고, 이로 인해 세조의 보살핌은 남이에 대한 든든한 믿음으로까지 이어졌다.

세월은 흘러 세조 13년(1467), 북방에서 이시애의 난이 일어났다. 이시애는 관북지방 사람으로 지방 인사를 고루 등용하지 않는 조정에 불만을 갖고 있는 자였다. 특히 관북지방은 조정에서 먼 곳이라 그곳 사람을 수령으로 두었는데, 조정은 이를 감시하기 위해 따로 경관(한양에서 파견한 관리)을 두어 사사건건 감시했다.

이시애의 불만은 갈수록 커졌고, 함경도 일대의 민심을 선동하더니 마침내 반란을 일으켰다. 이에 조정에서는 남이, 강순(조선 초기의 명장으로 이시애의 난 진압에 공을 세움) 등 여러 장수를 급파하였고, 관군은 반란군과 일진일퇴를 거듭하다 이 난을 진압하였다.

세조는 난의 진압을 치하하여 남이에게 일등 공신의 지위를 주었다. 이때 유자광이라는 사람이 남이의 종사관으로 남이와 함께 전쟁에 참가하여 작전계획을 세우는 등 공이 컸다. 그렇지만 유자광은 서자 출신이라는 이유로 조정 대신들이 자신의 공을 별반 알아주지도 않고, 남이만 치켜세우니 그 울분이 대단했다. 하지만 유자광은 이를 숨긴 채 계속 남이 옆에 머무르며 때를 기다렸다.

유자광은 출중한 지략가였다. 유자광이 기지를 발휘하여 작전을 세우면 남이는 뛰어난 무예와 용맹으로 변방의 여진족들을 하나씩 섬멸했다.

이름을 드높인 남이는 얼마 뒤에 북방의 여진족 대부분을 평정하고 조정으로 돌아왔다. 이때 돌아오는 길에 그는 북쪽 하늘을 바라보며 자신의 웅지를 시로 읊었다.

백두산 돌은 칼을 갈아 없애고
두만강의 물은 말을 먹여 없앨지니
대장부 20세에 나라를 평정치 못하면
후세에 누가 있어 장부라 부르겠는가.

이 시는 병사들의 입으로 전해져 세조의 귀에까지 들어갔다. 그러자 평소부터 웅대한 기상을 품은 남이를 신임했던 세조는 크게 기뻐했다. 세조는 급기야 다음 해인 1468년 8월에 남이에게 병조판서의 자리까지 주었다.

나이 26세에 병조판서가 된 남이. 어린 나이임에도 불구하고 한 나라의 병권을 장악하게 된 것이다. 당연히 조정에서는 그를 두고 시기와 질투를 하는 무리들이 생겨났다.

호사다마라고 했던가. 그를 끔찍이도 아껴주던 세조가 병으로 그해 세상을 떠났고 곧 세조의 둘째 아들인 예종이 왕위에 올랐다.

예종은 세자 시절부터 남이의 파격적인 출세를 못마땅해 했다. 예종의 생각에 위계질서를 무시한 이러한 승진은 조정에 불신을 가져와

대신들의 이탈을 가져올 뿐만 아니라 크게 보면 나라의 우환 덩어리였다.

이에 예종은 등극하고 얼마 안 있어 남이의 병조판서직을 박탈하였다. 세조의 죽음과 더불어 직위 박탈! 그야말로 남이는 끈 떨어진 연 신세가 된 것이다.

남이는 졸지에 조정의 천덕꾸러기가 되었다. 상황이 바뀌자 평소 남이 가까이에서 지냈던 유자광은 재빨리 마음을 바꾸어 예종을 찾아갔다.

"전하, 남이는 능지처참해야 할 자이옵니다. 얼마 전에 혜성이 떨어지자 이를 두고 나라에 새 임금이 나온다느니 하면서 감히 딴 마음을 품고 있는 자이옵니다. 부디 통촉하여 주시옵소서!"

모함을 한 것이다. 사실 혜성이 꼬리가 30자나 되는 거대한 불줄기를 그으며 떨어진 일이 있었다. 이를 두고 사람들이 보지 못하는 혜안을 지닌 남이는 혼잣말을 했다.

"혜성이란 옛 것이 사라지고 새 것을 추구함을 뜻하는 것이니, 저리 긴 꼬리를 두고 있다면 필시 나라에 어진 임금이 나올 징조이다."

이 말을 유자광이 몰래 엿들은 것이다.

"또한 남이가 시를 지어 부른 것 중에 '남아 이십 미득국(男兒二十未得國)'이라는 말이 있사옵니다. 신이 남이를 잘 아는 바 그는 오만불손하여 자신의 뜻대로 세상을 주무르려 하고 있사옵니다. 전하, 이를 가만히 두면 아니 되옵니다."

이 시구는 남이가 야인들을 평정하고 돌아오는 길목에서 읊은 것이 아니던가. 북방을 바라보며 우리의 옛 영토를 기어이 찾겠다는 웅지를 나타낸 시. 그런데 유자광은 이 시 가운데 '남아 이십 미평국(男兒

二十未平國)'이란 대목에서 '未平國'을 '未得國'이라고 꾸며 고한 것이다.

이 말을 들은 예종의 분노는 하늘을 찌를 듯했다. 아무리 역모라 해도 숨어서 하는 법이거늘 드러내놓고 제 마음대로 나라를 갖겠다고 떠들고 다니다니……. 예종은 곧 남이를 잡아들이라 명한 뒤에 친히 국문에 임했다.

"네 이놈! 너는 선왕의 총애를 받아 그 나이에 병조판서까지 지냈는데 어찌하여 역모를 꾸몄느냐?"

예종의 국문은 이미 뜻이 결정된 국문이었다. 다만 추궁을 하여 자백을 받고자 할 따름이었다.

"신은 두 마음을 가진 적이 없사옵니다."

남이는 의연하게 자신의 뜻을 밝혔다. 하지만 대신들 누구도 남이의 편에 서주지 않았다. 심지어 자신과 함께 여진족을 평정하고, 자신의 뜻이 담긴 시를 읽고서 무수히 칭찬했던 지금의 영의정 강순조차도 굳게 입을 다물고 있었다.

남이가 아무리 부인해도 소용없었다. 점점 시간이 흐를수록 상황은 묘하게 얽혀갔다.

예종은 남이의 이런 변명을 안중에 두지 않았다. 곧 형틀이 준비되었다. 곤장을 치고 주리를 틀고 단근질을 하였다.

"네 이놈, 이래도 이실직고하지 못할까!"

예종의 분노는 식을 줄 몰랐다. 남이가 완강히 부인하면 할수록 고문은 더해갔다.

"억울하옵니다. 소신은 다만 혜성을 보며 예로부터 전해 내려온 이야기를 한 것 뿐이옵고, 나라를 얻겠다는 말도 참언이 아니옵니다. 제가 쓴 시는 분명히 저 여진족들을 물리쳐 변방을 평정한다는 뜻이옵니다. 통촉하여 주시옵소서!"

그러나 고문은 더욱 심해져만 갔다. 살점이 떨어지고 온몸은 그야말로 피로 범벅이 되었다. 급기야 다리가 부러지고 말았다.

"억울하나이다."

남이는 긴 탄식을 내뱉었다. 자신이 아무리 결백을 주장해도 왕은 들으려 하지 않았다. 이제는 죽음밖에 이 자리를 벗어날 방도가 없는 것이다.

"네 이놈 그래도 말하지 못할까!"

남이의 부러진 다리를 보자 예종의 분노는 더 커졌다. 독종도 저렇게 지독한 독종이 없었다. 그렇지 않고서야 저렇게까지 버틸 수는 없지 않은가.

"예. 소신이 역적모의를 꾸몄사옵니다."

남이는 결국 수긍하고 말았다. 더 이상 상대하기도 싫었다. 자신이 이 모진 고문을 참으면서 버틴 이유가 훗날 나라를 위해 큰 뜻을 펼치기 위함이었는데 이제 병신이 되었으니 살아 있어 보았자 아무 소용이 없는 것이다. 그저 어서 빨리 이곳을 벗어나고만 싶었다.

남이의 수긍이 있자 고문은 멈춰졌다.

"그래, 역모에 가담한 자가 누구누구이더냐?"

다시 예종의 목소리가 들려왔다. 남이는 곰곰이 생각한 후 자신의 뜻을 알면서도 저 한 몸 살자고 뒤로 빠져 몸을 사리고 있는 자들의 이름을 하나씩 불렀다. 그리고는 마지막으로 대신들 틈에 끼어 있는 영의정 강순을 보며 말했다.

"강순도 참여했소이다."

이 말이 떨어지자마자 강순은 국문장으로 끌어내려졌다. 강순에게는 아닌 밤중에 홍두깨였다.

"전하! 아니옵니다. 신은 정승까지 지내고 있는 몸인데 무엇이 부족하여 역모에 가담했겠습니까? 이는 저자가 저를 해하고자 하는 말이옵니다. 굽어 살피소서!"

강순의 나이는 80이었다. 예종은 이런 강순이 역모에 가담했다고는 생각하지 않았다. 그런데 이 노신까지도 가담자라니! 도무지 갈피를 잡을 수가 없었다. 그러자 남이는 목소리를 높여 이야기했다.

"전하! 그자의 말을 믿으시면 후일 크게 후회할 것이오. 당장 고문을 하면 진상이 밝혀질 터인데 무얼 주저하시옵니까?"

갈피를 못 잡던 터라 이 말을 들은 예종은 일단 강순을 고문하였다. 고문은 그래도 사정을 두었으나 팔순 노인에게는 가혹한 것이었다. 이내 강순은 고문을 못 이겨 역모를 했노라고 허위자백을 하였다.

너무도 억울한 강순이었다. 하지만 자백에 의한 그 죄과는 반역죄였으므로 남이와 더불어 처형당할 신세를 면하기 어려웠다.

처형당하는 날 형장으로 이송되면서 강순은 남이를 노려보며 말했다.

"네 이놈! 죽으려면 너나 죽을 일이지, 나와 무슨 원수가 졌다고 나를 걸고 넘어졌느냐?"

이 말을 들은 남이는 갑자기 파안대소하며 말했다.

"이보시오, 영상 대감. 원통한 것은 나도 마찬가지요. 대감이 누구보다도 나를 잘 알진대 나의 원통함을 알면서도 한마디 간언도 없었으니 대감 역시 나의 처지를 몸소 겪어보게 한 것이오."

"이놈아 그래도 그렇지. 살아갈 사람을 이렇게 죽이는 법도가 조선 천지 어디에 있느냐?"

"허어, 영상 대감. 대감은 이미 살 만큼 산 나이요, 나는 이제 28세 아니오? 내 비록 병신이 되어 삶을 놓았다 하지만 그래도 살아갈 자는 대감이 아니라 내가 분명한 듯하오. 또한 대감은 일국의 정승으로 곧은 말 한마디도 없었으니 당연히 죽음을 당해야 하오. 그렇지 않소이까?"

남이의 말에 결국 강순은 입을 다물고 말았다. 그리고 이들은 고개를 들어 저마다 한 번씩 하늘을 올려다보고는 그 길로 이승을 떠났다.

이들의 참형이 끝나자 평소 남이를 따르던 장수들이 야밤에 남이의 시신을 수습하여 한강 상류로 올라가 묻어주었다 한다.

그만큼 해먹었으면
물러나는 것이 어떤가

　조선조 7대 임금 세조 때 김시습이라는 사람이 있었다.

　김시습은 세종 때 태어나 문종, 단종, 세조, 예종을 거쳐 성종 때까지 여섯 왕조의 변화를 겪은 사람이다. 그는 어렸을 때에는 열경이라는 아명으로 불렸고, 성장하여서는 설잠, 청한자, 매월당, 벽산, 동봉 등 시기와 장소에 따라 다른 호칭으로 불려졌다. 그리고 이 호칭들은 그가 가는 곳마다 숱한 일화를 남겼고, 풍자와 해학이 가득한 글을 뿌리고 다녔으니, 그의 행적은 늘 사람들의 관심거리였다.

　세조가 내전에서 법회를 가졌을 때의 일이다. 세조는 조선왕조의 역대 임금 중에서 유달리 불법에 관심이 많은 임금이었다. 자신을 불자라 칭할 정도였으니 법회에 대한 관심 역시 지극했다.

　이때 김시습은 머리를 깎고 중이 되어 법명을 설잠이라고 짓고 백성들을 깨우쳐주는 낙으로 살고 있었다. 그가 스스로의 기쁨을 불법에서 찾으니 사람들은 자연 그의 설법을 들으려 했고, 이 소문은 입에서 입으로 전해져 세조의 귀에까지 들어가게 되었다.

세조는 설잠이라는 스님을 내전으로 청하였고, 무슨 생각에서인지 김시습은 어명을 받아들여 궁궐에 입시했다.

궁궐의 설법 준비는 부산하게 이루어졌다. 정승들을 비롯하여 많은 대신들이 자리를 하였고, 이윽고 세조가 들어와 법문을 들을 준비를 하였다. 그런데 어찌된 영문인지 당사자는 나타나지 않았다. 꽤 오랜 시간이 흐르자 주위는 술렁대기 시작했고, 무시당한 기분에 분노를 느낀 세조는 곧 설잠을 잡아들이라는 명을 내렸다.

불시에 떨어진 명령. 부산하게 설잠을 찾는 병졸들로 온 궁궐은 졸지에 아수라장이 되었다. 이들은 궁궐 구석구석을 뒤지다가 결국에 가서는 엉뚱하게도 변소에서 김시습을 발견하였다. 그는 똥통 속에 빠져 온몸을 똥 속에 담그고 머리만 내놓고 있는 것이었다.

"어명이오. 설잠은 당장 거기서 나와 어명을 받으시오!"

"……."

그러나 김시습은 아무런 대꾸도 없이 빙그레 웃기만 하다가 돌연 두 손으로 똥통을 마구 휘저어 사방으로 똥을 튀겼다. 병졸들이 코를 막아 쥐고 멀찌감치 피하자 이것을 본 김시습은 한바탕 크게 웃으며 소리를 쳤다.

"네 이놈들아. 나를 잡으려면 이 안으로 들어오너라. 그러면 내 순순히 잡혀가겠다!"

말을 마친 김시습은 병졸들에게 손가락질을 하며 크게 웃었다. 이런 그의 행동에 병졸들은 그만 아연실색하였다.

세상에! 그 고명하다는 스님이 저런 자란 말인가? 미쳤다. 저 자는 분명 미친 것이다.

그러다 한 병졸이 나서 그를 향해 소리를 버럭 질렀다.

"야, 이 더러운 놈아. 미쳐도 곱게 미쳐야지 하필이면 똥통에 빠져 있느냐? 썩 이리 나오지 못할까!"

이 말을 들은 김시습은 곧 웃음을 거두고는 엄숙한 표정으로 대답했다.

"더러운 놈들은 바로 네놈들이다. 내가 궁궐에 들어와 어린 임금을 몰아내고 권력을 잡은 놈들을 유심히 살펴보니 움직일 때마다 구린내가 나더구나. 참으려 별별 수를 다 써보아도 도무지 못 참겠기에 이곳으로 들어오니 그래도 이 속이 너희들의 조정보다는 냄새가 훨씬 덜하다. 어디 너희들도 이곳으로 들어와 보아라. 그럼 내 뜻을 알 것이다."

똥통 속의 설법. 김시습의 독설에 병졸들은 그만 할 말을 잃고 고개만 절레절레 흔들었다. 이 소식은 곧 세조의 귀에 들어갔다.

"김시습 이놈! 내 이놈을 그냥."

격노한 세조였다. 일개 백성이 자신을 농락한 것이 아닌가! 명을 내려 큰 벌을 주려 하였다. 하지만 같이 농락당했으면서도 대신들은 이를 막고 나섰다.

"전하, 아뢰옵기 황공하오나 저 자는 미친 것이 분명하옵니다. 대왕께서 미친 자에게 벌을 내리신다 함은 온 세상의 조롱을 받기 쉬우니 그만 심기를 바로잡으소서."

대신들의 강한 주청이 있자 세조는 명을 거두었고, 이를 불문에 붙이고 김시습을 돌려보내라고 말하였다. 그러나 어명을 받고서도 김시습은 한참을 똥통 속에 그대로 있었다.

똥통에 들어간 김시습

그는 세상을 살아가는 데 있어 아무런 거리낌이 없는 자였다. 일국의 제왕에게조차 그의 독설은 막힘이 없었다. 오히려 조정을 똥통으로 보고, 자신을 그 속에 빠져 있는 존재로 본 것이다. 다만 자신의 머리, 즉 이상과 의식만큼은 똥통을 벗어나 하늘로 향하고 있으니 현실과 이상 사이에서 그의 갈등은 오죽했으랴.

이토록 남다른 의식을 가진 김시습 역시 조정에 들어가기 위해 공부를 한 적이 있었다. 특히 유학과 한시에서는 어렸을 때부터 총명함을 발휘하여 세인들의 관심거리가 되었다. 일설에 따르면 그는 생후 8개월이 되었을 때부터 한자에 관심을 보이기 시작해 3세 때부터 한시를 지었다 한다. 한시 역시 그저 한자를 맞추는 정도가 아니라 문장으로 하답할 정도였다 하니 그 명성이 온 장안에 자자했다.

그러자 이 소문을 들은 당시의 임금 세종은 김시습을 궁궐로 불러들여 박이창이라는 대신을 시켜 시험하도록 하였다. 이에 박이창은 어린 김시습과 마주앉아 만면에 웃음을 띠며 먼저 한마디 시구를 읊었다.

"童子之學 白鶴舞 靑空之末"
아이의 배움이 백학이 파란 하늘을 날며 춤추는 듯하구나.

하나의 시구. 이는 김시습에게 이 시의 다음 구절을 지으라는 뜻이었다. 이에 김시습은 조금의 미동도 없이 박이창을 바라보며 화답했다.

"聖主之德 黃龍飜 碧空之中"

어진 임금의 덕은 황룡이 하늘 한가운데에서 꿈틀거림과도 같도다.

실로 놀라운 대답이었다. 어른들도 하기 어려운 화답을 5세의 소년이 그것도 뛰어난 비유를 하면서 천연덕스럽게 하고 있지 않은가.

박이창은 경탄해 마지않으면서도 제 귀가 의심스러워 몇 번이고 시험하였으나 김시습은 막힘이 없이 그때그때 대답했다.

박이창은 곧 이 소식을 세종에게 보고하였고, 이에 크게 기뻐한 세종은 김시습을 불러 비단 50필을 하사하면서 말했다.

"너에게 비단을 하사하겠으니 네가 직접 이를 가져가거라."

마지막 시험인 것이다. 비단 50필은 어른들도 들기 어려운 무게였다. 김시습은 태연히 일어나 세종을 향해 공손히 하례를 한 후 비단필을 모두 풀어 끝과 끝을 묶었다. 그리고 그 한 끝을 잡고는 조금도 서두르지 않고 밖으로 걸어 나가는 것이었다. 이 모습을 본 세종과 만조백관은 모두 혀를 차며 후에 큰 인물이 될 것을 예견했다.

5세의 어린 나이로 모든 어른들을 감탄케 했던 김시습. 이때부터 김시습은 신동 김오세라는 이름으로 널리 알려졌다.

이후로도 김시습의 학문에 대한 열정은 변함이 없었다. 이미 조정뿐만 아니라 장안에까지 널리 이름이 알려져 그야말로 출셋길이 탄탄대로였으나 김시습은 이에 개의치 않고 모르는 것이 있으면 온 힘을 기울여 알고자 했다.

그러나 세상일은 김시습의 뜻과는 판이하게 돌아가고 있었다. 그로부터 10년 후인 1450년, 김시습의 나이 15세에 세종이 승하하고, 병약한 문종이 그 뒤를 이어 왕위를 계승했으나 2년 뒤 세상을 등지게 되었다.

문종이 승하하자 바로 그의 장자인 단종이 왕위에 올랐다. 이때가 단종의 나이 12세였으니 비극은 여기서부터 시작되었다.

당시 세종이 승하할 때 세종의 둘째아들인 수양대군은 왕권에 대한 야심을 가지고 있었다. 그런데 형인 문종이 보위에 오르자마자 죽게 되니 수양의 야심은 더욱 커지게 되었다. 그리고 어린 단종이 왕위에 오르자 그는 자신의 야심을 노골적으로 드러내어 온갖 위협을 가했고, 이로 인해 단종은 스스로 숙부에게 왕권을 물려주게 되었다.

이때가 1455년 김시습의 나이 21세였다. 당시 그는 세상이 이렇게 급속도로 변하는 줄도 모르고 삼각산 중흥사라는 절에서 공부하고 있었다.

이런 김시습에게 세조의 왕위 찬탈 소식이 날아들었다. 그는 비분강개하여 땅을 치며 하늘을 향해 울부짖었다.

"하늘이시여, 이게 웬일입니까? 이 나라에서 왕위 찬탈이 벌어지다니요. 무심합니다. 무심합니다."

김시습의 대성통곡은 계속되었다. 울다가 잠이 들었고, 잠이 깨는가 싶으면 어느 사이 다시 통곡이 이어졌다. 이러기를 몇 날, 그는 북쪽을 하염없이 바라보다가 굳은 결심을 하였다.

'나라가 폭군 아래 놓이게 되었다. 폭군이 있다면 그 아래에서 목숨을 보존하고 있는 무리는 간신배들일 것이다. 두 임금을 섬기는 자들이니 그 작폐가 오죽하랴. 이런 나라에서 공부를 해서 어디에 쓰며 또 벼슬을 하면 무엇 하리오.'

그는 곧 방으로 들어가 그동안 애지중지했던 책들을 모조리 꺼내다가 불살라버렸다. 미련은 조금도 없었다. 책이란 성현의 가르침을 받아 이를 널리 이롭게 펼치고자 있는 것이다. 그렇지 못하면 아무 짝에도 쓸모없는 휴지와 다를 바가 없지 않은가.

얼마 후 책은 다 타고 그 자리엔 재만 수북이 남았다. 그는 재를 두 손으로 움켜쥐고 허공에 힘껏 뿌리며 담담히 말했다.

"내 이제는 속세에 뜻을 두지 않으리라."

다음날 새벽 김시습은 미명을 바라보며 묵묵히 머리를 깎았다. 속세를 버리기로 다짐한 이상 속세의 관습을 따를 필요는 없었다. 그는 스스로 중이 되어 모든 인연을 끊고 산 속에 파묻혀 자연과의 교감만 갖고자 했다.

그러나 이러한 생각도 뜻대로 되지 않았다. 용광로라도 녹일 수 있는 나이에 산 속에 파묻혀 살기에는 그의 피가 너무 뜨거웠다. 세월이 흐를수록 머리엔 잡념만 가득했다. 갈등에 갈등을 계속하다가 결국 그는 이 나라 구석구석을 돌아다니기로 작정하고 여장을 꾸렸다.

명예와 소유에 대한 욕심은 일찌감치 버린 김시습이었다. 방랑하는 곳마다 수려한 강산이 그를 반겼고, 자신 역시 자연과 한 몸이 되어 풍류를 즐겼다. 고봉준령을 넘으며 눈 아래 도도히 펼쳐진 산맥들을 즐기기도 했으며 흐르는 강물을 바라보며 명상에 잠기기도 했다. 벼슬길에 올랐다면 생각도 못할 풍류였다.

이런 김시습의 방랑은 지역을 나누어 이루어졌다. 처음 몇 년은 관서지방을 유람하였고, 이후엔 관동지방과 호남지방을 두루 살폈다. 한양에 틀어박혀 책과 씨름만 하고 있던 고리타분함에서 벗어나 마음대로 돌아다니며 즐기니 그 기쁨은 이루 말할 수가 없었다.

그러나 풍류도 그때뿐이었다. 산과 강을 벗어나 민가로 들어서면 마음은 금방 분노와 울분으로 가득 찼다. 이는 세조의 통치 이후 지방 관료들의 행패가 눈에 띄게 많아졌기 때문이었다.

'윗물이 맑아야 아랫물도 맑은 법이거늘……'

김시습은 벼슬아치들의 횡포를 볼 때마다 가차없이 달려들었다.

"들으시오. 위에서 좋아하는 것이 있으면 아래는 위보다 더 심하게 이것을 원한다고 했소. 조정의 썩은 대신들이 자기 뱃속만 채우려 하니 이제 그대들이 더 악랄한 짓을 하는구려. 대체 이 백성들이 무슨 잘못을 했다고 그리도 험하게 몰아세우는 것이오!"

그의 태도는 안하무인이었다. 어느 벼슬아치건 그의 눈에 거슬리는 자가 있으면 상하의 구분을 두지 않았고, 장소가 어디든지 독설을 퍼부어댔다.

김시습이 성동에 지은 폭천정사에서 생을 보내고 있을 때였다. 한번은 술을 마시고 거리를 지나다가 영의정 정창손을 만났다. 정창손은 당대의 세도가로서 임금을 제외하고는 누구라도 마음대로 할 수 있는 인물이었다. 하지만 이런 자에게도 김시습의 독설은 여지없이 날아갔다.

"야, 이놈아. 네가 정창손이냐?"

평소부터 정창손의 인간성을 아니꼽게 보던 김시습이었다. 옆으로 시립해 있는 군중 속에서 불쑥 튀어나와 정창손의 가마 행렬을 막고 성난 어조로 쏘아붙이는 것이었다.

"이놈아. 그래, 영의정 자리가 그렇게도 좋더냐? 아무리 좋아도 그렇지 간이고 쓸개고 다 빼놓고 하는 짓이 어디 사람의 도리더냐. 이 제 그만큼 해먹었으면 물러나는 것이 어떤가?"

순간 도처에 있던 사람들의 안색이 파리해졌다. 나는 새도 떨어뜨리는 일국의 영상에게 감히 무례를 범했으니 이게 어디 말이 되는 행동이던가.

사람들은 곧이어 벌어질 장면을 생각하고는 진저리를 쳤다. 하지만 시간이 흘러도 아무런 변화가 없었다. 고개를 들어보니 정창손은 자신의 종들에게 그를 건드리지 말라고 당부하고는 담담히 갈 길을 가는 것이 아닌가.

"야, 이놈아. 그래도 네놈이 양심은 있는 모양이구나."

김시습은 이런 정창손의 뒷모습을 보면서 큰 웃음을 터뜨렸다. 그래도 정창손은 아무런 조치도 취하지 않았다.

신동으로 소문났던 김시습과 추상같은 지위에 있는 영의정 정창손. 그들의 대면을 지켜본 사람들은 하나같이 혀를 찼다.

"신동 김오세는 역시 허명이 아니야."

"그럼. 그리고 이런 짓을 모르는 척 지나친 영상대감 역시 참 대단하신 분이지."

이 소문은 곧바로 온 장안에 퍼졌다. 덕분에 김시습은 위명을 날리기는 했으나 오히려 사람들에겐 기피해야 할 인물로 낙인찍히고 말았다. 시도 때도 없이 아무에게나 폭언을 일삼는 자이다 보니 그로 인해 자신에게 언제 화가 미칠지 모를 일이었다. 김시습과 가깝게 지내던 사람들조차 하나 둘 피하더니 결국 몇몇을 빼고는 그를 만나지 않았다. 김시습은 이런 변화를 조금도 마음에 두지 않았다. 오히려 입담이 더 거칠고 냉엄해졌다.

현실과 이상. 김시습의 갈등은 갈수록 심해졌다. 이 갈등을 해소하려 자연 속에 파묻혀 있으면 순간적으로는 안식을 느꼈지만 다시 스멀스멀 머릿속으로 기어드는 것은 현실 세계의 모순이었다. 그러자 그의 갈등은 자신도 모르게 시가 되어 입 밖으로 튀어나왔다. 이미 붓을 꺾기로 결심은 했지만 저절로 솟아오르는 시심은 어쩔 수가 없었다. 또한 이상을 향한 자신의 뜻을 그대로 삭히기에는 가슴이 터질 것만 같았다.

결국 그는 세조 11년(1465) 31세가 되던 해에 경주 금오산에 산실을 짓고서 칩거에 들어갔다. 김시습은 이곳에서 유명한 〈금오신화〉를 완성하였다.

한 시대의 방랑자 김시습

5세에 신동 소리를 들을 만큼 생각하는 바가 뛰어난 그였기에 그가 가진 이상은 남달리 컸다. 하지만 왕위 찬탈이라는 비도덕적 현실로 그는 시대에 부합할 수 없는 떠돌이가 되어버렸다.

이런 김시습을 두고 사람들은 당시 그와 뜻이 같았던 조여, 원호, 이맹전, 성담수, 권절 등을 묶어 생육신(生六臣)이라 칭하고 그 지조를 높이 평가했다.

생육신 (生六臣)

'생육신'이라는 단어는 사육신과 대칭이 되는 뜻으로 세조가 단종으로부터 왕위를 탈취하자 세상에 뜻이 없어 벼슬을 버리고 절개를 지킨 여섯 사람을 말한다. 이들은 세조의 찬위 사건을 불의로 단정하고, 사육신이 절개로 생명을 바친 데 대하여 비록 살아있지만 불사이군(不事二君)의 원칙에 따라 단종을 추모하면서 절개를 지켰다. 이들 면면은 다음과 같다.

◎ 원호(元昊) : 단종이 죽자 고향으로 돌아가 평생 상복을 입고지냈다.

◎ 이맹전(李孟專) : 귀머거리와 장님행세를 하며 살았으며, 그가죽을 때가 되어서야 가족들도 그가 장님이 아니라는 것을 알았다.

◎ 조려(趙旅) : 통곡으로 세월을 보냈으며, 단종이 죽자 영월에가던 중 배가 끊기자 호랑이의 도움으로 등에 태고 강을 건넜다고 한다.

◎ 성담수(成聘壽) : 돗자리도 없이 흙바닥에서 잠을 자며 세월을 통탄했다.

◎ 김시습(金時習) : 미치광이 행세를 하며 독설과 폭언으로 한생을 살았다.

◎ 남효온(南孝溫) : 유랑생활을 하였으며《육신전(六臣傳)》을 저술하였다.

그러나 후대로 갈수록 생육신의 명단에 논란이 생겨 남효온을생육신으로 간주하는 주장과 권절(세조의 계유정난 동참을 거절했으며, 여러 차례 관직제수도 병을 구실삼아 참여하지 않음.)을 생육신으로 주장하는 견해가 나뉘어 있다.

오늘밤은 과인과 한잔 합시다

주요순 야걸주(畫堯舜夜傑紂)

조선조 9대 임금 성종을 부르는 말이다. 말인즉 낮에는 요와 순 임금처럼 선정을 베풀고, 밤에는 걸과 주 임금처럼 주색에 빠져 있다는 것이다.

성종의 업적은 일일이 열거하기가 힘들 정도이다. 본래 학문을 좋아했던 임금으로 그의 치적을 들자면, 〈동국통감〉, 〈동국여지승람〉, 〈경국대전〉 등 많은 서적을 간행하였다. 특히 인재를 등용함에 있어 공명정대했고, 그 인재를 아낌이 자신의 수족과 같았다 한다.

그러나 밤만 되면 술에 취하고, 여자에 푹 빠진 임금이 또 다른 성종의 일면이다. 왕의 모습이 이러하니 신하들 역시 왕을 닮아서 정사를 펼치는 데에 빈틈이 없었고 호탕하게 즐기는 것 역시 빼놓지 않았다.

손순효라는 사람이 있었다. 손순효는 단종 원년에 문과에 급제한 후 성종 때에는 벼슬이 찬성(조선조 최고 기관인 의정부의 종1품)에까지 이른 자로, 호는 칠휴거사이다.

그는 어렸을 때부터 소학에 능통하였고, 자라면서는 성리학에 전념한, 생활 철학을 '충서(忠恕: 스스로 정성을 다하며 남을 돌봄)'라는 두 글자에 두고 있는 자였다.

따라서 그의 생활은 검소하였고, 조금이라도 사치스럽다거나 도리에 어긋나는 것이 있으면 철저히 배격하였다. 또한 미풍양속에 관한 일은 반드시 솔선수범하여 지켰으니 사람들이 그의 행동을 보고 스스로 따랐다고 한다. 당시 '청백리'라고 불린 자이니 그의 인품을 짐작하고도 남을 만하다.

매사 자신이 할 수 있는 일이면 최선을 다하는 손순효였다. 그의 좌우명인 '충서'처럼 스스로를 일으켜 남을 돕는 정신을 갖고 있었다. 이런 그였지만 정성을 다하여도 뜻이 이루어지지 않으면 쉽게 화를 내기도 했다.

한번은 가뭄을 만나 지극 정성으로 기도를 올렸는데 하늘이 들어주지 않은 때가 있었다. 그러자 그는 몸을 일으켜 하늘을 보고 크게 꾸짖는 것이었다.

"내가 조금도 사심을 두지 않고 너에게 빌었는데 너는 나의 뜻을 거부하고 있으니 이게 말이 되는 이치더냐!"

감히 하늘을 꾸짖는 것이다. 그것도 성리학의 대가요, 하늘의 이치를 아는 자가 행하는 것이고 보면 그의 정성이 참으로 지극했음을 알 수 있다.

이런 그의 정성은 그가 가는 곳 어디에서나 나타났다. 그가 경상감사로 임명되어 각 읍을 순찰하던 때의 일이다. 당연히 고을 수령들은 그가 나타나면 앞 다투어 대접을 하려고 들었다. 그럴 때마다 그는,

"그래, 이 고을의 효자문과 열녀문은 어디에 있소?"

하고 묻고는 제일 먼저 그곳을 찾아 재배하였다.

이 모습을 본 사람들은 그를 본받으려 노력하였고, 그가 부임한 지 채 3년도 되지 않아 각 읍에는 효자와 열녀가 많이 배출되었다.

옳은 일이라고 생각하면 주저함 없이 실행에 옮기는 그였다. 그러나 이런 그에게도 한 가지 고칠 수 없는 버릇이 있었으니, 그것은 그가 술을 너무도 좋아한다는 것이다.

공무를 수행할 때에는 조금도 흐트러짐이 없는 그였지만 막상 일이 끝나면 술독에 파묻혀 살았다. 그는 그 시대의 성군인 성종 임금에 조금도 뒤지지 않는 풍류 남아였던 것이다.

손순효가 지방의 감사 생활을 마치고 내직으로 발령받아 서울에서 살 때의 일이다. 친한 친구들이 찾아와서 남산에 있는 그의 정자에서 거나하게 술판을 벌인 적이 있다.

때마침 이 장면을 성종 임금이 보게 되었다. 이때 성종은 환관을 대동하고 경회루에 올라 주위를 관망하고 있었는데 멀리 남산을 바라보다가 이들을 발견한 것이다.

"너도 저기 남산 중턱에 있는 사람들이 보이느냐?"

성종은 눈을 남산에 고정시킨 채 환관에게 물었다.

"내 저들을 살펴보니 그중 하나의 행동이 마치 손순효 같구나. 또 저들 앞에 술상이 놓여 있으니 아마 내 말이 맞은 듯싶다. 지금 곧 사람을 보내 알아보아라."

잠시 후 이곳을 다녀온 별감이 아뢰었다.

"손대감 일행이 맞사옵니다. 저들은 탁주를 마시며 한담을 나누고 있는데 안주로 오이 몇 쪽이 놓여 있을 따름입니다."

이 말을 들은 성종은 무릎을 치면서 말했다.

"그럴 것이니라. 손순효는 원래 깨끗한 자이니 재물을 축적하지는 않았을 터, 무슨 좋은 술과 안주가 있겠느냐. 너는 곧 가서 좋은 술과 안주를 저들에게 주고, 이 사실을 아예 입 밖에 내지 말도록 당부하여라."

친히 신하의 사사로운 술자리까지 챙겨주는 것이다. 그리고 성종은 이런 일로 인하여 사례 받는 것조차 엄금하였다. 그러나 신하의 도리로 그럴 수가 없었다. 뜻밖에 어주를 받은 손순효는 이튿날 아침 성종 앞으로 나아가 엎드려 이야기하였다.

"전하, 성은이 망극하옵니다."

어명을 어긴 것이다. 성종은 큰소리로 손순효를 책망하였다.

"공은 어찌 과인의 말을 가볍게 여기는 것이오!"

그러자 손순효는 더욱 머리를 조아리며 답변하였다.

"전하, 소신은 다만 도리를 지키는 것이옵니다."

손순효는 다른 신하들처럼 자신을 과장하지도, 비굴하게 자신을 깎아내리지도 않았다. 이를 들은 성종은 한참 동안 손순효를 내려다보다가 너털웃음을 터뜨리며 말했다.

"오늘 밤에 과인과 한잔 합시다."

성종은 손순효를 지극히 아꼈다. 손순효는 사람 됨됨이가 한쪽에 치우치지도 모자라지도 않을 뿐 아니라 매사 정성을 다해 공무에 임하는 태도 역시 다른 대신들의 모범이 되는 자였다. 또한 연회를 가질 때면 성종의 훌륭한 술친구가 되어 주었다. 좋은 술과 마음이 맞는 친구. 술좌석은 번번이 밤이 깊도록 이어졌다.

이런 성종이다 보니 신하들의 걱정도 태산 같았다. 한 번은 술좌석에서 성종의 종실 한 사람이 성종이 아끼는 술잔을 깨는 사건이 벌어졌다.

성종에게는 맑기가 물과 같은 큰 옥잔이었다. 성종은 항상 이 옥잔으로 술을 마셨는데 술이 거나해지면 이 술잔으로 신하들에게 술을 권했다. 그때 한 신하가 잔을 받아 마시고 춤을 추다가 실수한 척 땅에 쓰러지면서 잔을 깬 것이다.

무언의 항변. 그러나 성종은 이자에게 아무 책망도 하지 않았고, 도리어 자신의 음주를 걱정하는 신하의 충절로 받아들였다. 그리고 손순효에게 이야기했다.

"저들이 나에게 술을 끊으라고 하는구려. 경도 이제는 나이를 생각하여 절제하시오. 술을 마시되 하루 세 잔 이상을 넘기지 마시오."

어명이었다. 이후 손순효는 어명을 지키기 위해 석 잔 이상의 술은 마시지 않았다. 그러나 술을 즐기는 자에게 하루 술 석 잔은 너무나 가혹한 형벌이었다. 참다못한 그는 한 가지 꾀를 내었다.

'그래! 술잔을 큰 것으로 하면 전하의 어명도 지키고 마음껏 술을 마실 수 있을 것이다.'

참으로 기발한 생각을 한 것이다. 이후 그는 놋주발 술잔(약 한 되 가량의 술이 들어감)을 지니고 다니면서 술 마실 자리가 있으면 이 놋주발에 마셨다.

그러던 어느 날 결국 문제가 발생하였다. 한 신하가 명나라로 가는 표문을 작성하였는데 그 문장이 조잡하다 하여 성종이 손순효를 부른 것이다. 하지만 그를 찾아오라고 열 명의 사자를 보냈어도 도무지 종적을 알 수가 없었다. 그러다가 저녁 무렵이 되어서야 손순효가 입궐하였는데, 머리도 헝클어지고 얼굴에는 술기운이 가득하였다.

하루를 꼬박 기다려 찾아온 신하가 이 모양이니, 이를 본 성종의 노기는 대단했다.

"경은 들으라. 내 경에게 명하기를 하루에 술을 석 잔 이상 마시지 말라 했는데 경은 어찌하여 그 말을 실천하지 않았는가?"

성종의 노여움에도 아랑곳없이 손순효는 또박또박 대답을 하였다.

"황공하옵니다. 신에게는 출가한 딸이 있사온데, 오늘 그곳에 들렀다가 딸의 간곡한 권유로 술 석 잔을 마셨습니다."

참으로 어이없는 대답이었다. 술 석 잔으로 이렇게 취했다니 믿을 수가 없었다.

"진정 그러하단 말이오?"

"그렇사옵니다. 다만 소신이 마신 술잔은 놋쇠로 만든 밥주발이옵니다."

손순효의 대답. 이 말을 들은 성종은 무릎을 치고 말았다. 자신이 명을 내릴 때 술잔의 크기는 말하지 않았으니 이는 명을 거역한 것이 아닌 것이다. 성종은 빙그레 웃고 말았다.

"내 할 말이 없구려. 그건 그렇고 오늘 경을 부른 이유는 표문을 다시 작성하려 함인데 이렇게 경이 취했으니 다른 자를 불러 지어야겠구려."

손순효는 이를 만류하면서 대답하였다.

"소신이 쓰겠습니다. 일을 번거로이 하지 마시옵소서."

성종은 취한 사람에게 표문을 짓게 할 수는 없었다. 비록 손순효의 재주는 훌륭하나 한 나라에서 다른 나라로 가는 표문인 만큼 신중을 기해야만 했다.

"경의 뜻은 알겠소. 그러나 이는 옮겨 적는 것이 아니니 경은 다음에 새롭게 작성하도록 하시오."

그러나 손순효는 막무가내였다.

"상감마마, 그럼 한 번 쓰는 것까지만 윤허하시옵소서."

어찌 보면 술주정에 가까운 행위였다. 성종은 이를 받아들여 붓과 종이를 손순효 앞에 내다주도록 명했다.

붓과 종이를 받은 손순효는 정좌하고 글을 쓰기 시작했다. 이때의 그는 취한 자처럼 보이지 않았다. 엄숙한 기품이 느껴지기까지 했다.

이윽고 표문이 완성되었고, 이를 받아본 성종은 크게 기뻐했다. 글씨 한 자도 고칠 것이 없었고, 문장 하나도 수정할 것이 없었다. 성종은 이를 바로 명나라에 보낼 것을 명하고는 손순효를 위해 연회를 열었다.

"경은 오늘밤 마음껏 마시고, 마음껏 취하시오."

손순효에게는 눈이 번쩍 뜨이는 어명이었다.

"어명을 따르겠나이다."

이보다 더 유쾌한 하루가 어디 있을까. 손순효는 마음껏 마셨다. 성종이 술을 하사하기도 하고 궁녀들도 여럿 불러 악기도 타고 노래도 부르게 하니 천당이 따로 없었다. 게다가 성종이 친히 그의 팔을 붙들고 춤까지 청하는 것이었다.

취기가 오른 손순효가 임금의 명에 춤을 추기 위해 일어서려 하니 몸이 말을 듣지 않았다. 몇 번 몸을 일으키려 했으나 그때마다 곧 주저앉더니만 이내 그 자리에 길게 누워버리고 말았다.

실로 큰 불충을 저지른 것이다. 이를 본 신하들은 얼굴이 사색이 되어 임금과 손순효를 번갈아 바라보았다. 그러자 성종은 누워 있는 손순효의 몸에 자신이 걸치고 있던 어의를 벗어 친히 덮어 주었다.

초록은 동색이라고 했다. 이런 임금이다 보니 신하들 역시 임금과 같이 공무를 볼 때에는 추호도 흐트러짐이 없었고, 공무가 없으면 천하의 풍류남아가 되어 태평성대한 나라를 이끌 수 있었다.

후에 성종이 승하하자 손순효는 문을 굳게 걸어 잠그고 주야로 통곡하며 한 달이나 음식을 입에 대지 않았다.

"내 다시 언제 우리 임금을 뵈올 수 있을꼬!"

급기야 그는 정신착란까지 일으켜 한밤중에 남산에 올라가 밤새 헤매기도 하였다. 이로부터 얼마 후 그는 가족에게 유언을 남기고 잠든 듯이 죽었다고 한다.

"내가 죽거든 저승에서 벗과 마실 좋은 술을 큰 병에 하나 가득 채워 같이 묻어주게."

전하, 저들을 버리셔야 하옵니다

"대감, 내 부탁하오이다. 이거 몰랐다면 어쩔 수 없는 일이오만, 이제 사초를 본즉 나는 꼼짝없이 천추의 죄인으로 낙인이 찍히게 되었소. 내 염치 불구하고 간청하오이다. 사초를 좀 고쳐주시지요."

"……."

"대감!"

새로 임명된 실록청 당상관 이극돈의 이마에 땀이 송골송골 맺혔다. 한양에서 영남 청도군까지는 얼마나 먼 거리던가! 사초를 보는 순간 한걸음에 달려왔건만 사관 김일손은 그저 묵묵부답이다. 급기야 이극돈은 자세를 고쳐 무릎을 꿇었다.

"대감, 내 이렇게 빌겠소."

"……."

그러나 김일손은 지그시 눈을 내리깔고만 있을 뿐 일언반구도 하지 않았다. 가끔씩 오른쪽 어깨만 주무르는 것을 빼고는 미동조차 없다.

"대감!"

이극돈의 머리가 몇 번이고 방바닥으로 숙여졌다. 그때서야 김일손은 말문을 열었다.

"이보시오, 이대감. 참 딱도 하여이다. 그래 실록을 편찬해야 할 책임자가 되어서 사초가 무엇인지도 모른다는 말이오?"

사초란 무엇인가? 한 나라의 크고 작은 일을 정확한 근거를 들어 기록한 것이 아닌가! 이 기록에 대해서는 나라의 금상도 손댈 수 없게끔 법으로 엄금되어 있는 것이다.

따라서 사초는 당시의 사관들이 기록하되 이를 편찬하는 일은 다음 대에 이르러 작업을 하게 되어 있었다. 다른 외압이 없이 공정을 기하자는 의도에서였다.

이극돈은 다시 한 번 고개를 조아렸다.

"어찌 모르오리까. 하오나……."

"어허, 대감. '하오나.'는 또 무엇이오! 그대가 사관임이 분명한즉 사관이 사관의 입으로 사초를 고쳐주길 원한다면 이 나라 어느 대신인들 이를 못 고치겠소!"

"하오나……. 하오나 대감! 그때 그 일은 제가 모르고 행한 것이 아니오리까? 대감이 모르시는 일도 아닐 터이온데……."

이극돈은 눈앞이 깜깜했다. 그 일은 분명히 실수였다.

이극돈이 전라감사로 있었을 때였다. 세조의 왕비 윤씨, 즉 정희왕후가 세상을 떠났다. 국상을 당하여 온 국민이 조의를 표해야 했건만 워낙 조정과 멀리 떨어져 있는 지역인지라 이극돈은 마치 소식을 듣지 못했다. 게다가 엎친 데 덮친 격으로 때마침 여흥을 즐기는 날이어서 장흥에 있는 관기를 불러 한바탕 회포를 풀었던 것이다.

이를 두고 당시 사관으로 있던 김일손은 교화에 어긋나는 일이라는 기록을 사초에 남긴 것이다.

"들으시오. 사관의 임무는 누구도 침범할 수 없는 신성한 것이오. 내 다시 이르건대 행여 이런 말씀은 꺼내지 마시오!"

완강했다. 김일손의 사람 됨됨이가 꼿꼿하다는 것은 익히 알고 있었지만 이렇게까지 안하무인이란 말인가? 자신의 생각이 정해지면 남의 입장은 안중에도 없다는 것인가?

이제는 더 이상 간청해도 소용없는 일이다. 순간 이극돈의 눈에서 불꽃이 일었다.

"정녕… 정녕, 뜻이, 그러… 하오?"

분노가 치밀어 올랐다. 하지만 이를 꽉 물고 김일손을 쏘아볼 뿐이었다.

"……."

김일손은 말이 없었다. 자신의 뜻을 다 전했다는 듯이 눈을 지그시 감고 몸을 좌우로 흔들기만 했다.

"이보시오! 김대감!"

"……."

"좋소! 어디 두고 봅시다!"

더 이상의 말이 필요 없었다. 이극돈은 자리를 박차고 일어나 두 주먹을 불끈 쥐고 한동안 김일손을 노려보다가 몸을 휙 돌려 나갔다.

'내 기어코 이 모욕을 배로 갚으리라.'

연산군 4년 6월의 일이었다.

통한의 눈물을 삼키며 이극돈은 말을 몰아 유자광을 찾았다. 유자광은 이극돈이 자신의 심정을 토로할 수 있는 유일한 지우였다. 본디 첩의 자식으로 태어났으나, 세조 13년 이시애가 난을 일으키자 남이,

강순과 더불어 난을 평정한 공로로 이등 공신이 된 자였다.

당시의 사회제도에서는 첩의 자식에게 벼슬을 주는 일이 없었던지라, 제 아무리 하늘을 찌르는 공을 세워도 첩의 자식은 설 자리가 없었다.

하지만 세조는 이 제도를 무시하고 유자광에게 특별히 벼슬을 내렸는데도 유자광은 이에 만족하지 않았다.

'아무리 제도가 엄하다 한들 전장에서 더 열심히 싸웠던 나는 이등 공신이요, 내 덕에 이름을 드러낸 남이는 병조판서까지 승진이라니!'

이에 불만을 품고 있던 유자광은 한편으로는 남이를 모함했고, 한편으로는 당시 사림의 지도자인 김종직을 부지런히 쫓아다녔다.

그런데 자신의 노력에도 불구하고 김종직의 태도는 쌀쌀하기만 했다. 심지어 "유자광은 소인배 놈이다."라고 공공연하게 내뱉던 김종직이었다. 그리고 그가 함양군수로 있을 때 동헌에 유자광의 시가 걸려 있는 것을 보고 이를 떼어내어 불태우기까지 했다.

나중에 이 소식을 전해들은 유자광의 분노는 이루 말할 수 없이 컸다. 하지만 지위가 낮은 그로서는 어쩔 수 없었다.

'이놈, 어디 두고 보자! 이 명분만 따지는 더러운 유학자놈들. 내 나중에 그대로 갚아 주리라!'

하지만 김종직은 성종 23년에 세상을 떠나고 말았다. 그러자 유자광은 김종직의 제자인 영남 사림의 후예들에게 화살을 돌려 호시탐탐 기회를 엿보고 있었다.

"아니? 그런 일이 있었단 말이오?"

술잔을 내려놓는 유자광의 눈썹이 심하게 꿈틀거렸다.

"그런 일을 당하고도 참고 있었단 말이오!"

"참을 수밖에요."

이극돈은 쓸쓸히 술잔을 들이켰다.

"끄응……."

"……."

한동안 둘은 말없이 술잔을 주고받았다. 그러나 아무리 마셔도 취하지 않았다.

유자광은 유자광대로, 이극돈은 이극돈대로 분노를 삼키느라 애쓰고 있었다. 둘이 마시는 술은 술이 아니라 고통이었고, 분노였다.

"대감. 내 이런 억울한 일을 마음에 품고만 살자니 너무 답답하고 … 그래서……."

오랜 침묵이 흐른 후 이극돈이 천천히 말문을 열었다. 그때, 유자광이 눈빛을 빛내며 무릎을 쳤다.

"이보시오, 대감! 방법이 있소이다!"

마치 먹이를 노리는 암사자 같은 날카로운 서기가 유자광의 눈에 어려 있었다.

"대감, 내게 사초를 보여주시오."

"아니? 사초를 보여 달라니요?"

이극돈은 어이가 없었다. 사초는 임금도 볼 수 없는 것이거늘 일개 신하가 사초를 원하는 것은 어불성설이었다.

"내 말 잘 들으시오. 대저 사초라 함은 한 시대를 망라하여 적은 것인즉, 저들의 글 속에 주상께서 싫어하실 부분이 분명히 있을 것이오. 사초를 보면 무언가 실마리를 풀 수 있을 것이오!"

"실마리라 함은……."

"그렇소. 세조의 행적 기록에서 무언가 있을 것이오! 이번 기회에 명분만 따지는 유학자들을 혼내줍시다."

유자광은 신이 났다. 오히려 전화위복이 된 것이다. 이극돈의 분노를 이용하면 굳게 닫혀 있는 사초를 볼 수 있을 것이요, 전에 있던 사관들 대부분이 영남의 사림파들이니 그들이 당시 주상의 좋지 않은 점을 기록했을 것은 분명하다는 생각이 들었다.

특히 세조는 그 행실에 있어 많은 신하들과 마찰이 컸던 임금이 아니던가!

"그렇지만……."

이극돈은 망설였다. 자신이 사초를 공개하면 대역무도의 죄인이 되는 것은 자명한 사실이다. 하지만 유자광의 말에도 일리가 있었다. 어쩌면 김일손에게 당한 것을 되갚을 수도 있는 것이다.

"대감, 쇠뿔도 단김에 빼야 하오!"

유자광은 흉흉한 눈빛을 빛내며 이극돈에게 술잔을 건넸다.

이튿날이었다.

초여름의 신록이 정원 가득 신선한 향기를 퍼뜨리고 있었으나 유자광의 사랑방은 굳게 닫혀 있었다. 이미 잡인의 출입을 일절 금하라는 명이 떨어졌는지라 주위는 쥐 죽은 듯이 고요했다.

사랑방에는 단 두 사람, 유자광과 이극돈이 머리를 맞대고 앉아 있었다. 무거운 공기가 방안 가득 차 있었고, 책장 넘기는 소리만 들릴 뿐이었다. 간혹 유자광은 웃음을 머금고 이극돈에게 사초의 몇 구절을 지적해 보였다.

"여길 보시오. 여기 세조가 왕자 덕종의 후궁인 권씨를 부른 일이 있으나 권씨가 이에 응하지 않았다는 대목이 있구려."

"······."

"여기도 있구려. 성종 때 여덟째 아드님 영응대군의 부인 송씨가 절에 가 설법을 듣다가, 다들 잠든 틈을 타 학조란 중과 불미한 행동을 하였다는 기록도 있소."

"허허, 여기에는 김종서나 황보인이 죽은 것을 충절에 비유해서 기록했구려!"

"그렇지만 대감. 그런 일은 크게 문제될 것이 아니잖소?"

이극돈은 답답했다. 이 정도를 가지고 올가미를 만들 수는 없었다.

"하하하, 모르는 말씀이오. 지금 주상이 뉘시오? 연산이시오. 연산군! 조금이라도 비위에 거슬리는 일이 있으면 유학자들을 단칼에 내리치시는 분이란 말이오. 오히려 말 많은 그들을 내칠 명분이 없어 고심하는 분이니 이 내용은 분명 연산군의 심기를 충분히 자극할 것이오. 허나······."

유자광은 잠시 말을 끊었다. 그 역시 이것만으로는 부족하다는 마음이다.

"허나, 확실히 처단할 구실은 아니지요. 자, 좀 더 찾아봅시다."

이윽고 밤이 되었고, 방안에 등화가 피어났다. 등화는 책장을 넘길 때마다 넘실거리면서 온 방에 그들의 그림자를 크게 만들어내었다.

"유대감, 좀 쉬었다 하시지요."

그때, 유심히 책을 살피던 유자광은 갑자기 탁자를 쾅 하고 내리쳤다.

"이거다! 바로 이거야. 김대감! 여길 좀 보시오!"

유자광의 흥분. 놀란 이극돈은 얼른 사초를 보았다. 사초는 김종직이 쓴 '조의제문(弔義帝文)'에 관한 내용이었다.

"조의제문?"

"그렇소! 대감. 조의제라 함은 옛날 한나라의 의제가 항우의 손에 피살된 것에 조의를 표한다는 뜻이지만, 김종직이 이 글을 쓰게 된 연유가 무엇이라고 생각하오?"

"……."

"하하하, 어렵게 생각하실 필요 없소이다. 김종직은 세조를 항우에, 그리고 단종을 의제에 비유하여 쓴 것이오. 당시의 일을 그대로 적을 수 없으니 이를 교묘히 비유한 것이 분명하오! 게다가 김일손이 이를 사초에 기록하지 않았소."

"……."

"이를 들고 일어납시다. 한 나라의 녹을 먹는 신하된 도리로 그 임금을 업신여김은 극형을 받아 마땅한 처사가 아니오리까?"

"극형이라……."

이극돈의 가슴이 마구 뛰었다. 그렇다. 연산군의 성격이라면 이는 능지처참할 일이 된다.

"그렇소! 극형이오!"

유자광의 눈이 번쩍였다. 더 생각할 필요가 없었다. 이극돈은 힘차게 두 손을 뻗어 유자광의 손을 맞잡았다.

"대감!"

"대감!"

둘의 그림자가 하나가 되었다. 방안은 그들의 커다란 그림자로 가득 찼다. 이들의 규합을 즐기려는지 등불은 더 크게 혀를 넘실거리면서 춤을 추었다.

연산군 4년 7월 1일. 유자광은 도승지 신수근을 앞장세워 편전으로 나아가 왕께 비밀스럽게 여쭐 것이 있다고 아뢰었다.

신수근은 연산군의 비 성씨의 외척이었다. 신수근이 도승지로 임명될 당시 많은 유학자들이 완강히 반대하였다. 이유는 외척의 득세를 막자는 것이었다.

도승지의 자리는 정3품으로 지금으로 말하면 장관에 해당되는 자리이다. 당연히 측근의 형성이 활발해질 것이고, 그러면 조정이 문란해질 것이라는 게 그들의 주장이었다.

신수근은 분노했고 유자광은 이 분노를 이용한 것이다. 그리고 이 자리에는 사관이 들어오지 못하게 하였다. 사관이 빠진 자리. 감시의 눈이 사라진 자리이다. 무슨 말인들 못할 리가 없다.

유자광은 이런 이야기 저런 이야기를 미주알고주알 털어놓으며 연산군의 광포한 성격을 건드리더니 급기야 조의제문을 들고 나섰다.

"전하, 저들의 불충은 가히 하늘을 찌르고도 남습니다. 어찌 세조대왕을 초패왕 항우에 비교할 수가 있습니까?"

"그렇습니다, 전하. 저들은 충과 효를 숭상한다고 늘 입버릇처럼 떠들면서 자신이 모시는 임금을 조롱하는 무지한 자들입니다."

"전하, 부디 엄히 다스리시어 다시는 이런 일이 없도록 해야 합니다. 통촉하여 주시옵소서!"

"전하, 통촉하여 주시옵소서!"

"전……하!"

한 명이 말을 마치면 다른 한 명이 그 즉시 말을 받아 주청을 드린지 약 한 식경이 흘렀다. 그제야 묵묵히 경청하던 연산군이 말문을 열었다.

"경들의 충정을 내 일찍부터 눈여겨 보아왔는데 이제 선왕의 아픔까지 풀어주시려고 하니 정말 고맙소."

매우 만족한 얼굴로 두 사람을 번갈아 보고는 다시 말을 이었다.

"내 본디 저들 입만 살아 있는 유학자들을 눈엣가시처럼 여겼소. 그런데 이제야 저들을 단죄할 수 있게 되었구려."

연산군은 원래 학문을 좋아하지 않았다. 학문을 들먹이며 자신을 구속하던 세자 시절부터 유학자들을 싫어했다. 게다가 저 유학자들은 부왕이 무엇인가를 소신 있게 하려고 할 때마다 툭하면 상소문을 올려 제동을 걸지 않았던가!

그래서 연산군은 자신이 등극하면 우선 유학자들의 입부터 막을 생각이었지만 명분이 없었던 터라 차일피일 미루어왔는데 이제야 호기를 잡은 것이다. 연산군은 당시 이 사실을 기록한 사관이 김일손임을 떠올렸다.

"여봐라! 경력과 도사를 들라 이르라!"

경력과 도사는 둘 다 죄인을 추국하는 관청인 의금부의 벼슬이다. 이들이 곧 세칭 금부경력이고, 그 서슬 퍼런 금부도사인 것이다.

그리고 곧 추상같은 명령을 내렸다.

"너희는 이 길로 경상도 청도로 내려가 역적 김일손을 잡아오되, 엄중히 감시하여 조금이라도 인정을 봐주는 일이 없도록 하라! 내 이를 직접 추국하겠노라!"

청도 사람들은 갑자기 들이닥친 이들이 위협과 공갈로 시각을 재촉하니 그저 '김일손이 큰 죄를 지었구나.'라고 생각할 뿐이었다. 영문을 모르기는 김일손을 잡으러 내려온 금부도사도 마찬가지였다.

졸지에 큰 칼을 쓰고 한양으로 압송되는 김일손의 심정은 오죽하라!

"여보시오. 도대체 내 죄목이 무엇이란 말이오?"

"진정 우리도 모르는 일이오. 다만 주상께서 크게 노하신 것만은 분명하오."

포졸들은 단지 이렇게 대답하며 7월의 무더운 날씨에 물 한 방울 주지 않고 갈 길만 재촉했다.

일행이 한양에 도착하자 연산군은 시위군을 시켜 성 안으로 들어올 수 있는 모든 문을 지키게 하고 사람들의 출입을 금했다. 그리고 친히 국문을 하였는데 이때 입시한 신하는 영남 사림의 후예들은 하나도 없고 유자광, 신수근 등이었다.

곧이어 김일손이 뜰 아래로 내쳐졌고, 이를 무심한 눈으로 바라보던 연산군은 큰소리로 물었다.

"너는 성종대왕의 실록을 기록할 때 어찌하여 세조대왕의 일까지 기록하였는가? 그 이유를 말하라!"

그때서야 김일손은 자신이 끌려온 이유를 짐작하게 되었다. 사초가 문제가 되었음은 사관의 장난이 아니면 어림도 없는 노릇이다. 조용히 고개를 들어 주위를 보았으나 이극돈은 보이지 않았다.

"네 이놈. 어찌 말이 없는가?"

가히 궁궐 전체가 떠나갈 정도로 쩌렁쩌렁한 목소리였다.

그러나 김일손의 대답은 침착했다.

"아뢰옵기 황공하오나 역사를 기록할 때에는 전왕의 사실도 기입함은 이미 전부터 내려오던 관례이옵니다."

너무 침착한 죄인의 대답을 들으니 연산군의 분노는 상대적으로 더 커졌다.

"그렇다면 세조대왕이 권씨를 불렀는데 권씨가 이를 거절했다는 이야기는 정녕 네놈이 왕실을 업수이 여기고 꾸며 쓴 것이 아니란 말이냐?"

"그러하옵니다. 그 사초도 일부러 꾸민 것은 아닙니다. 그것은 권씨 부인의 조카뻘 되는 허경에게 들어 기록한 것입니다."

"그래? 좋다. 여봐라, 허경을 냉큼 불러오너라!"

대질 심문이었다. 김일손은 내심 안심했다.

그러나 황급히 불려온 허경의 입에서는 오히려 김일손이 정신이 이상해졌다고 하며 자신은 맹세코 그런 말을 한 적이 없다고 말했다.

심문은 점차 가중되었다. 시간이 흐를수록 연산군의 분노는 극으로 치달았다.

"네 이놈, 이 지독한 놈. 그래 부인한 것은 일단은 접어두겠다. 그러나 너는 사초에 공정함을 기한다고 하면서 어찌 네놈 스승인 김종직의 글을 사사로이 사초에 기록했느냐?"

"전하, 조의제문을 기록한 사실은 있었으나 사사로이 세조대왕을 비방하지는 않았사옵니다. 부디 통촉해 주십시오."

"뭣이? 비방한 사실이 없다고?"

"그러하옵니다. 전하!"

"……."

말문이 막혔음인가? 연산군은 추국을 잠시 멈추었다. 그러자 이 틈을 타 유자광이 눈을 부릅뜨고 목소리를 높였다.

"네 이놈, 어느 안전이라고 거짓을 아뢰느냐? 이미 증거가 확연한데도 끝까지 발뺌하겠느냐?"

유자광의 목소리는 발악에 가까웠다. 지금 연산군이 분노로 인해 앞뒤 가릴 여유가 없을 때 일을 마무리 지어야 한다는 생각에서였다.

유자광은 시립해 있는 중신들 사이에서 한 발 앞으로 나서며 연산군을 향해 말했다.

"전하, 신 유자광 아뢰오. 죽은 김종직이나 여기 뻔뻔스럽게 부인하는 김일손의 죄는 참으로 가증스럽기 그지없사옵니다. 이 무리들을 엄히 조사하여 처벌을 내리셔야 하옵니다. 만일 이들이 버젓이 다시 행세한다면 조정은 커다란 화를 입을 것이옵니다."

그러자 시립하고 있던 이들이 동시에 들고 일어섰다.

"전하, 통촉하여 주시옵소서."

"전……하."

이때였다. 김일손은 갑자기 고개를 들고 큰소리로 말하였다.

"전하, 아니 되옵니다. 저들은 지금 전하의 심기를 흐려 천하의 패륜을 범하려 하고 있사옵니다. 부디 저들을 물리치소서!"

"……."

"전하, 저들을 버리셔야 하옵니다. 저들을, 저들을 버리셔야 하옵니다!"

김일손의 간언은 피가 끓어오르는 절규였다. 그러나 이를 그대로 두고 볼 수 없는 유자광이었다.

"네 이놈, 어느 안전이라고 그런 방자한 말을 하느냐? 네놈이 역사에 악을 행하고도 모자라 이제는 무고한 우리까지 모함하려 드는 게냐!"

말을 마친 유자광은 곧바로 연산군 앞으로 나갔다. 그리고 품속에서 한 뭉치의 문서를 꺼냈다.

"전하, 이것이 그 조의제문이옵니다. 친히 읽어보시고 헤아려 주십시오.”

'조의제문!'

이 말을 듣는 순간 연산군은 다시 피가 역류하는 것 같았다. 감히 세조대왕을 능멸하였던 유학자 김종직, 그리고 지금 추국을 당하면서도 끝까지 도도한 저놈.

“여봐라, 저놈이 이실직고할 때까지 고문하라!”

고문이 시작되면 말이 필요 없었다. 중풍을 앓고 있는 몸으로 천릿길을 끌려온 김일손이었으나 고문에는 조금도 인정이 없었다. 온 조정에 김일손의 고통스러운 신음 소리가 울렸다.

고문은 당일로 끝나지 않았다. 그러자 성균관 유생들과 삼사의 관리들이 연산군에게 연일 상소문을 올렸다.

그러나 상소는 오히려 연산군의 분노를 촉진할 뿐이었다.

“흥! 상소면 다 해결된다는 말인가!”

발끈 독이 오른 연산군은 이들을 모조리 하옥시키라 명했으며, 김종직은 그 제자로 하여금 조의제문을 사초에 기입케 하는 대역죄를 범했다 하여 부관참시의 형벌을 내렸다.

부관참시란 죽은 자의 무덤을 파고 다시 형벌을 가하는 것을 말한다. 그리고 그해 7월 26일에는 남아 있는 사림파들에게 죄를 물어 벌을 주었다.

“김일손 등은 죄가가 크니 대역죄로 능지처참하고 허경 등은 참형에 처하도록 하라! 또한 그 외 김종직의 제자들과 친구들은 곤장을 가한 뒤 유배를 보내도록 하라!”

유학을 숭상하던 사람으로서 이 화를 면한 자는 거의 없었다. 수

많은 사람들이 죽거나 유배당했던 연산군 4년의 큰 사건. 이 사건은 무오년에 일어나 많은 선비를 참했다 하여 이른바 무오사화라 일컫는다.

조선의 4대 사화

조선 성종 때를 전후로 새로운 정치 세력이 등장하기 시작했는데, 이들을 사림이라 불렀다. 성리학을 기반으로 왕도 정치와 향촌 자치를 주장한 사림들은 성종 때부터 대거 중앙 정계에 진출하여, 당시 조정의 실권을 장악하고 있던 훈구 세력과 대립하였다. 이 두 세력의 학문적, 정치적 입장 차이로 네 차례의 사화가 일어났다.

김종직의 조의제문이 발단이 되어 일어난 것이 무오사화이고, 연산군의 생모 윤씨 폐비 사건으로 갑자사화가 일어났다. 이 두 사화로 사림 세력은 큰 타격을 입었다. 그러나 중종반정으로 실권을 잡은 조광조 등은 왕도 정치의 이상을 실현하기 위해 다시 사림 세력을 등용하였다. 정치적 경험이 부족한 사림들은 일시에 개혁을 달성하려는 조급함을 드러내어 반대파의 공격을 받게 되었는데, 이로 인해 기묘사화가 일어났다.

기묘사화로 사림 세력들이 물러난 뒤, 조정의 정권다툼은 외척 간의 싸움으로 번져 명종 때 을사사화가 일어났다.

전하, 어찌 신의 아내를
탐하시옵니까

삼복더위가 한창 기승을 부리는 한낮이었다.

푹푹 찌는 열기 속에서 기진맥진한 채로 황망히 걷고 있는 한 사내가 있었다. 함경도 함흥 땅 야산자락과 이어진 밭고랑 사이를 그는 마치 꿈길을 헤매듯 휘청휘청 걷고 있었다.

그의 몰골은 초라하기 그지없었다. 갓은 테두리가 다 떨어져 너덜거렸고, 옷은 때에 찌들어 있었다. 게다가 온몸이 땀에 절어 영락없는 걸인의 모습이었다.

'물, 물이라도 좀 마셨으면……'

사내는 작렬하는 태양을 올려다보았다. 순간 헛발을 디뎠는지 사내의 몸이 휘청거렸다. 중심을 잡을 힘조차 남아 있지 않은 그는 그냥 맥없이 그 자리에 퍽 하고 쓰러졌다. 사내가 쓰러지자 기다렸다는 듯이 땅 먼지가 날려 사내의 몸을 뒤덮었다.

'이렇게 끝날 목숨이 아니거늘……. 결국 이렇게 끝나야 하는가.'

사내는 일어설 생각도 하지 않았다. 아예 두 눈을 꼭 감고 휴식을 취하는 것 같았다. 잠시 후 사내는 두 눈을 힘겹게 떴다. 두 눈으로 시퍼런 하늘이 쏟아져 들어왔다.

사내의 이름은 이장곤이었다.

이장곤은 연산군 8년 문과에 급제하여 말년엔 벼슬이 병조판서까지 이른 자로 본디 성품이 곧고 뜻이 깊어 조정의 대신들조차도 감히 그의 인품을 논하지 못했다. 또한 그는 말타기나 활쏘기에 있어서도 웬만한 무인들에게 결코 뒤지지 않는 실력을 지니고 있었다. 문무를 겸비한 인재 중의 인재였던 것이다.

그러나 그는 시대를 잘못 만난 사람이었다. 혼미했던 연산조에 벼슬을 했던 사람이니까.

유학자를 구더기 보듯 했다는 연산군. 유학자에게 조그만 허물이 있어도 이를 빌미로 엄한 벌을 내리기 일쑤였고, 심한 경우에는 목숨마저 앗는 경우도 허다했으니 조정 대신들은 이러한 연산군의 압정 앞에 전전긍긍할 수밖에 없었다.

연산군은 아무 거리낌이 없었다. 마음대로 횡포를 일삼아도 누구 하나 간섭하는 자가 없었던 것이다.

연산군은 특히 여색을 즐겼다. 처음엔 그저 궁녀나 기생들을 품었으나 이 정도로 만족할 연산군이 아니었다. 곧 채청사와 속홍을 팔도로 보내어 여자를 추려왔다. 채홍사는 아직 시집가지 않은 처녀를 채택하는 직책이요, 속홍은 양반들이 거느리고 있는 계집종을 데려오는 직책이다. 이들 관료들은 연산군의 서슬에 반반하게 생긴 여자들을 모조리 데려오기 시작했다. 심지어 각 고을마다 인원을 책정하여 지시하였으니, 더러는 여염집 부인마저 끌려오기도 하였다.

삽시간에 궁궐은 여자들로 넘쳐났다. 기생부터 시작하여 종, 첩, 처녀, 부인 등 많은 여인들이 궁궐 구석구석 메우고 있었으니 그 실상을 어찌 말로 다 표현하랴.

하루는 이장곤이 공무를 마치고 집에 돌아오니 아내가 하염없이 울고 있었다. 남편이 돌아왔는데도 쳐다보지 않고 울고만 있으니 순간 이장곤의 가슴이 덜컥 내려앉았다.

"아니? 집에 무슨 일이 생긴 것이오?"

"……."

거듭 물어보아도 아내는 눈물만 흘렸다. 그러다가 간신히 울음을 삼키며 말하였다.

"그게 아니라…… 흑흑, 이 일을 어쩌면 좋답니까. 방금 당신이 퇴청하시기 전에 옆집 김진사댁 부인이 궁궐로 끌려갔어요."

말을 마치자 아내의 울음소리는 더욱 커졌다. 김진사댁 부인이라면 절개로 소문난 여자였다. 그런 여인네가 끌려갔으니 아내의 충격이 클만도 했다.

"그만 되었소. 이게 어디 어제 오늘의 일이오."

이장곤은 참담해진 마음을 가라앉히며 아내 옆에 자리했다. 그러자 그녀는 남편에게 추궁하듯 말했다.

"대체 이러고도 이 나라가 온전할 것 같아요? 대신들은 다 무얼 하는 것이지요?"

이장곤은 씁쓸했다. 그러나 그런 주청을 하는 순간, 아무 성과도 없이 자신이 죽는 것은 명약관화한 일이 아닌가.

"난들 오죽하겠소."

"당신도 들으셨지요? 이제 상감은 기생에게 흥미를 잃었답니다. 하기야 일전엔 정업원에 있는 여승들까지 무더기로 욕보이신 분이니 무엇인들 못하겠어요."

"…… 허허 그만 하시라니까요."

그러나 아내는 막무가내였다. 오히려 목소리를 더 높였다.

"이젠, 이젠 대신들의 아내마저 취한다고 하니. 그게 어디 상감이 하실 일이오리까?"

"……."

"흑!"

아내는 급기야 제풀에 또 한 번 흐느꼈다. 이런 아내의 모습을 바라보며 한숨을 쉬던 이장곤은 가만히 아내의 등을 다독거려 주었다.

"그만 진정하시오. 허나…… 우리 또한 화를 입지 않을까 두렵소."

그러자 아내는 벌떡 몸을 일으키며 입술을 깨물었다.

"만약 그리 되면, 나는 죽고 말 거예요. 어찌 금수와 사람이 어울릴 수 있단 말이어요."

아내의 대단한 결의에 이장곤은 그만 머쓱해졌다. 한편으로는 그런 아내의 결의를 확인하니 어느 정도 마음이 놓였다.

그러나 운명은 가혹했다. 그 일이 있은 지 며칠 후 이장곤의 집에도 연산군의 명은 들이닥쳤다. 이장곤이 이리저리 궁리를 해보았지만 도저히 모면할 길이 없었다. 집 주변에 포졸들이 지키고 있으니 둘이 함께 도망칠 수도 없고 그냥 앉아서 당하자니 눈앞이 캄캄했다. 그의 아내 역시 울며불며 이장곤에게 매달렸다.

"아아, 여보 나 이제 어떡해요. 어떻게 해야 해요?"

이장곤이 할 수 있는 일은 아무것도 없었다. 그저 멍하니 아내를 바라볼 뿐이었다. 이러는 동안 시간은 자꾸 흘러갔다.

잠시 후 아내가 일어서더니 건넌방으로 건너갔다. 이장곤은 제 기분에 허탈하여 한참을 앉아 있다가 문득 아내가 목을 매었을 것 같은 느낌에 가슴이 철렁했다. 그는 황급히 건넌방으로 달려가 문을 왈칵 열었다.

그런데 이건 또 무슨 조화란 말인가! 아내는 어느새 새 옷으로 갈아입고 정성들여 화장을 하고 있는 것이 아닌가!

이장곤은 분노가 치밀어 올랐다. 그렇게 정숙하던 아내가 저런 탕녀였단 말인가! 이장곤은 주먹을 들어 아내의 얼굴을 때렸다. 그러자 아내는 옆으로 푹 하고 쓰러져 일어나지 않았다.

아차 싶었지만 이미 엎질러진 물이었다. 남다르게 힘이 좋은 주먹으로 연약한 아내를 쳤으니 온전할 리가 없었다. 이장곤의 아내는 그 자리에서 죽고 말았다.

이 사실은 곧 조정에 보고되었다. 연산군은 크게 노했다. 그러나 한낱 여자 문제로 신하를 죽일 수는 없는 것이다. 연산군은 왕권 모독죄를 들어 장형을 가한 뒤 이장곤을 거제로 귀양 보냈다. 그러나 귀양 보내는 것만으로 분이 풀리지 않았다. 연산군은 곧 금부도사를 시켜 이장곤을 죽이도록 명령하였다.

한편 거제에 도착한 이장곤은 그간 연산군의 행태로 미루어 조만간 자신을 해치려는 금부 나졸들이 닥칠 것을 예감했다.

'내 이대로 죽기는 억울하다. 기어코 살아 훗날을 도모하리라.'

이장곤은 귀양지에서 도망쳤다. 하지만 연산군이 이를 묵과할리 없었다. 곧 전국에 수배령이 내리고, 이장곤을 잡아오는 자에게 상금과 벼슬을 걸었다. 이 상금과 벼슬은 이장곤이 숨어 다니는 기간이 길어지자 더욱 뛰어올라 이장곤을 잡는 자는 순식간에 벼락부자가 될 정도였다.

마을을 벗어나 며칠을 굶고 산 속을 헤매던 이장곤은 함경도의 한 산골 마을에 이르렀다.

'하늘도 무심하시지······.'

어느덧 이장곤의 뺨으로 눈물이 주룩주룩 흘러내렸다. 먼지와 때에 절은 얼굴이어서 눈물은 곧바로 짙은 골을 만들었다.

'내 이런 식으로 살아서 어찌 훗날을 기약하리. 산다는 것 자체가 배고픔과 목마름일진대 무슨 올바른 뜻이 서겠는가.'

이장곤은 몸을 일으켰다. 멀리 아스라이 마을이 보였다. 그래, 잡힐 때 잡히더라도 일단 시원한 물이나마 원대로 먹고 보자. 그렇게 결심하자 그토록 두려워보였던 사람 사는 마을이 반갑게 느껴졌다. 그는 비척비척 허기진 몸을 이끌고 마을 입구에 들어섰다.

"아, 우물이구나!"

반갑게도 마을 입구에 우물이 있었다. 이장곤은 한걸음에 내달아 우물에 도착하였다. 마침 우물가에서 앳된 처녀 한 명이 물을 긷고 있었다.

"이보시오, 낭자!"

난데없이 부르는 소리에 처녀는 적잖이 놀란 모양이다. 어디서 나타났는지 좀 전까지 아무도 없었던 자리에 사람이 서 있으니 놀라는 것도 당연했다. 게다가 그 몰골이라니!

"낭자, 놀라지 마시오. 나는 악한 사람은 아니오. 목이 타서 물을 좀 먹으려 할 뿐이오."

"······."

"바가지 좀 빌려주시겠소?"

이장곤의 표정은 참으로 안타까웠다. 처녀는 적이 안심이 된다는 듯이 고개를 돌리며 바가지를 주었다. 바가지를 받자마자 이장곤은 물을 떠 벌컥벌컥 마셨다. 물맛이 아니라 꿀맛이었다.

이런 이장곤을 바라보던 처녀는 그의 모습이 자못 우스웠는지 손으로 입을 가리고 빙그레 웃었다. 문득 고개를 들어 처녀의 웃는 모습을 본 이장곤 역시 쑥스러워 빙그레 웃는다.

"부끄럽소. 이레를 굶었더니 이 모양이구려."

이레를 굶었다는 이장곤의 말에 처녀의 눈이 휘둥그레졌다.

"이레라고 하셨습니까. 어쩜… 이레를 굶고도 살 수 있단 말이에요?"

"허허허, 지금 낭자의 눈앞에 있지 않소."

"……."

처녀의 얼굴이 붉어졌다. 무안해 하고 있었다. 그런 처녀의 모습은 흡사 복사꽃 같았다. 하지만 이장곤의 처지에 지금 이러고 있을 수는 없었다.

"참 고마웠소, 낭자. 그럼 이제 그만……."

이장곤은 다시 산 쪽으로 몸을 돌렸다. 보아하니 밀고는 하지 않을 처녀 같았다. 안심해도 될 성싶었다.

그때, 처녀가 머뭇거리며 이장곤에게 한 발짝 다가왔다.

"저……."

"왜 그러시오? 저한테 무슨 할 말이라도?"

"비록 변변찮으나 저희 집에 가 식사라도 하시고 떠나심이 어떠신지요?"

식사! 귀가 번쩍 뜨이는 소리였다.

"처자! 진정 그래 주시겠소?"

앞뒤 생각할 경황도 없었다. 말이 생각보다 먼저 입 밖으로 튀어나온 것이다. 그러자 처녀는 빙긋이 웃으며 따라오라는 손짓을 한 뒤 먼저 사뿐사뿐 걸어갔다.

"찬은 없지만 많이 드십시오."

처녀가 내놓은 밥상에는 나물과 밥밖에 없었지만 이장곤에게는 진수성찬이었다. 그는 정신없이 밥을 먹었다. 어느새 한 그릇을 다 비우고 우물쭈물하고 있으니 처녀는 한 그릇을 더 가져왔다.

처녀는 이장곤의 허겁지겁 먹는 모습을 재미있다는 듯이 바라보았다. 어느 정도 시장기가 가시자 이장곤은 자신이 들어와 있는 집이 고리장이의 집인 것을 알았다.

고리장이란 고리버들의 껍질을 벗겨 문고리나 키, 상자 같은 것을 만드는 사람으로 천민이었다. 하지만 이런 집인들 무슨 상관이랴!

"고맙소. 처자의 마음이 너무 곱구려."

"아니어요. 사람으로서 당연한 일을 한 것뿐인 걸요."

이장곤의 치사에 처녀는 오히려 부끄러운 표정을 지으며 대답했다. 그러자 이장곤은 문득 이 집에 숨어 살았으면 하는 생각이 들었다.

"낭자, 신세진 김에 내 부탁 하나 더 합시다. 나를 이 집 머슴으로 쓰면 어떻겠소?"

"⋯⋯."

"안 되겠소?"

그렇게 묻는 이장곤의 심정은 절박했다. 이 처녀가 거절을 하면 자신은 또 정처 없이 떠돌며 숨어 살아야 한다.

"그것은⋯⋯."

처녀는 주저주저했다. 순간 이장곤은 차라리 자신의 신세를 밝히는

게 낫겠다는 생각이 들었다. 생각이 여기까지 미치자 이장곤은 처녀를 가까이 오게 하고는 자신이 여기까지 오게 된 경로를 자세히 설명했다. 그런데 이야기를 다 듣고도 처녀는 놀라는 기색이 없었다.

"짐작은 하고 있었사옵니다. 처음 보았을 때는 놀랐으나 찬찬히 살펴보니 구걸할 사람은 아니던걸요. 용모가 훤칠하시고 쓰는 말이 험하지 않았으며, 행동에 절도가 있었사옵니다."

이장곤은 무척 놀랐다. 나이 어린 처녀의 생각이 여기까지 미쳤으리라고 어찌 짐작이나 했을까. 처녀의 말은 이어졌다.

"머슴이라 하심은 당치도 않으신 말씀이옵고, 잠시 편히 지내시다 가시지요. 부모님께는 제가 잘 말씀드리겠습니다."

"……."

이장곤은 눈시울이 뜨거워지는 것을 느꼈다. 한때 높은 벼슬에 있던 자신이 이런 곳에 와 나이 어린 처녀의 호의를 받게 되다니……. 고마움과 회의가 동시에 가슴을 파고들었다.

"고맙소. 내 이 은혜를 어찌 갚을지……."

"그럼 피곤하실 테니 이만 쉬시지요."

처녀는 곧 방을 치우고 씻을 물을 받아놓았다. 이런 처녀의 모습을 이장곤은 그저 넋을 잃고 바라볼 뿐이었다.

고리장이 집에서 묵은 지 며칠이 지났다.

이장곤은 그저 방에 앉아 처녀가 들여오는 밥만 축내었다. 그래도 이 집 내외는 조금도 싫어하는 내색이 없었다. 오히려 한 번씩 마주치면 이것저것 불편한 것이 없는지를 묻고 송구스러울 정도로 자신을 위해 주었다. 특히 처녀의 보살핌은 그 정성이 지극하여, 대하면 대할

수록 정감을 갖게 했다.

그런 생각을 하던 중 언제부터인가 이장곤은 처녀를 볼 때마다 가슴이 설레기 시작했다. 더러 얼굴이 붉어지기도 했다. 이럴 때면 처녀역시 붉어진 얼굴로 황급히 사라졌다.

하지만 둘 사이에는 신분이라는 엄청난 벽이 가로막혀 있었다. 이장곤은 자신이 쫓긴다는 불안감보다도 이 신분이라는 벽을 놓고 몇날 며칠을 고민했다. 그러던 어느 날이었다. 이장곤은 과감히 자리를털고 일어섰다.

'그래! 신분이 무어 대수더냐! 이미 저 처자가 내 마음에 들어와 있는 것을.'

그렇게 확신을 얻은 이장곤은 그날 밤 처녀의 부모에게 혼인의 뜻을 밝혔다. 고리장이 내외는 어찌할 바를 모르다가 결국 그의 진심을파악하고 두 사람의 혼인을 승낙하였다.

이장곤의 재혼. 이제 홍문관 교리 이장곤은 고리장이의 데릴사위가된 것이다.

이들의 금실은 아주 좋았다. 하지만 이 행복도 잠시였다. 양반을 사위로 두었다는 사실에 그저 좋아했던 이장곤의 장인은 사위가 그저밥이나 축내고 있자 점차 그를 책망하기 시작했다.

"이보게, 사위. 이제부터 자네 밥벌이는 자네가 하게!"

하루는 장인이 고리버들 한 움큼을 이장곤 앞에 내놓았다. 이장곤은 순순히 따를 수밖에 없었다.

"알겠습니다."

사실 이장곤도 놀고먹는 것에 진력이 나서 무엇인가 해보고 싶었던 차었다. 그러나 붓대나 놀리던 손으로 하려니 잘될 턱이 없었다.

"나 참. 양반은 무슨 얼어 죽을 놈의 양반. 아니 그래 양반은 이런 것 잘하면 어디 덧이라도 난다던가?"

장인은 기가 막힌 모양이었다. 이후로 이장곤에 대한 예우가 달라지기 시작하더니 급기야 막말로 그를 부르기 시작했다.

"저 녀석, 일도 못하는 녀석이 밥만 축낸다니까!"

장인의 막돼먹은 말을 들어도 이장곤은 할 말이 없었다. 그저 허허 웃어넘기는 수밖에.

덕분에 가장 힘든 것은 아내였다. 부모님 눈치 보랴, 남편 눈치 보랴 몸 둘 바를 몰랐으니 말 그대로 좌불안석이 따로 없었다.

세월은 흘러 이장곤이 이 집에 들어와 산 지도 어느덧 1년이 되었다.

그런 어느 날, 인근에 살고 있던 고리장이 한 사람이 찾아와 장인과 환담을 나누었다.

"아, 글쎄 그게 아니라니까. 지금 세상이 바뀌어 관노청 사람들이 예전처럼 생떼 부리지 않는다니까 그런데도!"

"아, 이 사람아. 아무리 그래도 그 사람이 그 사람일 텐데 무얼 그러나."

낮잠을 자던 이장곤은 언뜻 귓결에 스치는 이 대화를 듣고 소스라치게 놀라 일어섰다.

"아니. 그게 무슨 말이시오? 세상이 바뀌다니?"

이장곤은 맨발로 뛰어나가 물었다. 이런 이장곤을 보고 장인은 혀를 찼다.

"아니. 이놈이 느닷없이 귀머거리가 되었나. 했던 말을 또 왜 해 달래. 할 일 없으면 낮잠이나 잘 것이지."

장인은 버럭 고함을 질렀다. 그러자 곁에 있던 고리장이가 이를 말리며, 좀 전에 하던 이야기를 계속 이어나갔다.

"얘기 그만 하고, 어쩔 텐가? 자네 새로 만든 키를 납품하려나?"

"난 가기 싫네. 자네나 가게!"

이장곤의 장인은 화가 안 풀렸는지 볼멘소리로 퉁명스럽게 대답했다. 이때 이장곤이 무슨 생각에서인지 앞으로 나서며 이야기했다.

"저, 장인어른. 제가 대신 가면 안 되겠습니까?"

조심스럽게 묻는 이장곤을 향해 장인은 기가 막힌다는 표정을 지었다.

"이보게. 양반 사위님. 그곳이 어떤 곳인지나 아는가? 아무리 잘 해가도 트집을 잡아 물볼기를 치는 곳이라네. 그곳 출입을 몇 십 년 한나도 가면 열에 여덟은 얻어맞고 오는데 자네가 거길 간다고?"

비웃음이었다. 그러나 이장곤은 개의치 않았다. 기어이 고집을 부려 키를 짊어지고 장인과 이야기하던 사람을 따라 읍내로 갔다.

세상은 변해 있었다.

하지만 이장곤은 신중했다. 곧바로 관아로 들어가지 않고, 근처에서 한참을 서성이며 관아 동정을 살폈다.

'정녕 반정이 일어난 게야!'

그러기를 얼마 후, 이장곤은 관아에서 나오는 한 하인을 보고 눈을 크게 떴다. 틀림없이 그 하인은 자신의 친구가 부리던 아이였다. 그는 무릎을 치면서 감탄했다. 그 아이가 하인으로 있는 관아라면 자신의 친구가 감사로 있다는 말이 아닌가.

'진정 하늘이 날 버리진 않은 게야.'

곧 이장곤은 사람을 시켜 작은 쪽지 한 장을 감사에게 전하게 했다.

잠시 후 관아가 벌컥 뒤집힌 것은 두말할 나위가 없었다. 감사의 명을 받은 나졸들이 사방으로 흩어져 이장곤을 찾느라 법석을 떨었는데 그때서야 이장곤은 호탕하게 웃으며 동헌으로 들어가 감사가 된 옛 친구를 부둥켜안았다.

이장곤의 생환!

조정에서도 놀라움을 컸다. 다들 이장곤이 죽었다고 생각하고 있었는데 살아서 돌아왔다는 소식이 전해지자 조정의 대신들은 크게 기뻐하였다.

이장곤은 곧 아내와 함께 서울로 돌아왔다. 반정 후 새로 임금이 된 중종은 친히 이장곤을 맞이하고는 그동안의 경위를 상세히 들었다. 이장곤에게는 옛 벼슬인 홍문관 교리를 제수했으며, 그를 성심껏 돌본 아내와 장인 장모 역시 천민 신분을 면하게 해주었다.

타락한 왕조를 없애버리리라

'마땅히 죽음을 각오하고 국사에 임할 것이오. 죽고 사는 것은 오로지 하늘에 달린 것! 조정의 위험이 바람 앞 촛불같이 경각에 달려 있는데 이를 보고도 어찌 구하지 않는단 말이오!

기대했던 바였다.

성희안의 답장은 지극히 짧았으나 이는 자신과 뜻을 같이 하겠다는 강한 확답인 것이다.

뜻이 이루어지고 있음이었다. 조심스럽게 두루마기를 접다가 도총관 박원종은 물끄러미 천장을 올려다보았다. 그런 원종의 눈에 이내 눈물이 고였다.

'누님!'

박원종은 또 자결한 누이를 생각하고 있었다. 자신이 전국의 군사를 책임지고 있는 오위 도총부의 도총관이면서도 속수무책으로 누이를 떠나보내지 않았던가.

박원종의 누이는 월산대군의 아내였다. 전대 임금 성종의 친형인 월산대군은 일찍 아내를 잃었다. 이에 다시 후취를 얻고자 하였고, 그당시 한양에서 재색에 으뜸인 박원종의 누이를 택한 것이다.

그러나 월산대군과의 신혼 생활은 잠시였다. 미처 사랑을 알기도 전에 월산대군이 세상을 떠났기 때문이다. 그 후로 박원종의 누이는 적막한 세월을 보내야 했다. 이런 가운데 연산군이 보위에 올라 온갖 방탕한 짓을 일삼기 시작했다.

연산군의 여색 탐미는 갈수록 그 도가 더했다. 이런 연산군이 자주 출입했던 곳 중의 하나가 젊고 어여쁜 월산대군의 아내 박씨의 처소였다. 야사에 의하면, 비록 큰어머니뻘 되는 여인이지만 이를 무시하고 온갖 유혹과 협박을 가하다가 결국에는 강제로 박씨를 취했다고 한다.

연산군의 잦은 왕래에 그 소문은 꼬리에 꼬리를 물고 궁중에 퍼져 나갔고, 박씨의 자괴감은 날이 갈수록 더해갔다.

박씨 부인은 신병을 핑계 삼아 연산군과의 접촉을 일체 끊었다. 그리고 은밀히 동생을 불러 일렀다.

"내 삶이 어찌 사람의 삶이라 할 수 있겠는가! 이 치욕을 떠나고 살기엔 더 이상 하늘을 보기가 부끄럽구나. 만나는 사람마다 나를 짐승 보듯 하니 하루하루가 지옥인지라 내 어찌 더 이상 살기를 바라겠느냐? 죽음으로 이를 다 청산하고자 하니 너는 나의 원통한 마음이나마 위로해주렴."

결국 연산군 12년 6월에 박씨 부인은 자결을 했다.

이때부터 박원종의 일념은 오로지 죽은 누이의 한을 푸는 것이었다. 누이가 자결한 이유가 무엇이든 간에 그 근본적인 원인은 연산에게 닿아 있었다. 억울하게 살다간 누이를 생각하면 피눈물이 쏟아졌다. 관직에 대한 미련도, 죽음에 대한 두려움도 박원종에게는 없었다.

"내 이 목숨 다 바쳐 타락한 왕조를 없애버리리라!"

박원종은 은밀히 사람들을 규합하기 시작했다. 그 첫 번째로 성희안을 꼽았다. 본디 사람됨이 청렴결백하고, 의기가 있는 자였기에 마음을 나누기에 적격이었다.

"그래! 성희안이라면……."

생각 같아서는 당장이라도 자신의 마음을 전하고 싶었으나 섣불리 말을 꺼내기는 어려웠다. 당시의 흉흉한 사회 분위기에서는 어느 날 까닭 없이 형장으로 끌려가는 일이 종종 있었기 때문이다.

그러나 지성이면 감천이라고 했던가. 마침 자신의 친구 가운데 성희안과 친한 자가 있어 박원종은 그를 통해 의사를 물었고, 이제야 서로의 심중을 전달하게 된 것이다.

"뜻이 통했음이다. 더 이상 망설일 필요가 없지 않은가!"

박원종은 자리를 박차고 일어섰다. 하루바삐 성희안을 만나고 싶었다.

"여봐라! 말을 대령하렷다!"

박원종의 방문을 받은 성희안은 버선발로 뛰어나와 반갑게 맞이했다. 둘은 한동안 뜨거운 시선으로 서로를 바라보다가 이내 어깨를 꽉 끌어안았다.

운명이 만들어준 만남! 누가 먼저라고 할 것도 없이 둘의 눈에서 뜨거운 눈물이 고였다. 장부와 장부의 만남이었다.

"박총관, 어서 안으로 드십시다."

둘은 그제야 부둥켜 안았던 팔을 풀었다. 그때까지도 둘은 대문 앞에 그렇게 서 있었던 것이다. 방에 들어가 앉아 있으니 주안상이 나왔다.

"박총관, 이해하시오. 지난 번 사건으로 벼슬에서 쫓겨난 후 사는 것이 이렇소."

"허허, 괘념치 마십시오. 한잔 술이면 족합니다. 그런데 지난 번 사건이라니요?"

박원종은 금시초문이라는 눈빛으로 성희안을 바라보았다.

사실 그때까지도 박원종의 마음은 온통 죽은 누이에게 가 있었다. 그러다 보니 세상사에는 눈길이 가지 않았던 것이다. 다만 어렴풋이 들리는 풍문만 몇 가닥 잡고 있을 뿐이었다.

"모르고 계셨구려. 지난 번 양화도 별장에 놀러 갔을 때의 일을 ……."

"양화도 사건이라면?"

순간 박원종은 양화도에 놀러 갔던 연산군이 크게 노했다는 풍문을 기억했다. 그때 연산군은 연회를 열고 흥을 돋우기 위해 신하들에게 글을 지으라 명했는데, 한 신하의 글이 문제가 되어 그만 연회가 끝나버린 것이다.

"그분이 성대감이셨구려!"

"그렇소. 임금이나 신하나 하는 꼴이 하도 가당치 않아서 그만 울분이 터져버렸습니다."

성희안의 벼슬은 이조참판이었다. 지금으로 말하면 내무부 차관급의 관직이었으므로 연회에 빠질 수가 없었다. 울며 겨자 먹기로 따라 나섰다가 시제를 보곤 곧바로 글을 써서 올렸다.

'성심원불애청류(聖心元不愛淸流)'

이른바 '성군의 마음은 풍류를 가까이 하지 않는다.'는 뜻이었다. 이를 읽어본 연산군은 자신을 빗댄 이 문장에 크게 화를 냈고 곧 성희안의 벼슬을 빼앗아버렸다.

"허허, 연산은 이제 앞뒤가 막혀 아무것도 보지 못합니다. 오로지 여색과 풍류를 즐길 뿐이오. 게다가 조정에는 소인배만 우글거리게 되었으니……."

"……."

"큰일이오. 이는 나라가 망해가고 있음이외다!"

박원종은 연거푸 술잔을 입에 가져갔다. 답답했다. 이런 박원종을 물끄러미 바라보던 성희안이 단호하게 말을 이었다.

"바꿔야 하오!"

순간 박원종은 고개를 들어 성희안의 눈을 바라보았다. 둘 사이에 강한 기류가 흘렀다.

"그렇소. 남자로 태어나 어찌 이대로 살 수 있겠소!"

"아아! 박총관!"

"성대감!"

둘은 다시 서로의 손을 굳게 잡았다. 시간의 흐름이 정지된 것 같았다. 어떤 생각도 둘 사이에 끼어들 수 없었다. 이대로 밤을 지새워도 좋았다.

"성대감, 본래 저는 무인입니다. 제 주변에는 일당백을 하는 무사들이 많이 있습니다만 제 계교는 그리 신통치 않으니 성대감의 혜안만 믿겠습니다."

손을 놓으며 박원종은 거사에 대한 모든 계획을 성희안에게 맡기려 했다. 그러나 성희안은 이를 거절했다.

"무슨 말씀이오? 박총관의 지기와 도량은 만천하가 다 알고 있습니다. 마땅히 제가 따라야지요."

"아니올시다. 무인의 성품이라는 것이 원래 단순한 것이외다. 자칫 잘못하면 일을 그르치기가 쉽습니다. 이번 거사는 힘만으로 이룰 수 있는 일이 아니옵니까?"

"……."

"일마다 알맞은 사람이 있는 법입니다!"

박원종은 안타까운 눈빛으로 성희안을 바라보았다. 공명심을 들추거나 예의를 내세우면 일을 이루지 못한다는 것이 박원종의 강한 뜻이었다.

"좋습니다. 그럼 이렇게 합시다. 군사는 박총관이 책임지고 모아주십시오. 그리고 사람들을 규합하는 데는 제가 나서겠습니다."

"사람이라면……."

"내 진작부터 생각한 것인데 거사의 정당성을 인정받으려면 먼저 삼정승과 판서들에게 통문을 돌려야 합니다. 아무리 뜻이 바르다 해도 대신들의 반대가 심하면 당연히 숙청의 길을 걸어야 하는데, 그러다 보면 만고에 씻지 못할 오명을 얻게 되는 것이외다."

"……."

"다행히 삼정승과 판서들의 뜻이 암암리에 서로 통하고 있소. 입이 있어도 말하지 못하고 뜻이 있어도 펼칠 수 없음은 저들에게 대세를 움직일 힘이 없음이외다. 이제 박총관의 세력이 존재함을 알게 되면 저들도 분명 뜻을 같이할 것이오."

타당한 논리였다. 이미 조정의 인심은 연산에게서 멀어진 지 오래이니 누구 하나 이를 들고 일어선다면 거사의 성공은 당연한 것이다.

"내 모든 것을 성대감에게 맡기겠습니다. 그런 훌륭하신 계책을 세우신 것만으로도 그 충절은 만고에 길이 빛날 것이오."

말을 마친 박원종은 스스로 술 석 잔을 마신 후, 이를 성희안에게 권했다. 둘의 술자리는 때로는 호쾌하게 때로는 진지하게 여름밤을 넘기고 있었다.

이튿날 박원종은 비밀리에 군사를 모았다. 자신의 벼슬이 도총관인지라 충복을 중심으로 엄선하여 뽑은 군사의 기세는 가히 하늘을 찌를 듯했다. 다만 거사가 있기 전까지는 숨죽이고 있어야 함이 무인들의 생리에 맞지 않아 박원종은 안타까울 따름이었다.

또한 성희안도 차근차근 일을 진행시키고 있었다. 처음 성희안이 택한 상대는 이조판서 유순정이었다. 조정의 대신들을 천거, 관리하는 직책의 수뇌이니 그가 동조한다면 많은 세력을 흡수할 수 있었던 것이다.

"반대하는 것은 아니오만……."

유순정은 며칠이고 대답을 미루었다. 일에 신중을 기하자는 것이 그의 의도였다. 그러나 도총관 박원종의 강한 군사가 뒤에 포진하고 있음을 알게 되자 유순정 역시 합류하기로 하였다.

점차 세력의 틀이 잡혀가고 있었다. 다음 성희안의 목표는 삼정승이었다. 영의정 유순과 우의정 김수동, 좌의정 신수근을 차례로 찾아다니며 거사의 뜻을 전했다.

유순과 김수동은 이런 성희안을 오래 전부터 참된 사람으로 여겨왔다. 간혹 주연을 가질 때마다 성희안의 절개와 지혜를 칭찬하던 자들이었다. 또한 이들 역시 연산군의 횡포에 감히 나서지는 못해도 늘 죽음과 같은 생활을 한다고 생각해왔던 터였다.

"장하시오. 내 이를 기꺼이 따르리다!"

그들은 성공을 위한 조언까지 덧붙였다. 하지만 좌의정 신수근은 달랐다.

"아직은 진성대군(연산군의 동생으로 후에 중종이 됨)이 어리지만 그 총명함이 남다르니 잠시 때를 기다리심이 옳은 줄로 아오이다."

신수근은 연산군의 처남이었다. 또한 진성대군의 장인이기도 했다. 따라서 신수근이 진성대군 편에 들어 훗날 이들의 거사가 성공했을 때에는 왕의 장인이 되는 영광을 얻게 된다.

"다시 한 번 묻겠소이다. 못난 매부 편에 서느니 바른 사위 편에 서는 것이 옳지 않겠습니까? 잘 생각해 주십시오!"

성희안은 다시 의중을 떠보았다. 하지만 신수근의 입장은 그게 아니었다. 연산군은 싫든 좋든 자신이 지금까지 보필해왔던 왕이었다. 또 자신을 신임해주는 왕이 아닌가! 그런데 이해타산을 따져 하루아침에 등을 돌릴 수는 없는 일이었다.

"내 재고는 해보겠지만……. 나를 제외시키고 일을 진행하시는 것이 좋을 듯싶소이다. 허나 맹세코 이 일을 발설치 아니할 터이니 이 점에 대해서는 추호도 의심하지 마시오!"

결국 신수근은 거절하였다. 거사를 일으키는 자의 입장에서 보면 만고의 간신이지만 연산군에게 있어서는 만고의 충신이었다.

일이 이쯤 되자 오히려 당황한 것은 성희안이었다. 비록 발설하지 않는다고 했지만 사람 일은 알 수 없는 것이다. 시일을 지체하다 보면 자연 입을 열 것이오, 그러면 무오사화에 이어 또 한 번의 대참변이 생길 것은 명약관화한 사실이었다.

성희안은 곧 박원종에게 장문의 서신을 작성하여 보냈다.

'일에 차질이 생겼소이다. 많은 대신들이 동참 의사를 밝혔지만 좌의정 신수근만은 그간 연산군과의 정분을 들어 불참한다 하오이다. 비록 침묵하기로 언약했지만 사람 일이란 알 수 없는 법. 거사를 더이상 미뤄서는 안 될 것 같습니다.'

서신을 받은 박원종은 그만 가슴이 덜컥 내려앉는 듯했다. 곧 말을 몰아 성희안의 집으로 갔다. 말의 속력이 빨라질수록 피를 토하고 죽은 누이의 주검이 눈앞에 더욱 선명하게 어른거렸다.

'결코 실패해서는 안 될 일이다. 내 남은 전 생애가 이날을 위함이 아닌가!'

사실 박원종의 입장에서도 문제가 없었던 것은 아니다. 자신이 규합한 자들 대부분이 무인들인지라 시간이 흐를수록 기다리는 일에 한계를 드러냈다. 몇몇은 되려 불만을 토로하기도 하였고, 몇몇은 술에 취해 싸움을 하기도 하였다. 그렇다고 해서 이를 책망할 수도 없었다.

대체로 무인들이란 서로가 상의하고 심사숙고해서 일을 처리하는 신중함보다도 나가 싸워 공을 세우는 것에 더 큰 뜻을 두고 있지 않은가! 이를 저지하고, 통합하기 위해서는 거사를 서둘러야 했다. 잘못하면 그만 와해될 수도 있는 것이다.

"성대감, 무인들은 단순하오. 가둬놓고 기다리라고만 하면 맹수처럼 서로 으르렁거리며 싸웁니다. 제 사정 또한 이러하니 될 수 있는 대로 일을 서두르는 것이 옳다고 봅니다."

말에서 내리자마자 박원종은 거두절미하고 자신의 심정부터 밝혔다.

"맞소이다. 때가 임박했습니다."

성희안은 이렇게 대답하고 천천히 허공을 올려다보았다.

"하오면 거병 일자를 잡으셔야지요!"

"……"

"답답합니다. 이제 더 무엇이 남았습니까? 지금이라도 당장 연산군에게 오랏줄을 던져야 하지 않겠소!"

박원종은 내심 속이 탔다. 지금부터는 한 시각 한 시각이 먹느냐 먹히느냐의 싸움이 아닌가!

"한 가지 방법이 있소이다."

박원종을 바라보던 성희안이 드디어 입을 열었다.

"아무리 급하다고 한들 내일 당장 거병할 수는 없는 일이지요. 내 듣기로 9월 2일 연산군이 장단의 석벽(石壁)에서 풍악을 울린다고 합니다. 그날! 바로 그날 우리도 같이 움직이는 것입니다."

"……"

"그리고 바로 진성대군을 왕위에 추대하는 것이오. 속전속결로 일을 끝내는 게지요."

성희안은 말을 끝내고 서기가 뻗치는 눈으로 박원종을 바라보았다. 이를 본 박원종은 두 주먹을 불끈 쥐었다.

"좋소이다!"

주사위는 던져졌다. 박원종은 말을 몰아 집으로 돌아오며 연거푸 누이를 불렀다. 한시도 잊을 수 없는 누이의 죽음이 아니던가! 이제 며칠 후면 누이의 한을 자신의 손으로 풀어줄 수 있는 것이다.

'아아, 누님!'

한 여인의 죽음, 또한 그 한을 간직한 동생의 분노와 많은 사람들의 고통! 수많은 비화를 낳은 연산조 시대는 이렇게 역사에 큰 획을 그으며 막을 내리게 되었다.

폭군의 말로는 비참한 것이다.

연산군은 무슨 이유에서인지 9월 2일 연회를 취소하였다. 그러자 박원종과 성희안은 거사일을 9월 1일로 앞당겨 새벽에 궁을 점거했다.

반정은 대성공이었다. 누구 하나 연산군의 편에 서서 대항하는 자가 없었다. 그저 연산군의 눈치를 살피며 적당히 처신했던 무리들 역시 곧바로 반정의 대열에 끼어 목소리를 높였다. 연산군 곁에는 아무도 없었던 것이다.

백성이 있고서야 나라가 있는 법

"무엇이라고? 이윤경이 통제사가 되었다고?"

"아니. 그놈이 어떻게 수군통제사가 될 수 있담?"

"허허, 이것 참. 우리는 그 자리를 얻으려고 별짓 다 해도 안 되더니만…… 이거 해도 너무하는군."

조선조 13대 임금 명종 초였다

선왕인 인종이 병을 얻어 급작스레 승하하고 난 후 즉위한 명종은 몇몇 대신들에게 의탁하여 조정을 돌볼 수밖에 없었다. 자연 대신들의 입김이 거세었고, 이들을 통하여 벼슬의 향방이 결정되는 수가 많았다.

그러다 보니 조정은 점차 힘 있는 자의 뜻에 따라 인선을 하였다. 벼슬을 놓고 흥정이 오갔고, 특히 그 자리가 돈방석에 앉는 자리다 싶으면 추잡스런 흥정과 뇌물이 만연했다.

이중 통영 수군통제사 자리는 그야말로 황금밭이었다. 일단 부임만 하면 부자가 된다는 풍문이 꼬리를 물고 이어졌다. 실제로 이곳에 부임했던 관료들은 곧 부자가 되었다. 심지어 '통제사 군문(軍門)만 바라보고 있어도 3대가 족히 살 만한 밑천을 얻는다.'라는 말이 공공연하게 떠돌 정도였다.

사정이 이러하니 조정의 대소신료 중에 통영 부임을 원치 않는 사람은 아무도 없었다.

"이윤경은 좋겠다. 좋겠어."

"제길. 천하에 청렴결백한 척은 혼자 다 하더니. 그래, 이윤경이 제 놈도 별수 없는 놈이구먼."

정3품 이하 중급관료들 사이에서는 배알이 꼴려 못 참겠다는 말들이 노골적으로 오갔다. 들으려면 들으라는 식이었다. 그러나 이들보다 더한 분노를 삭이고 있던 사람들은 다름 아닌 주상의 곁에서 임관 문제를 논하는 중신들이었다.

"허허. 이거 참 낭패요. 내 일찍이 이자를 눈여겨보았는데, 우리를 제 놈 발의 때만도 못하게 여기는 사람입니다."

"그러게 말이오. 나 참! 전하께옵선 왜 우리들의 주청을 마다하시고 이런 어명을 내리셨는지."

"쯧쯧쯧……."

"이제는 어쩔 수 없는 일이오. 때를 봅시다. 만에 하나 걸려들면 일제히 일어나서 갈아치우자고 상소를 올리면 되지 않소."

참으로 불가사의한 일이 아닐 수 없었다. 그 성품이 대쪽 같다는 이윤경이 수군통제사 자리를 놓고 지체 높으신 대감들과 막후교섭을 했을 리가 없다. 그런데 그가 이런 자리에 앉다니…….

자신에 대한 모함이나 소문을 일축해버리고 통영에 도착한 이윤경은 그만 아연실색하고 말았다. 이곳은 왜적들의 약탈이 성행하는 곳이어서, 바다를 지키고자 조정에서 특별히 만든 통영이었다. 삼도 수군 전체를 총괄하다 보니 휘하에는 40만이 넘는 대군이 있었다.

"아니, 이럴 수가 있단 말이오? 40만이나 되는 군사는 다 어딜 가고 병영에는 겨우 기천 명밖에 없단 말이오?"

"……."

"말해보시오, 수군만호. 내 만호를 탓하고자 함이 아니오. 도대체 영문을 몰라 묻는 것이니 자세히 말해주시오."

"……."

수군만호는 종4품의 외직 무관이다. 이런 그가 꿀 먹은 벙어리처럼 그냥 시립해 있다.

"어허. 이봐요. 내 그대를 탓하고자 하는 것이 아니라니까요."

재삼 재촉하는 이윤경의 눈빛에서 간절함을 느꼈는지 만호가 입을 열었다.

"진정 모르고 부임하셨나이까?"

"어허, 그렇다니까요."

"……."

"만호!"

"좋습니다. 말씀 올리겠나이다. 통제사께서 보신 것처럼 이곳의 군사는 예전의 대군이 아니올시다. 40만이나 되는 군사들을 먹일 군량이 어느 해부터인지 점차 줄어들더니, 어떤 때에는 아예 지급이 끊긴 적도 있었습니다. 당연히 수군들은 굶주림을 이기지 못하고 제 먹을 것을 찾아 떠났나이다."

"……."

"군사가 없으니 군선을 돌볼 수가 없고, 또한 병기마저 정비할 겨를이 없어 오늘의 수군은 그저 하루하루를 상황에 맞추어 지내는 실정입니다."

어이가 없었다. 아니 기가 막혔다.

"그렇다면 대체 이 40만 대군은 다 무엇이오? 여기 이 명부에는 이름까지 버젓이 올라 있지 않소?"

"그것은 다만 이름뿐입니다."

"어허. 그럼 이 이름들은 지워져 있어야 하지 않소?"

"모르시는 말씀입니다. 그 명단이 있어야 매해 그 분량만큼의 군량을 받는 것이고, 아뢰옵기 황공하오나 그것이 바로 이곳에 부임하시는 통제사마다 마음에 두고 있는 수군본전(水軍本錢)이옵니다."

"수−군−본−전?"

"그러하옵니다."

수군본전. 바로 이 이유였던가! 이곳에 부임하려 했던 자들은 모두 이를 알고 있었던 것이다. 사람은 없는데 이름만 올라 있는 인명부. 이 숫자대로 군량을 받으면 40만 냥 정도가 된다.

이 가운데 군사 몇 천의 봉급은 몇 만 냥이 고작이고, 또 이 지방 진상품으로 부채를 만들어 올리는 금액 역시 얼마 되지 않는다. 나머지 30만 냥에 해당하는 돈을 모두 통제사가 착복하는 것이다. 또 착복한 돈으로 계속해서 뇌물을 바치고 있으니······. 이윤경은 눈앞이 아찔했다.

"아… 알겠소. 그만 물러가시오."

만호가 떠난 그 자리에 석양이 비추었다. 바로 곁에 서 있는 은사시나무의 그림자가 마당에 길게 깔렸고 이 흔들리는 그림자가 어쩐지 자신을 비롯한 고관들을 비웃는 것처럼 느껴졌다.

이윤경은 일어서서 북쪽을 향해 절을 올렸다. 이윤경은 굳게 결심하였다.

'내 반드시 이를 바로잡으리라!'

그해부터 이윤경은 조정 대신들에게 아무것도 보내지 않았다. 다만 나라에 진상하는 부채만이 이 지방 밖으로 나갔을 뿐이었다. 통영에는 차츰 돈이 쌓이기 시작했고, 통제사는 이를 가지고 흩어진 군사들을 다시 모았다. 또 낡은 군선을 수리하고 병기를 다시 정비하기에 여념이 없었다.

"바다는 이 나라를 지키는 최전선이니라. 바다를 소홀히 하면 저 흉악한 왜적들에게 큰 변을 당할 것이다."

삼도 수군 본영을 두루 돌며 이것저것 지시하다 보면 금방 하루해가 저물곤 했다. 아침인가 싶으면 어느덧 밤이었고, 밤바람을 맞이하다 보면 어느새 술시(저녁 9시~11시)가 되어 저녁상을 술시에 받는 일이 자주 있었다. 이를 두고 관노들은 '술시 통제가'라는 은어까지 만들 정도였다.

이윤경의 건강을 염려한 만호가 아뢰었다.

"옥체를 보존하소서. 이곳 밤바람은 매섭습니다. 이 가을을 온전히 지내셔야 다시 힘을 쓰실 것이 아닙니까?"

"아니 될 말이오. 이럴수록 다 같이 힘을 모아야 하오. 상하가 한마음이 되어야만 일이 성사되는 것이오."

이런 이윤경이다 보니 백성들의 지지가 대단했다.

그러던 어느 해 이윤경에게 큰 고민이 생겼다. 이 지방의 농사가

두 해째 연이어 흉작이 되었다. 설마 했던 것이 가을 추수가 끝나고 나니 여실히 드러나, 늦가을인데도 사람들은 여기저기에서 굶주림을 이기지 못해 쓰러졌다.

이윤경은 한 도의 통치자가 되어 이들의 아픔을 모른 체할 수 없었다. 그대로 방치하면 백성들이 먹을 것을 찾아 다른 곳으로 가버릴 것은 자명한 사실이요, 백성을 구하자니 달리 수가 있는 것도 아니었다. 게다가 통영에는 군사를 모으고 군선을 수리하느라 여윳돈이 없었다. 다만 남아 있는 돈은 내년 여름, 나라에 진상품으로 바칠 부채를 만들 비용뿐이었다. 참으로 난감했다.

순간 이윤경의 눈빛이 반짝였다.

'그래! 부채값!'

부채값이 남아 있었다. 부채 만들 비용 2만 5천 냥을 백성들에게 쓴다면 내년 봄까지는 연명할 수 있지 않은가!

그러나 진상품을 올리는 것은 어명이었다. 이를 어길 때 자신에게 오는 해를 생각해야만 했다. 그렇지만 차가운 늦가을 바람을 타고 들려오는 저 백성들의 신음소리를 어찌 모른 체할 수 있겠는가!

다음날 새벽.

이윤경은 막료들이 미처 등원하기도 전에 명령을 내렸다.

"듣거라. 지금 바로 원문 밖과 통영 앞에 가마솥을 있는 대로 다 내다 걸고 밥을 짓도록 하라. 그리고 굶주린 백성들이 모두 와서 먹게 하여라."

이때 등원하던 관료들이 황급히 엎드려 이 일의 부당함을 아뢰었다.

"아니 되옵니다. 백성들을 헤아리시는 마음은 하늘이 감복할 일이나 진상할 대금을 모조리 탕진하심은 통제사님께 해가 되옵니다. 부디 목민(牧民)하심은 뒤로 미루시옵소서.”

모두들 진심으로 이윤경을 위하는 충절 어린 마음이었다. 그러나 이윤경의 대답은 간단했다.

“백성들이 살아야 하느니라. 백성들이 나라의 근본이니라.”

“…….”

“만일 이로 인해 무슨 변고가 생긴다면 다 내가 책임지겠다. 이후 너희들은 백성의 고달픔을 생각하여 보살피는 데 한 치의 오차도 없게 하여라.”

한동안 침묵이 흘렀다.

선정을 베풀고자 하는 자와 이를 부득이 말리는 자. 그러나 마음만은 하나였다. 관료들은 그만 울먹였고, 이윤경은 한동안 먼 곳을 바라보다가 관헌 마루로 올라갔다. 그리고 마음을 가다듬어 붓을 잡았다.

장계를 올리는 것이었다.

‘……부채는 한여름에 잠시 소용되는 물건이옵니다. 이 물건이 없어도 큰 낭패는 없사오나 부채를 만들 돈으로 굶주린 백성을 구한다면 수만 명의 백성이 기아에서 해방될 것입니다. 이에 감히 진상을 폐하고 인명을 구제키로 하였사오니, 부디 통촉하여 주시옵소서.’

이 장계가 조정에 올라가자 조정은 벌집을 건드려놓은 것처럼 들끓기 시작했다. 수군통제사 자리를 놓고 오래 전부터 이를 갈던 자들이 이 문제를 들고 일어선 것이다. 그 자리에 도임하는 것부터가 마음에 들지 않던 놈이 안하무인격으로 진상품을 올리지 않는다 하니 그야말로 눈엣가시였다.

'이놈. 어디 두고 봐라.'

이윤경을 두고 쌓였던 분노가 드디어 터진 것이다.

"대감. 이런 변이 다 있습니까? 저 방자한 놈이 조정을 업신여기고 제 마음대로 행동하고 있지 않습니까!"

"그러게 말이오. 국법을 어찌 보고 이런 방자한 짓을……."

대신들은 만나기만 하면 공론을 만들기에 급급했다. 일단 공론이 만들어져야 어전에서 주청하기가 쉬운 것이다. 또 몇몇 뜻이 맞는 자들은 그들 나름대로 역할 분담도 했다.

이윽고 어느 정도의 여론이 형성되자 그들은 명종 앞에 나아가 주청하였다.

"상감마마, 아뢰옵기 황공하오나 이번 수군통제사 이윤경의 조치는 부당한 것으로 아옵니다. 이윤경은 백성을 이용하여 나라에 불충을 저질렀을 뿐 아니라 막대한 수군본전을 사사로이 탕진한다 하옵니다. 속히 잡아들여 국문하심이 옳은 줄로 아옵니다. 굽어 살피시옵소서!"

"그러하옵니다. 만일 이를 묵과하시면 지방 수령들의 관기가 문란해질 것이 틀림없습니다. 심지어 그 해가 조정에까지 미칠까 염려되옵니다."

"그러하옵니다. 마마!"

그러나 명종은 이들의 말을 들으며 오히려 빙그레 웃었다. 명종은 이윤경의 인간 됨됨이를 믿고 있었던 것이다. 처음 이윤경에게 통제사의 자리를 내릴 때도 의견이 분분했지만 명종은 이를 과감히 물리쳤다. 그리고 지금 주청하고 있는 이들은 그 옛날 통제사의 자리를 두고 집착을 보였던 자들이 아닌가!

"알겠소. 경들의 뜻이 그러하다면 내 윤허를 내려야 하지요. 하지만 잠시 더 기다려봅시다. 일의 본말을 알아야 하지 않겠소?"

조회를 수습한 명종은 내전으로 들어가 한참 동안 심사숙고하다가 곧 선전관을 불렀다.

"그대는 눈에 안 띄게 통제사에게 명하여 조정에 3천 냥을 올리겠다는 칙서를 쓰라 하시오. 될 수 있는 한 오늘 대신들의 주청 내용을 상세히 알리고 이 길이 조정의 소란을 막는 방법임을 잘 전달하시오!"

뜻밖이었다. 대신들의 아우성을 뒤로 하고 오히려 이윤경에게 온정을 베푸는 것이었다.

선전관은 곧 집으로 돌아와 다급한 내용을 구구절절이 쓰고 급히 통영으로 사람을 보냈다. 그렇지만 그 역시 이윤경의 사람됨을 잘 알고 있는지라 불안하기 짝이 없었다. 대쪽 같은 이윤경이 이런 청을 들어줄 리 없다는 불안이 머릿속에서 떠나지 않는 것이었다.

아니나 다를까? 십여 일 후 그가 받은 내용은 자신의 추측대로였다.

'보시오. 신하로서 임금에게 사사로이 돈을 바치는 일은 동서고금에 없던 것으로 아오. 설령 주상께서 그런 분부를 하셨다고 해도, 신하된 도리로 마땅히 불가함을 아뢰었어야 하지 않겠소? 그런데 이를 간하지 못하고 오히려 내게 기별을 주심이 심히 섭섭하외다.'

이윤경은 이 또한 응하지 않았던 것이다.

옳은 것을 옳다고 말하는 사람, 그른 것을 그르다고 말하는 사람이 이윤경이었다.

당시 명부에 올랐으나 실제로는 없는 자들에 대한 공금횡령을 두고 많은 대신들이 눈감아주었다. 이 차이는 빼먹어도 된다고 보았고, 관행으로 굳어진 일이었다. 하지만 이윤경은 이 폐습을 과감히 거부하였다.

윗물이 맑아야 아랫물이 맑다는 것은 동서고금 어느 역사에나 확연히 드러나 있다. 그러나 여기에서 간과할 수 없는 사실은 윗물만 탓하며 불평만 일삼는 자들 사이에서, 이를 따르지 않고 묵묵히 제 할 일을 하는 자 또한 존재한다는 것이다.

붕당의 싹 이조전랑 벼슬

조선조 14대 임금인 선조 8년의 일이다.

공무를 논하기 위해 아침 일찍 영의정 윤원형의 집으로 발걸음을 재촉한 심의겸의 심기는 몹시 불편하였다.

'이미 청지기가 알렸을 터인데 아직도 일어나지 않다니…….'

한참을 마당에서 서성거려도 윤원형의 모습은 보이지 않았다. 마음 같아서는 당장이라도 되돌아가고 싶었다. 하지만 자신의 직책은 의정부 사인이 아닌가.

의정부 사인은 국가 정사를 논하는 곳의 정4품 벼슬로 자연 정승들과 교류가 많은 직위였다. 때때로 뜻이 통하는 자를 만나 이야기할 수 있어 즐겁기도 했지만, 자신이 싫어하는 자의 부름에 응할 때는 직책에 대한 회의가 들기도 했다.

이날이 바로 후자와 같은 경우였다. 윤원형은 문정왕후의 친동생으로 을사사화를 일으켜 윤임 등 선비 세력들을 제거한 뒤 스스로 공신의 지위에 올라 오랜 세월 동안 세도를 부리고 있는 자였다.

'대체 이자의 세도는 언제나 끝이 날 것인가! 하늘도 무심하시지!'

생각할수록 답답한 노릇이었다. 유림의 많은 학자들이 조정에서 등을 돌리는 것도 어찌 보면 이런 자 때문이 아닌가!'

"휴!"

한숨이 절로 나왔다. 현재 자신의 힘으로는 어쩔 수 없는 일이었다. 아니, 자신은 그의 부름에 허겁지겁 달려와야 하는 위치일 뿐이었다. 심의겸은 답답한 마음에 흐린 하늘을 막연히 올려다보았다. 이때였다.

"아니? 사인님 아니십니까!"

마당을 지나가다 그를 보고 한걸음에 달려와 반갑게 맞이하는 자가 있었다. 윤원형의 사위인 이조민이었다. 이조민과는 전부터 아는 사이였다.

"어쩐 일이십니까? 이렇게 아침 일찍 오시다니요?"

"부르심이 있으셨네."

심의겸은 담담히 말했다. 자신의 기분을 말로 표현하자니 얼굴이 일그러질 것 같았고. 반가이 맞이하자니 내키지가 않았다. 이조민은 그 심정을 다 안다는 듯 빙긋이 웃었다.

"어른께서는 아직도 한밤중이십니다. 자, 그리 서 계시지 말고 일단 제 서실에라도 드시지요."

이조민은 손을 잡아끌었다. 심의겸은 피곤하기도 하고 친절을 박정하게 뿌리칠 수 없어 그가 하자는 대로 따라 들어갔다.

서실은 작았지만 아늑했다. 방 전체에 은은한 묵향 내음이 배어 있었고, 한쪽 벽에는 많은 책들이 정갈하게 놓여 있었다. 그런데 이상하게도 다른 한쪽 벽에 비단 이불 한 채가 놓여 있었다.

"아니? 여보게. 서실에 웬 침구가 있는가?"

심의겸은 짐짓 놀라는 체하며 이조민을 돌아보았다.

"아, 저것 말씀이옵니까? 저것은 건천동에 사는 김효원의 침구이옵니다."

대수롭지 않다는 말투였다.

"김효원?"

"사인께서도 김효원을 아십니까?"

"김효원이라면 요즘 선비들 사이에서 총명하고, 신의가 있다고 칭송이 자자한 사람이 아닌가?"

"맞습니다. 효원이 자주 들르기에 아예 여기에다가 침구를 놓고 그의 잠자리를 만들어 놓은 것입니다."

"……."

심의겸은 입을 다물었다. 자신이 듣기로 김효원은 강직했던 김종직의 학풍을 이어받은 사림의 선비였다. 그런 선비가 세도 재상의 집에 뻔질나게 드나들다니…….

"왜…… 그러시옵니까?"

이조민은 의아해 하는 눈길로 심의겸을 바라보았다. 심의겸은 곧 표정을 바꾸었다.

"아, 아닐세. 내가 좀 피곤해서 그런 거라네."

"그러시옵니까? 그럼 저는 나가 있을 터이니 좀 쉬고 계시지요."

이조민은 알았다는 듯이 몇 번 고개를 끄덕이더니 이내 밖으로 나갔다. 그런 뒷모습을 어색한 웃음으로 지켜보던 심의겸은 다시 침구를 바라보며 혀를 찼다.

'쯧쯧. 김효원이라는 자, 정말 몹쓸 소인배로구나! 아무리 세도가에 아첨을 일삼아도 그렇지 아예 침구를 내줄 정도로 붙어살다니! 그렇게 비겁하게 살아서 벼슬길에 오르면 대체 무엇이 될꼬! 내 이자가 조정에 나오면 결코 요직을 주지 않게 하리라!

심의겸은 그때 이런 결심을 하였다.

그 후 김효원은 수학에 힘쓴 결과 과거에 장원 급제하여 벼슬길에 올랐다. 김효원의 장원 급제는 심의겸이 생각했던 것처럼 비열한 것이 아니었다. 김효원은 본디 성품이 착했고, 타인에게 나쁜 소리 듣는 것을 무척 경계하는 선비였다. 또한 마음이 넓었으며 뜻한 바가 있으면 굽히지 않고 강하게 밀고 나가는 의지가 강한 자였다.

이런 자가 조정에 들어섰으니 늘 새로운 인재를 기다리던 대신들은 김효원의 신선함과 넓은 마음에 찬사를 보냈다. 자연히 덕망은 날로 높아졌고, 더불어 벼슬도 탄탄대로였다.

이럴 즈음 때마침 이조전랑 자리가 비게 되었다. 이조전랑이란 정5품 벼슬로 비록 낮은 직책이지만, 내외 관직에 알맞은 인재를 추천하는 등 중요한 일을 하는 자리였다. 따라서 이 자리에는 당시 명망 있고, 생각이 깊은 자를 임명했다.

전임자는 이 자리에서 물러나면서 김효원을 추천하였다. 이에 조정 대신들은 흔쾌히 동의하였다. 그러나 심의겸은 강력히 반대 의사를 밝혔다.

"내 전에 일이 있어 한 세도가의 집에 간 일이 있소이다. 그때 서실에 들어가 잠깐 쉬었는데, 그곳에 김효원의 이불이 있소이다. 벼슬을 얻고자 세도가의 문지방을 뻔질나게 드나들던 자를 어찌 믿고 이 자리를 맡기려 하시는 게요?"

뜻밖이었다. 대소신료들은 아연실색했다. 당연히 논의는 원점으로 돌아갔고 김효원은 한순간에 천박하고 야비한 인간으로 전락하였다.

김효원은 창피하기도 했지만 창피함보다도 심의겸에 대한 분노가 더 컸다.

'내 사적인 친분관계로 왕래를 했건만⋯⋯.'

이날 이후 그는 건천동 자신의 집에 틀어박혀 꼼짝도 하지 않았다. 하지만 날마다 그를 따르는 신진 유학자들이 대문을 두드렸고, 심지어는 몇몇 대신들도 그를 위로했다.

그러던 어느 날, 조정에 진출한 신진 사류들이 김효원 집에 몰려와 술판을 벌였다. 많은 위로의 말과 함께 술잔이 김효원에게 전해졌다.

취하고 싶었다. 김효원은 그저 주는 대로 마셨다. 그러나 마실수록 치욕은 더욱 생생히 떠올랐다.

"이보시오, 벗님네들! 술은 취하라고 있는 법이거늘 내 그만큼 마셨는데도 취하지 않는구려!"

말을 마친 김효원은 고개를 푹 떨구었다. 그러자 한 친구가 안타까운 눈으로 김효원을 쳐다보며 말했다.

"이보게, 너무 상심 말게. 우리가 있지 않은가!"

"⋯⋯."

"우리는 자네를 잘 아네. 그리고 이조참의 심의겸의 마음이 좁다는 것도 다 알고 있다네."

"⋯⋯."

"그렇다네. 따지고 보면 심대감 역시 인순대비의 동생이니 외척이 아닌가? 외척으로서 국정의 일을 지나치게 간섭하니 그 또한 꼴불견이지!"

다른 친구가 말했다. 그리고 자신의 술잔을 단숨에 비우고 잔을 돌렸다.

"자네도 심대감의 속이 좁다고 보는가?"

한참 고개를 숙이고 있던 김효원이 곁에 앉아 있는 다른 친구에게 물었다. 그런 김효원의 눈빛이 처연했다.

"그렇다네. 나 역시 그렇게 생각하네. 어찌 한 나라의 대신이라는 자가 과거의 허물을 들어 참된 인재의 앞길을 막아버린단 말인가! 이는 소인배나 하는 짓이 아닌가."

"나 역시 그렇게 생각하네."

"그럼!"

"이보게. 이젠 그 생각에서 벗어나게! 자꾸 생각한다고 득 될 것이 있겠는가? 앞일을 생각하게!"

모두들 이구동성이었다. 이를 묵묵히 듣고 있던 김효원은 씁쓸한 표정으로 입을 열었다.

"……심대감이라는 자, 진실로 부족한 사람일세. 그래…… 내 오늘부터 이 일을 잊겠네. 자네들 말씀대로 앞일을 생각해야지. 암! 앞일을 생각해야지."

한 순간의 풍파가 지나간 뒤였다. 비록 이조전랑 자리에 오르지 않았어도 이날 이후 김효원은 공무를 처리하는 데 있어 더욱 열과 성을 다했다. 지난 사건 후 오히려 더 강건해진 모습이었다. 그러나 김효원은 사적인 모임에 나갈 때마다 심의겸을 탓했다.

"심대감은 마음이 어리석고 기운이 거칠어 크게 쓸 수 없는 사람입니다."

이런 김효원의 이야기에 맞장구를 치는 사람들은 대체로 신진 사류였다. 이들은 강건하고 일단 뜻이 서면 거침없는 자세로 밀고 나가는 김효원을 좋아했다. 또 타인을 위하는 마음이 남다른 김효원을 따르다 보니 자연 심의겸에 대한 배척심이 강해졌다. 외척인 심의겸의 처사를 못마땅하게 여기는 일부 원로들도 김효원을 두텁게 신임하였다.

하지만 심의겸과 뜻을 같이하는 대신들에게 있어 김효원의 무리는 분명 눈엣가시 같은 존재였다.

"김효원이 분명 원한을 품은 게야!"

"맞네! 조정의 후배가 선배를 두고 비아냥거리고 다니는 저 꼴을 어찌 선비의 모습이라고 할 것인가?"

"참으로 어리석은 자로군! 이는 군자의 기본 도리도 모르는 행위가 아닌가!"

심의겸을 따르는 자들, 김효원을 인정하는 자들 사이에 서로를 배척하는 기운이 눈에 띄게 드러나기 시작했다.

이러는 가운데 세월은 흘러 다시 이조전랑 자리가 비게 되었다. 이때 김효원은 그동안의 공적을 인정받아 심의겸의 주청을 물리치고 당당히 이 자리에 앉게 되었다.

이조전랑 자리.

김효원에게 있어 이 자리는 호랑이에게 날개를 달아주는 격이었다. 진작부터 인정받았던 자가 자신의 소견을 피력할 수 있는 자리에 오른 것이다.

전랑이 된 김효원은 더욱 뛰어난 일처리 능력을 발휘했다. 학덕과 인품이 뛰어난 자를 발탁했으며, 사람의 참됨을 보고 추천했다. 그러하니 뽑힌 사람도, 이를 지켜보는 대신들도 흡족한 마음으로 김효원을 바라보았다.

몇 년이 지나 김효원은 다른 자리로 승급할 기회를 맞게 되었다.

당연히 이조전랑의 자리를 놓고 추천이 활발하게 오갔다. 이 추천 과정에 심의겸의 아우인 심충겸이 물망에 올랐다. 그러나 이를 간과할 김효원이 아니었다.

"외척의 정치 참여는 족벌체제를 견고히 하게 되어 나라를 혼란에 빠뜨립니다!"

김효원의 이 주장은 신진 사류의 뜻이기도 했다. 김효원의 발언은 많은 신하들의 호응을 얻었다. 신진 사류의 호응을 등에 업은 김효원은 이 의견을 들고 나와 정면으로 심의겸과 맞섰다.

결국 심충겸은 이조전랑에 오르지 못했다. 일이 이쯤 되자 심의겸의 분노는 대단했다.

"천하에 몰지각한 놈! 외척이라고 다 같은 외척이란 말인가! 아무리 외척이라 한들 지난날 원흉가의 세도에 빌붙어 산 놈보다야 우리가 낫지 않은가! 또한 지난날 나와 관련된 것이면 나로서 끝을 맺어야지, 어찌 이를 두고두고 마음에 담고 있단 말인가! 비열한 소인배로다!"

심의겸의 노기 충천에 구세력의 동조도 이만저만이 아니었다. 그들은 하나같이 김효원의 무리를 공격하고 나섰다. 사사로운 자리건 공적인 자리건 그저 모이기만 하면 핏대를 올렸다.

김효원의 세력도 예외는 아니었다. 이들 역시 심의겸이 외척이라는 점과 인재 등용에 편견을 두는 점, 또 성품이 협소하다고 반박했다. 대립은 갈수록 심해져 어제 담소하던 대신들이 오늘의 적이 되었다.

심의겸의 집이 서울 서편에 있어 여기에 모이는 부류들을 서인(西人)이라 칭했고, 또 김효원의 집이 서울 동편에 있는 고로 동인(東人)이라 부르게 되었다.

서로 물고 물리는 논쟁은 끝이 없었다. 이들의 분쟁이 갈수록 심해지자 당시 양편 어디에도 속하지 않았던 이이는 심의겸은 개성 유수로 보내고 김효원은 삼척 부사로 보내자는 의견을 내놓았다. 분당의 핵심이었던 이들을 서로 떼어놓으면 논쟁이 가라앉으리라 본 것이었다.

하지만 이미 골이 깊어질 대로 깊어진 조정 대신들이었다. 이들의 대립은 더욱 거세지기만 하였다. 오히려 이이를 두고, 서인과 동인 모두 비판의 목소리를 높였다.

"이이는 서인 편이오. 그렇지 않다면 친분이 두터운 우리를 두고 저렇게 방관하고 있을 리가 만무하오."

"그는 동인 편에 있소이다. 천하에 어찌 두 가지 다 옳고, 두 가지 다 그르다고 할 수 있겠소."

그러나 이이는 이에 동조하지 않고 의연히 자리를 지키다가 선조 18년에 세상을 떠났다. 이이의 죽음으로 그러잖아도 어지럽던 조정에 먹구름이 드리워졌다.

곧 당직개편이 이루어졌고, 동인들이 급격히 부상하였다. 이들의 부상은 곧 서인의 몰락이었다. 동인들은 곧 서인의 핵심인 심의겸을 축출하고 서인들을 차례로 귀양길에 오르게 했다.

이 과정에서 서인들에게 다소나마 정을 베풀자는 이들과 아예 씨를 말려버리자는 이들 사이에 대립이 생기기 시작했다. 이른바 강경파와 온건파의 등장이다. 강경파의 실질적인 핵은 이발이라는 자로 서울 북악산 아래에 살았고 온건파의 실질적인 영수는 우성전으로 남산 아래에서 살았다. 따라서 이 지역을 따 북인(北人)과 남인(南人)이 생겨났다.

한 채의 비단 이불이 부른 비극!

이는 동인과 서인의 분당뿐만 아니라 동인들 중에서 남인과 북인으로, 그 후 다시 세세히 갈라지는 여러 세력들을 낳게 되었다.

사실 심의겸과 김효원은 둘 다 곧은 성격을 가진 자였다. 다만 이들이 성격이 너무 곧고 강직했기에 사소한 일조차 그냥 보아 넘기지 않았던 것이다.

그러나 이 사소함이 후대에 몰고 온 폐단은 어떠했는가! 수많은 분열과 논쟁을 만들었고, 조선조 수백 년의 국가 정치를 험한 파도 속으로 밀어 넣었다.

 붕당정치

네 차례의 사화에도 불구하고 서인과 향약을 바탕으로 향촌에 뿌리를 내렸던 사림들은 그 세력을 확장하여 16세기 후반에는 중앙 정계에서 주도권을 장악하였다. 이에 따라 정치에 참여하려는 양반의 수는 점점 많아지는데 반해 관직과 경제적 특권은 한정되어 있어 양반 상호 간의 대립과 반목이 발생하였다.

선조 때 이조전랑의 자리를 놓고 사림이 동인과 서인으로 갈라졌고, 선조 18년 당직 개편으로 부상한 동인이 서인 정철의 논죄 문제에 의견을 달리해 북인과 남인으로 나뉘었다.

학문과 이념의 차이에서 출발한 붕당 정치는 처음에는 정치 활성화에 기여했으나, 자기 당파의 이익만 앞세우며 이념보다는 학벌, 문벌 위주로 정사를 펼쳐 국가 발전에 걸림돌이 되었다.

영상, 제발 나를
버리지 말아주시오

조선 왕조 역사상 그 서슬 퍼런 궁궐에 가마를 탄 채로 옥좌(玉座) 앞뜰까지 들어간 사람이 있다. 일반 신하들의 경우 대궐 밖까지만 가마가 허용되었다. 그러나 그 사람만은 의젓하게 궁궐 안으로 가마를 밀어 넣었다. 아니, 점입가경으로 그가 궁궐에 들어오면 임금은 내시들을 뜰 아래까지 내려보내 그의 양팔을 부축하여 들어오게까지 하였다. 일개 신하에 대한 왕의 총애가 하늘 끝까지 닿아 있었던 것이다.

오리(梧里) 이원익

이원익이라는 이름보다도 '오리'라는 호가 더 많이 알려진 사람이다. 그는 명종 때 과거에 급제한 후 선조를 거쳐 광해군과 인조 임금 때까지 3대에 걸쳐 정승직에 있으면서 왕의 총애를 받았다.

일설에 의하면 그의 키는 타인보다 유난히 작은 3자 3치였다고 한다. 이 수치라면 1m를 조금 넘는 키이다. 따라서 사람들은 그를 두고 '키 작은 대감'이라고 칭하기도 했다.

이원익이 젊었을 때의 일이다.

하루는 그가 한 치쯤 되는 나막신을 신고 관상을 보러 갔다. 사람들은 별 쓸모없는 짓을 다 한다고 비아냥거렸지만 그는 묵묵히 관상쟁이와 대면했다. 관상쟁이는 그의 모습을 보는 순간 한숨을 크게 내쉬며 말했다.

"참으로 아깝소이다. 키가 한 치만 더 작았더라면 일인지하 만인지상의 위치에 오를 관상이외다."

관상쟁이는 못내 아쉬운 표정으로 오랫동안 이원익의 얼굴을 바라보았다. 이를 지켜보던 이원익은 빙그레 웃으며 자신이 신고 있던 나막신을 벗어 보였다.

"아니! 이럴 수가?"

관상쟁이는 그만 소스라치게 놀라며 그 자리에 부복하였다. 그도 그럴 것이 이원익이 나막신을 벗자 본래 1m 정도밖에 되지 않는 그의 키가 그대로 드러난 것이다.

"황공하여이다. 이 나라를 이끌어가실 정승을 소인이 그만 몰라 뵈었습니다."

관상쟁이의 극찬을 들으면서도 이원익은 담담히 웃고 있었다. 관상쟁이의 말대로 이원익 또한 정승의 자리에 오를 것을 예견하고 있었을까.

명종 19년 이원익은 생원시에 합격한 후 벼슬길에 올랐지만 관상쟁이가 예언한 승진의 길은 쉽사리 열리지 않았다. 이원익이 처음 맡은 벼슬은 외교문서를 담당하는 승정원이었다.

승정원이 워낙 공적인 일로만 사람을 대하는 곳이었고, 그 자신의 성격 또한 대인 접촉을 좋아하지 않는 편이어서 그의 벼슬은 진척 없이 그 자리에 머물러 있었다. 게다가 설상가상으로 병마가 찾아와 이 벼슬마저 버리고 병석에 누워야 했다. 병도 아주 중한 병이어서 가난한 그의 살림으로는 도무지 손 쓸 도리가 없었다.

이런 그를 사지에서 구해준 사람은 이준경이었다.

당시 명종은 널리 인재를 구하고 있었고, 때에 따라서는 시골의 촌부라 할지라도 그 인물이 뛰어난 자는 등용하여 알맞은 자리를 주었다. 임금이 이러하니 신하들 역시 훌륭한 인물을 추천하는 데 거리낌이 없었다.

하루는 이준경이 명종 앞에 나아가 아뢰었다.

"전하, 신에게 천거할 사람이 한 명 있사옵니다. 그 사람은 분명 장래 큰일을 할 사람이오나…… 아뢰옵기 황공하옵게도 몸이 무척 허약하옵니다."

이준경은 말미에 짙은 여운을 깔면서 말을 마쳤다. 그러자 명종은 곰곰이 생각하더니 잠시 후 잔잔히 웃으면서 입을 열었다.

"내 경의 뜻을 잘 알겠소. 경이 추천할 정도라면 분명 큰 그릇일 것인즉 그자의 병이 어느 정도인지나 말해 보시오."

명종의 옥음이 떨어지자 이준경은 난처한 기색을 보였다.

"그자의 병은 보통 방법으로는 치유가 될 수 없는 것으로 아옵니다. 신이 듣기로 강원도에서 나는 산삼 스무 근을 달여 먹어야 한다고 알고 있습니다. 하지만 워낙 가세가 빈궁하여 한 근도 취할 수가 없는 자이옵니다. 만일 전하께서 성은을 베푸신다면 후에 큰일을 할 인물이옵니다."

난처한 기색을 보이면서도 자신의 뜻을 차근차근 전달하는 이준경이었다. 이준경이 말을 마치자마자 더 생각할 필요도 없다는 듯이 명종은 일언지하에 명을 내렸다.

"알겠소. 그럼 내 그자에게 산삼 스무 근을 주리다."

이원익에게는 뜻밖의 구원이었다. 덕분에 이원익은 기력을 되찾아, 다시 벼슬길에 오르게 되었다. 그러자 명종은 이준경을 불러 그가 천거한 인물을 친히 접견하고자 하는 뜻을 전했다.

"성은이 망극하옵니다."

이준경은 곧 명종의 뜻을 이원익에게 전했고, 얼마 후 이원익은 임금 앞으로 나오게 되었다. 그러나 이원익의 모습을 보는 순간 명종은 눈살을 찌푸리고 말았다.

"아니 영상! 저런 오 척 단구의 난쟁이가 진정 영상이 추천한 인물이오?"

명종은 어이가 없었다. 늠름한 체구에 깊은 지식을 갖춘 자가 나타날 것으로 생각했던 것이다. 그런데 세 치 도포를 입고 앉아 있는 듯한 모습으로 서 있는 자라니…….

"허허! 산삼 스무 근만 버린 셈이군."

명종은 그만 쓴웃음을 짓고 편전을 떠났다.

명종의 쓴웃음. 그러나 산삼 스무 근의 위력은 대단한 것이었다. 이후 명종이 승하하고 선조가 등극한 뒤 이원익은 그의 청렴결백을 알아주던 유성룡에 의해 주요 직책을 맡게 되었다.

또 선조 20년(1587)에는 안주 목사가 되어 지방 수령직을 맡았다. 여기에서 그는 종래의 군병제도를 고쳐, 1년에 3개월씩 돌아가며 근무하던 것을 1년에 두 번씩으로 바꾸어 농민들의 편의를 도모하였다.

이 제도는 농민들의 열렬한 환영을 받았으며 조선 시대의 군병제도를 확립하는 계기를 마련하였다. 또한 이 지방 사람들에게 누에치기를 하는 법을 알려주기도 했는데, 이는 지방재원 확보에 큰 도움을 주어 사람들은 그를 두고 이공상(李公桑:이원익의 뽕나무)이라는 말까지 만들었다.

이로 인해 그의 공적은 널리 알려졌고, 그는 내직으로 들어와 각종 관서직을 역임하다가 임진왜란을 맞이하였다. 임진왜란은 나라를 온통 쑥밭으로 만들었고, 급기야 선조는 평양으로 몽진(蒙塵:임금이 난리를 피하여 다른 곳으로 옮기는 것)하게 되었다.

이때 산삼 스무 근의 위력이 더 한층 강하게 발휘되었다.

한양을 버리고 몽진 길을 떠나는 군신의 행렬을 보며 평양의 백성들은 심한 배신감을 느꼈다.

"저자들이 무슨 이 나라의 재상이라는 말이냐! 나라를 이 꼴로 만들어놓고 저희들끼리만 살고자 한다!"

굶주림과 고통으로 일그러진 백성들이었다. 이런 백성들에게 군신들의 도피 행각은 분노를 일으키기에 충분했다.

"저놈들이 나라를 망친 놈들이다. 가만 놔둘 수 없다!"

순한 양이었던 백성들이 한순간에 핏발 선 눈으로 몽둥이를 들고 몽진 행렬에 뛰어들었다. 그러자 군신들은 저마다 목숨을 지키기 위해 안전한 곳으로 피신하기에 여념이 없었다.

이때였다. 피신하던 군신들 틈에서 홀연히 이원익이 백성들 앞으로 나섰다. 순간 폭도로 변했던 백성들은 오 척 단구의 난쟁이가 자신들 앞에 우뚝 서 있는 것을 보고 걸음을 멈추었다.

"들으시오."

이원익의 한마디에 백성들은 조용해졌다. 이원익은 주위를 조용히 둘러보고는 말을 이었다.

"나는 호조판서 이원익이라 하오."

이원익이 자신의 관직과 이름을 밝히고 한 걸음 앞으로 나서자 백성들은 주춤주춤 뒤로 물러섰다. 주위는 술렁거렸고 대체 이원익이라는 사람이 누구냐는 질문이 여기저기에서 터져나왔다. 이때 한쪽에서 누군가가 큰소리로 외쳤다.

"맞다. 저분은 바로 그 키 작은 대감이시다."

이 말이 떨어지자 주위는 삽시간에 조용해졌다.

세 치 도포를 입고 다닌다는 키 작은 대감. 백성들은 그를 알고 있었던 것이다. 이원익이라는 이름보다는 키 작은 대감을. 백성들을 위하여 몸을 아끼지 않는다는 이원익이 백성들의 눈앞에 있었다.

이원익은 말문을 열었다.

"들으시오. 여러분의 심정은 이미 상감마마께서도 알고 계신 바 눈물로 나날을 보내고 계십니다. 나라 전체가 왜놈의 발아래 놓이게 되었고, 하루가 다르게 백성들의 신음소리가 커지고 있습니다. 이런 백성들의 고통은 그대로 상감마마의 가슴을 비수로 파헤치고도 남음입니다. 그러나 한양마저도 경각에 달렸으니, 그저 앉아서 왜놈의 칼을 받을 수는 없는 일입니다. 이 몽진 길은 나라를 버리고 가는 길이 아니라 훗날을 기약하기 위해 잠시 옮기는 길입니다. 부디 여러분은 상감마마의 진의를 헤아리고, 더 이상의 아픔을 주지 않도록 해주십시오. 또……"

이원익은 가슴 깊은 곳에서 올라오는 구구절절한 이야기를 백성들에게 전했다. 이에 백성들은 숙연해졌고, 하늘 높이 치켜들고 있던 몽둥이를 땅바닥에 내려놓고 흐르는 눈물을 닦았다. 참으로 난감했던 상황이 호전되어 참된 대화의 장으로 바뀌었다.

　오리 이원익. 그 이름만으로도 백성들의 심금을 울릴 수 있는 사람이었다. 또한 그의 청렴결백하고 강직한 성품은 군사들에게까지 잘 알려져 있어 그가 맡은 군사들은 언제나 죽음을 각오하고 그를 따랐다. 이를 두고 이순신은 이렇게 말할 정도였다.

　"군사들로 하여금 죽음을 잊게 하고, 설령 죽음에 처했어도 이를 웃으며 받아들이게 하는 자는 진정 이원익 대감뿐이다."

　이런 이원익의 덕망은 7년 동안 끌어왔던 임진왜란이 끝나고도 계속 이어졌다.

　임진왜란이 끝난 1608년 조선조 15대 임금 광해군의 즉위가 있었다. 이때 이원익은 안평 부원군(부원군은 정1품 벼슬로 조선조 왕비의 친아버지나 공신에게 주는 작호임)에 올라 상하의 신임을 한 몸에 받고 있었다. 광해군에게 이런 이원익은 없어서는 안 될 존재였다. 이원익은 곧 영의정이 되어 국정을 돌보게 되었고, 이때 대동법을 실시하게 되었다.

　대동법이란 백성들이 여러 가지 현물로 바치던 공물을 곡식이나 포목 또는 돈으로 환산하여 바치게 한 법령으로, 이 법의 실시로 지방 관리들의 농간을 막게 되어 나라 재정이 튼튼해졌다.

　그러나 한치 앞을 내다볼 수 없는 것이 사람의 일이다. 나라의 부강에 큰 뜻을 두고 국정에 온 힘을 쏟던 광해군이 당쟁에 말려들어 자신의 형인 임해군과 영창대군을 죽이고, 자신의 뜻에 반대하던 인목대비 또한 폐위시키려 하였다.

　이때 이원익은 이를 극구 반대하였고, 결국 광해군의 노여움을 사서 귀양길에 오르게 되었다. 이원익은 한마디 불평도 없이 자신의 불충만을 생각하며 눈물 흘렸다 한다. 인륜으로는 생각도 할 수 없는 일을 간신배의 농간에 의해 저지른 임금에 대해 당연히 분노할 만하지만 그는 역시 만고불변의 충신이었다.

귀양살이를 하면서도 이원익의 태도는 만인의 귀감이 되었다. 워낙이 천성이 부지런한 탓도 있지만 낮에는 논밭에 나가 일하였고, 어두워지면 돌아와서 돗자리를 만들었다. 귀양살이라고는 하지만 한때 정승이었던 사람이 농민의 생활을 직접 몸으로 행하고 있는 것이다.

이를 두고 그를 알고 그를 아끼는 사람들은 대경실색하며 이원익을 나무랐다.

"대감, 이게 무슨 일이옵니까? 소일을 하시려면 책을 보시든지 바둑을 두시면 되지 이 무슨 돗자리입니까? 제발 그만두시고 마음을 편히 하십시오."

"……."

그러나 이원익은 아무 대꾸도 없이 돗자리 짜는 일에만 열중하였다.

"대감……."

그제야 이원익은 조용히 말문을 열었다.

"들으시오. 내가 글을 읽지 않는 것은 더 이상 읽어보았자 공자의 말씀을 실행에 옮기기 어려워서이고, 바둑을 두지 않음은 지금의 상황이 그렇게 한가롭지 않아서입니다."

나직하게 말을 했지만 뼈가 있는 대답이었다. 이원익의 말은 계속 이어졌다.

"또한 돗자리를 짜면 내게는 다섯 가지 이익이 생깁니다. 그 하나는 짜는 동안 잡념이 없어지는 것이고, 둘은 놀고먹는 백성이 되지 않는다는 것이지요. 셋째로는 쓸모없는 탐욕이 일지 않는다는 것이고 넷째는 실생활에 필요한 하나의 기술을 익히는 것, 그리고 다섯째로 는 누군가의 생활에 필요한 도구를 내 손으로 직접 만드는 즐거움이 지요.

"……."

이원익의 논리정연하고도 당당한 대답에 모두들 머리만 조아릴 뿐이었다. 상대방의 이런 모습을 보면서 이원익은 쓸쓸히 웃으며 다시 말했다.

"허나 지금 이 신선 같은 생활도 오래 못 가겠지요."

광폭한 정치를 펼쳤던 광해군은 결국 반정에 의해 인조에게 보위를 내주었고, 이원익은 귀양 생활에서 풀려나 인조의 부름을 받고 한양 으로 올라가게 되었다.

한양에 올라온 이원익은 임금이 계신 경청으로 가지 않고 감금되어 있는 광해군을 찾아가 그 앞에 꿇어 앉아 통곡하였다.

"전하, 원통하옵니다. 전에 소신의 말씀을 귀담아 들었으면 이런 화 근은 없었을 터인데 이제 앞길을 어찌 감당하려 하나이까?"

이원익의 한 맺힌 통곡에 광해군은 그저 눈물만 흘릴 뿐이었다.

자신을 귀양 보내 일생에 있어 소중한 세월을 척박한 땅에서 썩게 만든 임금이건만 이원익은 추호도 미워하는 마음을 갖지 않았다. 오 히려 다들 버린 임금을 남의 시선에는 아랑곳 않고 홀로 찾아가 슬픔 을 같이 나눈 것이다. 또 후에 광해군의 죄과를 논하면서 모두들 그 를 사형에 처하자고 할 때에도 이원익은 홀로 나서서 사형을 면하도 록 힘을 기울였다.

이런 충절을 지닌 이원익을 맞이할 수 있다는 것에 인조의 기쁨은 이루 말할 수 없었다. 이원익이 등청하자 인조는 용상에서 일어나 친히 그를 맞이한 후 바로 영의정에 제수하였다.

다시 새로운 임금 아래에서 영의정이었다. 그러나 영의정에 제수된 지 몇 해 지나지 않아 그의 나이가 팔순에 이르러 더 이상 공무를 보기가 힘들었다.

이원익은 수차례 임금께 사직 의사를 표했다. 그럴 때마다 인조는 더욱 이원익을 붙잡았다.

"등청하지 않아도 좋소. 그냥 집에서 몸조리나 하시면서 나라 일을 보살펴주시오. 영상, 제발 나를 버리지 말아주시오."

그러나 나이는 속일 수 없는 법이다. 이원익은 거동조차 불편한 몸이 되어서야 정계에서 물러났다. 17세에 조정과 인연을 맺은 후 실로 60년이 넘도록 정계의 파도를 타다가 전원생활로 돌아온 것이다. 그러나 말이 전원생활이었지 이원익의 살림은 말이 아니었다. 다 쓰러져가는 초가삼간이 그가 가진 재산의 전부였다.

40년이나 재상의 지위에 있으면서도 생활이 이러하였으니 그의 청렴결백은 다시 말해서 무엇 하리. 후에 인조는 대신들에게 이원익을 들어 교훈을 삼게 하였고, 이원익을 일컬어 '청백리'라 칭하였다.

청백리 오리 이원익

벼슬길에 들어섰을 때에는 그 직분에 맞게 청렴 강직하였고, 임진왜란 때에는 장수를 부리는 위엄 있는 모습을 드러냈다. 또한 난리 후에는 나라의 기틀을 잡는 데 주력하였으며, 귀양살이를 하는 동안에도 그 역시 백성들의 귀감이 되었다.

반정이 성공한 뒤 다시 정계에 복귀해서도 옛 임금에 대한 충성심을 그대로 드러내 만조백관의 모범을 보였으며, 은퇴 후에는 검소하게 살면서 참된 정치인의 모습을 보여주었다.

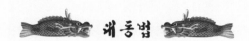
대동법

대동법 이전의 공납제는 정부가 품목별로 연간 수요량을 책정하여 각 고을 단위로 배정했던 방납이었다.

그러나 방납제는 농민의 생산 물량에 따른 과세가 아니어서 과세량에 무리가 있었고, 생산되지 않는 물품도 과세하였다. 또한 방납인들은 생산되는 물품까지도 대납하고, 농민들에게 고가의 부담을 요구하여 그 폐해가 극심했다.

이에 이원익의 건의로 대동법을 실시하여, 토지 결 수에 따라 쌀, 포목, 돈으로 납입하게 했다.

대동법 실시로 농민의 부담이 줄어들었고, 조세 금납화로 수공업 생산이 활발해져 공인(貢人)들이 등장하기 시작했다. 이 공인들이 자본을 축적함에 따라 상업 도시가 성장했고 이것은 농민층의 계층 분화로 새로운 사회 · 경제 질서를 만들어냈다.

나라를 빼앗기고
구차히 살아 무엇 하리

"저, 저런 미친 자를 봤나!"

"나 참, 미쳐도 곱게 미쳐야지 저건 또 무슨 꼴이람."

궁궐 안을 오가는 사람마다 혀를 차며 손가락질했다. 웬 사내가 거적을 깔고 앉아 몇 시간째 꼼짝도 안 하고 있었다. 그러나 누구 하나 선뜻 앞으로 나서며 그를 제지하지 않았다. 그가 깔고 앉아 있는 거적 바로 옆에 날선 도끼 한 자루가 햇빛을 받으며 번뜩이고 있었기 때문이다.

이 사실은 곧 어전으로 전해졌고, 임금은 노기충천하였다.

"뭐라고? 조헌이라고?"

"그러하옵니다. 여기 그자가 올린 상소가 있습니다."

상소문이 임금에게 올려졌다. 한참 상소를 읽던 임금은 그만 분을 못 참고 상소를 구겨서 옆으로 던졌다.

"이런 요사한 자를 봤나! 아니 그래, 이 나라가 어째서 풍전등화라 하고 여러 대신들을 간신배라 칭한단 말인가? 또한 일본 사신을 죽여 없애라니 타국과의 화친 문제를 두고 이렇게 망발할 수 있단 말인가!"

임금의 용안이 붉으락푸르락했다. 그러자 이 틈을 이용하여 동인 세력 한 명이 재빨리 말을 꺼냈다.

"전하, 아뢰옵기 황공하오나 조헌은 지난번에 정여립을 비난하며 돌아다니기도 하였습니다. 벼슬도 탐하지 아니하고 후학 지도에 성심을 다하는 정여립을 두고 장차 반역을 꾀할 것이라고 모함한 자이옵니다."

정여립은 일찍이 이율곡을 숭배하며 따라다닌 자이다. 심지어 이율곡을 두고 "익은 감이 공자라면 이율곡은 반쯤 익은 감이다."라고 치켜세우기까지 하였다. 하지만 이율곡이 죽자 오히려 말을 번복하여, "이율곡은 나라를 망치려는 소인배였다."라고 비난하였다.

그러나 이런 정여립의 행동은 붕당 정치로 조정이 시끄러운 상황에서는 큰 사건이 되지 않았다. 상대 정파를 헐뜯기에 혈안이 된 조정 대신들이라 자신의 정파에 득이 된다면 아무리 잘못된 일이라도 직언을 하지 않았다.

동인들은 이를 빌미로 조헌의 죄를 더하여 아예 눈앞에서 지워버리려고 하였다. 이 발언은 상당한 효과를 보았다.

"그래, 조헌은 그런 해괴한 언행까지 일삼는 자였지. 그냥 둘 수 없는 일이로다."

임금은 입술을 지그시 깨물었다.

조선조 22대 임금 선조 19년(1586), 이조전랑의 자리를 두고 사림이 동인과 서인으로 양분되면서 시작된 붕당 정치로 나라가 어수선하던 때였다.

조헌은 귀양길에 올랐다. 그가 궁궐에서 한 행동을 두고 연일 대신들이 벌하기를 간했고, 삼사에서도 이를 문제 삼아 상소하였기에 유배시키라는 어명이 떨어졌다.

마천령을 넘어 길주에 있는 영동역까지 조헌의 귀양길은 2천 리가 넘는 거리였다. 당시에는 역에 배치된 죄인들이 역관과 통하여 노비를 보내 대신 복역하게 하는 일을 다반사로 했다. 하지만 조헌은 이런 방법을 취하지 않았다.

"어명을 어기는 짓이다."

조헌은 스스로 그 긴 거리를 떠난 것이다. 자신의 판단에 의로운 일이 아니면 행하지 않았던 사람. 일단 결심했으면 목에 칼이 들어와도 꿋꿋이 소신대로 밀고 나가는 그에게 너무나 당연한 결정이었다.

그러나 그가 살았던 옥천에서 영동까지 귀양길의 고생은 이루 말할 수 없었다. 발이 부르트고, 피가 흘렀다. 설상가상으로 찌는 날씨에 염병까지 돌아, 같이 갔던 동생이 죽고 아들 또한 병에 걸려 사경을 헤맸다.

그렇지만 조헌은 한마디 불평이 없었다. 다만 가끔씩 북쪽 하늘을 바라보며 탄식하였다.

"지금 내가 편히 떠나 있으면 안 되는 것이거늘……."

귀양을 가면서도 조정을 생각하고 임금을 생각하는 것이다.

마천령을 넘어 영동역에 도착한 뒤에도 조헌의 나라 생각하는 마음은 식지 않았다. 이때 조정은 일본 도요토미 히데요시의 화친 교섭을 받아들여 통신사로 황윤길, 김성일을 보내려 하였다. 이를 전해들은 조헌은 바로 상소문을 작성하였다.

'······천부당만부당한 줄로 아뢰옵니다. 본디 일본은 교활한 나라로 이는 필시 우리를 업신여김이 분명합니다. 저들은 이를 빌미로 우리의 상황을 파악할 것이고 좋지 않은 곳에 이를 이용할 것입니다. 부디 저들의 간계에 빠져들지 마십시오.'

하지만 길주 관찰사가 상소문의 내용이 너무 심하다 하여 기각시켜 버렸다. 조헌의 유일한 언로가 막힌 셈이다.

이런 가운데 좋은 소식이 전해졌다. 정여립이 모반을 계획했다가 사전에 발각되어 자결했다는 것이다. 그러자 호남의 선비 양산숙 등이 상소문을 올렸다. 조헌에게 선견지명이 있었음을 호소하였고, 이에 선조는 조헌의 귀양을 풀어주었다.

조헌이 귀양살이에서 돌아왔을 때 일본에 갔던 통신가가 일본인 사신 겐소 등을 데리고 귀국했다.

이때 일본은 조선의 통신사에게 답서를 보냈는데, 그 내용이 겸손함과 방자함을 같이 지니고 있었다.

'일본국 관백은 조선 국왕 전하께 바칩니다. ······우리나라는 66주가 오랫동안 분리되어 있어 나라의 기강이 바로 서지 않았는데, 이제야 역적을 소탕하고 모든 인접국을 다스리게 되었습니다. ······이제는 대명국으로 건너가고 싶습니다. 귀국은 의리를 귀히 여겨 우리와 한 배를 탔으면 좋겠습니다.'

문장은 정중하나 내용은 방자한 것이었다. 이를 두고 조정에서는 날마다 갑론을박이 벌어졌다. 조선이 섬기는 명나라를 치자는 것이 어디 말이나 된단 말인가. 하지만 조선 조정은 이미 일본의 국력을 알고 있었기 때문에 섣불리 판단을 내리지 못하고 있었다.

조헌은 상소를 올려 일본 사신을 죽일 것을 간청했다.

'삼가 아뢰옵니다. 신이 천기를 보니 화성이 기성과 미성을 뚫고 남두성으로 들어간 지 10일 이상이나 지났고, 낭성이 또 빛을 발하니 모두 전쟁이 일어날 형상입니다. 이는 옛 책을 뒤져보아도 명백한 일입니다…… 삼가 아뢰건대 성상께서는 저 간사한 왜국 사신의 목을 쳐서 명나라에 바치고, 이웃 여러 나라와 힘을 합쳐 일본을 쳐야 합니다.……'

별자리를 보고 미래를 예측할 수 있는 능력을 가진 조헌이었다. 그러나 조헌의 상소는 조정에 도달되자마자 선조의 노여움을 샀다.

"이자가 진정 미치지 않았느냐! 지난번에도 이따위 글을 올렸다가 귀양을 갔으면서 아직도 정신을 못 차렸단 말인가. 실로 부끄러움을 모르는 자구나."

선조는 아예 그 자리에서 상소문을 불태우라고 지시했다.

"분명 이자가 다시 마천령을 넘고 싶은가 보다."

한편 상소문을 올리고 3일 동안 일의 진위를 기다리던 조헌은 이 이야기를 전해 듣고 분개하여 벽에 머리를 부딪치며 대성통곡하였다.

"주상에게 충신이 없는 것이다. 충신은 없고 간신만 있어 주상의 심기를 어지럽히고 있으니 이 아니 통곡할쏘냐."

계속 머리를 부딪치니 이마에 피가 맺혔다. 보다 못한 사람들이 이를 말리자 그는 한숨을 쉬며 말했다.

"내년에는 큰 난이 일어납니다. 모두들 그때서야 내 말을 생각하며 후회할 것이오."

이런 그의 모습은 누가 보아도 미친 것이 분명했다. 나라가 이백 년이나 태평성대를 이루어왔는데 전쟁은 생각도 할 수 없는 일이었다.

심지어 그가 섬겨왔던 숙부 조안현마저도 그를 나무랐다.

"듣자하니 요즘 네가 망령된 말로 사람들을 불안하게 만든다고 하는데, 이제 그만두도록 하여라."

조헌은 답답한 마음을 달랠 길이 없었다. 거의 매일 대둔산에 올라가 하늘을 보고, 풀밭에 엎드려 멍하니 있다가 눈물을 흘리곤 하였다.

그러던 어느 날 이곳을 지나다 조헌을 본 중들이 이를 괴이하게 여겨 그 까닭을 물었다.

"내년에 반드시 왜란이 일어납니다. 그때 내가 의병을 모집하여 왕을 모실 터이니 그때 나와 함께 나라를 구합시다."

참으로 어이없는 소리였다. 그러나 조헌의 말이 너무 비장해서 중들은 거짓으로 그렇게 한다고 대답하였다.

"이제야 내 동지를 만났구나."

조헌은 이내 탄식을 거두고 환히 웃었다.

해가 지나 선조 25년(1592)이 되었다.

별자리를 유심히 살펴보던 조헌은 주위 사람들에게 말했다.

"일본의 수뇌가 군사를 움직이려 한다. 곧 전쟁이 일어날 것이다. 공주로 피난할 터이니 모두들 나를 따라야 한다. 또 더 멀리 피난갈 사람은 강화의 마니산으로 피하라."

조헌이 생각하기로 조선의 풍수지리상 가장 안전한 곳은 공주와 강화의 마니산이었던 것이다. 실제로 공주는 여타 지방보다 가장 늦게 전란의 상처를 입었고 마니산은 거의 피해를 입지 않았다고 한다.

그리고 그는 그해 3월 아버지의 묘에 성묘를 하였다.

"난리로 인해 영원히 이별하게 되었습니다."

그 후 4월, 조헌의 아내가 갑자기 세상을 떠나자 하늘이 요란한 소리를 내며 울었다. 이를 본 조헌은 눈물을 흘리며 말했다.

"아아, 하늘이 북을 친다. 이제 며칠 후면 적이 바다를 건너올 것이다."

사람들은 또 조헌의 정신이 산란해졌다고 생각했다.

그러나 이 순간 조헌의 말대로 도요토미 히데요시의 군대가 막 바다를 건너고 있었다.

조총으로 무장한 왜병의 힘은 막강했다. 바다를 건너자마자 곧 파죽지세로 1군은 부산포를 거쳐 상주로, 2군은 언양을 지나 충주, 안성으로, 3군은 김해, 창원으로 북상했다.

당황한 조정에서는 곧 이일을 상주로 보내 왜군을 막게 했으나 어림없는 일이었다. 상주의 관군이 패하자, 왜군은 더 사기충천하여 조령을 넘어 진격하였고 선조는 의주로 피했다.

이때 조헌은 급히 자신의 문하생과 향병을 모집하여 보은에서 차령을 넘어 적의 길목을 차단할 계획을 세웠다. 하지만 조헌의 병력으로 적을 치기는 역부족이었다.

조헌은 곧 호남과 영남 지방에 의병을 모집하는 격문을 돌렸다. 이미 진작부터 나라의 운세를 보고, 가는 곳마다 이를 누누이 이야기했던 조헌이었다. 격문을 받은 사람들이 속속 모여들었다. 심지어 전에 대둔산에서 거짓 맹세를 했던 중들까지 참가하여 조헌의 군대는 정예부대만 해도 1천6백 명이 되었다. 어느 정도 승산이 서는 인원이었다.

드디어 7월 4일, 조헌은 공주에서 큰 잔치를 벌였다. 출전을 앞두고 군사들을 위로하는 자리를 가진 것이다.

"여러분은 왜적을 추호도 두려워하지 말라. 하지만 항시 긴장해 있어야 하며, 오직 나라의 위기만을 생각해야 한다. 적의 목을 베어 공을 나타내려 하지 말고 몸과 마음을 다하여 공명심을 눌러라. 끝까지 의로운 마음으로 싸우면 주상께서 여러분의 공로를 다 알아주실 것이다."

부하를 독려하는 조헌의 목소리는 듣는 이로 하여금 다시 한 번 두 주먹을 꼭 쥐게 했다.

다음날 아침 조헌의 의병은 이미 적의 수중에 있는 청주로 진격했다. 이곳은 북상하는 데 중요한 거점이 되는 곳이었다.

"명심하라. 작은 공을 탐하지 마라. 죽기를 각오하고 싸워라! 오늘의 승리는 분명 우리 것이다."

천기를 보는 조헌이었다. 이런 조헌이 승리를 장담했으니 믿음 또한 절대적이었다.

"가자!"

"왜놈들을 한 놈도 남기지 마라!"

조헌은 선봉에 서서 총탄이 빗발치는 서쪽 성문을 향해 나아갔다. 장군이 이럴진대 병사들이 몸을 사릴 까닭이 없었다. 게다가 하늘의 도움인지 승장 영규가 승병들을 이끌고 합세하니 의병의 세력은 막강했다.

싸움은 기선 제압에서부터 시작되는 법이다. 의병들의 사기가 하늘을 찌를 듯해도 목숨을 내걸고 달려드니 아무리 조총으로 무장했다 해도 왜병의 기세는 한풀 꺾일 수밖에 없었다. 싸움이 시작되고 얼마 안 있어 의병들은 사정거리를 벗어나 성벽에 붙어 개미 떼처럼 성을 타기 시작했다.

이때 서북쪽에서 소나기구름이 몰려와 사방이 깜깜해지는 것이 아닌가. 이를 본 조헌은 탄식하며 징을 울려 모든 군사의 후퇴를 명했다.

"성현의 말씀에 일의 성패는 하늘에 달렸다고 했다."

의병의 일시적인 후퇴. 장수들이나 병사들 모두가 마지막 순간에 성을 빼앗지 못한 것을 안타까워했다. 하지만 이 하늘의 조화는 오히려 의병의 희생을 막아주는 역할을 하였다. 왜군은 이날 밤 의병들이 성벽을 오르기 전에 벌써 그 기세에 눌려 전의를 상실하고 모두 도망을 간 상태였다. 다만 자신들의 도주를 용이하게 하기 위하여 불을 피워놓고 기를 세워 군사가 지키는 것처럼 위장했던 것이다.

청주성 입성

조헌의 의병은 첫 전투에서 커다란 승리를 얻었다. 청주를 회복한 조헌은 이 사실을 선조에게 알리고 동시에 임금을 모시기 위해 북쪽으로 올라갈 계획을 세웠다. 그리고 군병들을 일단 집으로 귀가시켰다. 곧 겨울이 닥칠 것이며 이 상태로는 싸움은커녕 도중에서 얼어 죽게 될 판이니 저마다 겨울나기에 필요한 장비를 가져와야 했던 것이다.

비록 난리중이라 해도 공을 탐하는 무리가 있는 법이다. 전라도 순찰사 윤선각은 조헌의 승전소식을 전해 듣고 나자 점점 문책에 대한 두려움이 앞섰다. 자신은 높은 벼슬에 있으면서도 승전은커녕 자리 지키기도 급급한데, 벼슬에서 쫓겨난 자는 오히려 공을 세우니 말이 되는가.

불안을 느낀 윤선각은 곧 명을 내려 조헌의 의병에 속해 있는 관군들을 불러들였다. 그 방법 역시 치졸하여 그들의 부모와 처를 옥에 가두고 위협을 한 것이다. 또 관군 1백여 명을 데리고 의병에 가담한 청양 현감 임순을 공주 옥에 가두기까지 했다.

이런 윤선각의 돌연한 변화로 조헌의 의병은 큰 타격을 받았다. 졸지에 그 숫자가 반 이상 줄어든 것이다. 조헌은 곧 공주로 가서 윤선각을 만났다.

"호서와 호남만 빼고 온 나라가 왜적의 손아귀에 있소. 마땅히 이곳에서부터 병력을 일으켜 왜군을 물리쳐야 합니다. 제발 관군을 돌려보내 주십시오."

협박도 하고 애원도 했다. 그러나 윤선각은 조헌의 말을 조금도 들으려 하지 않았다. 오히려 더 강하게 자신의 뜻을 밝혔다.

"관군으로서 의병에 참가한 자는 엄벌에 처할 것이니 그리 아시오."

잔뜩 실망한 조헌은 발길을 돌렸다. 그래도 진중으로 돌아오니 7백 명의 의병들이 자신을 기다리고 있었다.

7백 의사

이들의 눈빛은 흔들림이 없었다. 오로지 의로움과 충절로 가득하였다.

"내 여러분을 보니 다시 마음이 상쾌해지는구려. 자, 이제 임금을 모시러 갑시다.”

조헌은 7백 명의 의병을 이끌고 북행하였다. 그가 온양에 닿았을 때 그의 진영에 놀라운 사실이 전해졌다.

'고경명 장군이 금산에서 전사하였소이다. 지금 금산에는 여기저기에서 몰려든 수만 명의 왜병이 있소.'

승장 영규의 막사에서 보낸 파발이었다.

조헌은 순간 온몸을 부르르 떨었다. 금산에 수만 명의 왜군이 집결해 있다고 하니 금산만 쳐 이긴다면 왜병의 기세는 한풀 꺾이는 것이 아닌가. 하지만 안타까웠다. 자신의 의병은 7백 명뿐이니 어찌 수만 명을 당한단 말인가. 중과부적일 뿐이었다.

온양에서 조헌이 답답해하고 있을 때, 다시 승장 영규의 군대에서 파발이 왔다.

'현 호남 지방에 순찰사로 있는 권율 장군의 군대가 연합하기로 했습니다. 이에 우리도 연합할 것이니 17일까지 금산에 도착하여 18일에 일시에 공격하는 것으로 합시다.'

조헌은 뛸 듯이 기뻐했다. 이 정도의 합병이라면 능히 적과 싸워이길 수 있었다. 그는 곧 화답을 보낸 뒤 금산으로 출발했다. 그러나 여기에 또 다른 변수가 작용했으니 땅을 치고 통탄할 일이다.

호남 순찰사로 있는 권율이 사정이 여의치 않아 거병을 잠시 뒤로 미루자는 파발을 보낸 것이다. 그렇지만 이 파발이 도착했을 때 조헌의 군대는 이미 금산성 밖 10리까지 진격하여 주둔하고 있었다.

이를 본 왜군은 조헌의 군대 뒤에 뒤따르는 군대가 없음을 간파하고는 군사를 출동시켰다. 왜군은 집요했다. 이들은 부대를 셋으로 나누어 한 부대가 싸우다가 뒤로 물러서면 또 다른 부대가 앞으로 나서서 조헌의 군대를 쉬지 못하게 했다. 한참을 이렇게 싸우다 보니 조헌의 군대는 점점 수세에 몰리게 되었다.

"사람의 목숨은 하늘에 달린 것이다. 너희는 죽고, 살고, 나아가고, 물러섬에 있어 한 치 부끄러움이 없도록 하라!"

조헌의 독려는 절규에 가까웠다. 병사들 역시 죽음에는 초연했다. 화살 하나하나를 정확하게 적들의 가슴에 꽂았다. 그러나 얼마 안 있어 화살마저 다 떨어졌다. 이에 의병 한 명이 급히 아뢰었다.

"장군님, 더 이상 싸울 무기가 없습니다. 장군께서는 어서 몸을 보존하시어 훗날을 기약하소서."

조헌은 껄껄 웃으며 대답했다.

"나라를 빼앗기고 구차히 살아서 무엇 하랴. 내 오늘 여기서 죽으련다."

이렇게 말하고 조헌은 북채를 들고 더 힘껏 북을 울렸다.

"마지막까지 의로움을 버리지 마라!"

조헌은 목이 터져라 외쳤다. 화살이 떨어진 것을 알아차린 왜군은 곧장 막사로 쳐들어왔다. 의병들은 한 명도 막사를 떠나지 않고 맨주먹으로 적에게 대항했다.

조헌의 아들 조완기는 이미 부친이 죽을 것을 알고 부친의 복장보다 더 화려한 장군 복장을 하고 싸움에 임했다. 자신의 눈앞에서 죽어갈 아버지를 생각하면 피눈물이 났지만 시신이라도 온전히 보호하자는 것이 그의 생각이었다.

승장 영규는 조헌이 사지에 몰리자 그를 구하러 적의 포위망을 뚫고 들어갔으나 끝내 그 역시 운명을 같이 하였다.

싸움은 끝났다. 7백 명의 의병이 모두 죽었다.

뒤에 조헌의 아우 조범이 죽음을 무릅쓰고 조헌의 시신을 찾아와 옥천에서 염을 하였는데, 시신은 노기가 발발하여 눈을 부릅뜨고 있었으며, 수염이 꼿꼿한 것이 방금 전에 죽은 것 같았다 한다. 또한 조완기의 생각대로 조헌의 시신에는 큰 상처가 없었고, 장군 복장을 한 조완기의 시신은 처참하게 찢어져 있었다 한다.

조헌과 7백 명의 의사

나라가 있음으로 내가 있고 내 처자가 있음을 누구보다도 절실히 느낀 한 시대의 영웅열사들.

후에 왜군들이 물러간 후 문인 박정량과 김승절이 이들의 뼈를 모두 모아 하나의 무덤을 만들고 이를 '7백 의총(義塚)'이라 이름 지었다. 또한 이를 두고 장유는 다음과 같은 시를 썼다.

원한은 가을 하늘마다 배어 어둡게 있는데
의병들의 자취는 없고 누런 티끌뿐이네
때가 위급해서야 충언을 알았으며
비록 싸움은 졌어도 적의 세력을 꺾었도다.
일편 청산에 빗돌만이 남았는데
천 년의 매운 절개 비바람을 끼었도다.
어진 이의 비석을 눈물로 논할 것이 무엇이랴

끊임없는 영웅의 슬픔만이 길이길이 남으리.

의로운 사나이 조헌

명종 20년(1567) 문과에 급제한 후 강직한 소신과 직언으로 간신들에 의해 조정에서 밀려나 외지로만 돌면서도 충언을 일삼아 자주 벼슬을 박탈당했던 그였다. 또한 당시의 당파싸움 속에서도 정파를 넘어 나라를 생각하는 마음이 하늘에 닿았으며, 천기를 살펴 미래를 내다보는 혜안까지 가진 사람이었다.

임진왜란

　　임진왜란은 선조 25년에 우리나라에 침입한 왜군과 벌인 전쟁이다. 당시의 조선은 연산군 이후 사화(士禍) 등 계속된 정쟁으로 정계가 혼란에 빠졌던 시기로 외침에 대비한 시설이 전무했으며 이이(李珥)의 십만양병설(十萬養兵說) 주장 역시 허투로 들었다. 이즈음 왜군은 도요토미(豊臣秀吉)가 모든 세력을 통일하고, 대륙 침략을 위한 준비를 마친 상태였다. 그리고 1592년, 조선에 국교수호를 요구한 뒤 거절당하자마자 바로 20여만 명의 원정군을 편성하여 전쟁을 일켰다. 왜군은 1592년 4월 14일 부산 앞바다에 제1진이 도착한 이래 전쟁 준비가 전혀 없었던 조선을 파죽지세로 몰아붙여 5월 2일 한양을 점령했다. 이때 조선은 선조 일행은 평양을 거쳐 의주로 다시 도망을 간 상태였고, 전국 각처에서 의병이 일어나 곳곳에서 승전도 하기 시작하였다.

　　조선의 본격적인 승기는 이순신 함대의 승리에서 기인된 바가 컸는데 특히 사천해전 이후에는 제해권을 장악했다. 이후 전쟁에 명군이 개입하면서 명나라의 원병과 권율 등의 반격으로 일단 화의가 되었으나 왜군은 선조 30년(1597)에 재침략하여 31년에 물러갔다. 이 전쟁으로 인해 조선은 국토가 황폐화 되고 백성은 도탄에 빠졌으며 정치, 경제, 문화, 사회, 사상 등 각 방면에 걸쳐 심각한 타격을 받았다.

하늘에서 내려온 장군

둥둥둥둥……..

이른 아침부터 의령 땅 세간리에는 다급한 북소리가 마을 전체를 울렸다. 북소리를 들은 마을 사람들은 황급히 피난 보따리를 준비하였다. 그렇지 않아도 남도에 난리가 났다고 피난민들이 북상중인 때였다. 그러니 느닷없이 울리는 이 북소리는 불길한 징조를 알리는 것이 아니고 무엇이랴. 북소리는 한낮이 되어도 계속 울렸다. 피난을 의미하는 북소리라면 그만 그칠 만도 했다. 의아심을 느낀 주민들은 하나 둘 북소리가 나는 곳으로 모여들었다.

북소리의 진원지는 마을 한가운데 있는 정자나무 아래였다. 이곳에 장정들 십여 명이 모여 있었다. 그러나 막상 이곳에 도착한 사람은 누구나 눈이 휘둥그레졌다.

"아니! 저건 또 뭐야?"

그들이 서 있는 정면에는 붉은 글씨가 씌어진 하얀 천이 바람에 펄럭이고 있었다.

'나라를 구할 의병을 모집한다.'

피난을 가자는 것이 아니라 맞서 싸우자는 북소리였던 것이다. 그 옆에서 나이가 서른은 됨직한 청년이 우뚝 서서 큰소리로 이야기하고 있었다.

"지금 관군은 왜병에게 패하여 도주하고 있습니다. 이제 우리는 더 이상 관군만 믿고 있을 수 없습니다. 여러분, 우리가 일어서야 합니다. 피할 생각만 하지 말고 나가 싸웁시다!"

그 청년의 목소리는 우렁찼다. 청년이 말을 마칠 때마다 북소리가 울렸고, 북을 중심으로 건장한 청년들이 즐비하게 서 있었다. 모두들 비장한 결심을 한 듯 입을 굳게 다물고 있었다.

그러나 이들을 지켜보는 마을 사람들은 선뜻 앞으로 나서지 않았다.

"아니, 저분은 돌아가신 정암공 나리의 셋째아들 곽재우가 아닌가. 그리고 저 청년들은 전부 그 집 하인들이고."

"그래. 다들 자기 식솔이구먼."

마을 사람들은 탐탁지 않은 표정이었다. 한참의 시간이 흘렀어도 지원하는 사람이 아무도 없었다.

"서방님."

북을 치던 하인이 북채를 놓으며 조심스레 곽재우를 쳐다보았다. 곽재우는 먼 산을 바라보며 나직이 말했다.

"멈추지 마라. 계속 북을 두드려라."

"......."

"저들에게는 아무 죄가 없느니라. 다 내가 덕망이 낮고, 벼슬이 없어서 저들이 외면하는 것일 뿐."

말을 마친 곽재우는 남쪽 하늘을 바라보며 깊은 숨을 내쉬었다.

조선조 14대 임금 선조 25년(1592), 4월 22일이었다.

이 날은 일본의 도요토미 히데요시가 16만의 대군을 이끌고 부산에 침투한 지 10일이 지난 날이다. 신식 무기를 지닌 잘 훈련된 병사들이다 보니 조선의 군대는 연전연패하여 계속 북쪽으로 밀려났다. 하룻밤 자고 나면 고을 몇 개가 적의 수중에 있었다.

이때 곽재우는 세간리에서 동쪽으로 약 10리쯤 떨어져 있는 거름강가에서 소일하며 세월을 보내고 있었다.

어려서부터 총명해서 책을 읽으면 순식간에 그 뜻을 독파하여, 조식 선생의 문하에서 가장 돋보였던 아이. 자라면서는 말타기와 활쏘기를 익혔고, 병서에 능통했지만 과거에 번번이 낙방하여 급기야 세상과 등을 돌린 그였다.

곽재우는 사람들과의 만남을 피하고 그저 강가에 나가 낚시를 하며 하루하루를 보냈다. 그러던 중 왜적에게 쫓겨 영산을 거쳐 초계로 달아나는 감사 김수를 목격하게 된 것이다.

김수를 쫓아가 자초지종을 들은 곽재우는 분개하였다.

"말도 안 되는 소리다. 감사는 마땅히 한 고을과 생사를 같이 해야 하는 법이거늘 감사, 수사, 병사, 수령이 차례로 자신의 안위만을 생각하고 도망간다는 것이 어느 나라 법도더냐? 내가 나라를 대신하여 너를 죽이겠다!"

곽재우는 칼을 빼들고 김수에게 달려들었으나 주위의 만류로 분을 삭여야만 했다.

그리고 곧 자신의 집으로 달려가 가족에게 의병을 일으키고자 하는 뜻을 알린 뒤 가산을 털어 의병 모집에 나선 것이다.

"큰일이로고. 지금 적은 영산, 창녕, 현풍까지 도달했을 터인데, 병사가 이렇게 적으니."

그러나 당장 곽재우에게는 의병도 의병이지만 군비 조달이 더 큰 문제였다. 의병이 있다 해도 식량이 없으면 통솔할 수가 없음은 자명한 사실이다.

이에 곽재우는 그의 매부를 찾아갔다. 매부가 부자인 것이 그에게는 무척 다행이었다.

"나라가 망하는데 재물이 무슨 소용 있소. 조금 있으면 왜군이 이곳까지 들이닥친단 말이오!"

뜻밖에 매부는 곽재우의 의병활동에 회의적이었다. 동조할 수 없다는 것이었다. 그러자 곽재우는 매부의 아들에게 칼을 들이댔다.

"풍전등화인 나라를 못 본 체하는 일은 곧 역적의 행위요. 이제 나는 역적의 씨를 말려야겠소."

감히 매부를 협박한 것이다. 이에 놀란 곽재우의 매부는 재물을 내놓고 자신의 하인들을 모두 의병에 가담시키고 자신도 의병이 되었다.

하지만 그것만으로는 역부족이었다. 이 상태라면 곽재우의 의병은 몇 주를 못 견디고 해산해야 할 지경이었다.

이때 초계 지방에 있는 정대성이라는 평민이 관가와 창고의 곡식을 털어가는 일이 생겼다.

"어쩔 수 없는 일이오. 관가의 곡식은 가만히 놔두면 도둑들의 손에 들어가는 바, 그대들은 이 길로 관가로 가서 곡식을 실어오시오!"

곽재우는 곧 관가의 창고를 털어 군량미를 보충하게 하였다. 군량미의 보충은 의병들에게 큰 힘을 주었고, 그 후 곽재우의 의병은 왜적과의 싸움에서 크고 작은 성과를 올렸다.

그러나 이런 성과에도 불구하고, 관가의 곡식을 털어간 곽재우의 처사가 곧 조정에 알려져, 곽재우는 도적으로 몰리게 되었다. 일이 이렇게 되자 불안을 느낀 의병들은 사분오열하기 시작했고, 곽재우의 공든 탑이 무너질 지경에까지 이르렀다.

이에 곽재우는 홀로 단성으로 향했다. 단성에는 경상우도 초유사(招諭使:난리시에 백성을 다스리는 임시 벼슬) 김성일이 이끄는 군대가 있었다.

단성에 도착한 곽재우는 지금까지의 전황을 자세히 설명하였다. 비록 작은 전투일망정 자신의 의병이 올린 성과도 보고하면서 전략상으로 세간리의 방어가 중요함을 강조하였다.

김성일은 곽재우의 애국심에 감동하여, 의령 지방을 다스리는 임시 수령으로 임명하고, 의병장 오운과 윤탁을 휘하에 두도록 하였다.

전화위복이 된 것이다. 물론 이런 결정의 뒷배경에는 곽재우의 아버지가 사간원 사간으로 재직할 때 김성일이 그 휘하에 있었고, 또한 곽재우의 동서 김우옹과 김성일이 친하다는 점 등도 작용하였다. 이유야 어쨌든 이제 곽재우는 의령현의 실질적인 총지휘자가 되었다.

그 후 곽재우의 막하에는 수천 명의 의병이 모여들었다. 때마침 의령지방으로 왜군이 이동하고 있다는 소식이 들어왔다. 수천의 의병을 거느리고 처음 맞는 전투였다.

곽재우는 먼저 의병들 중에 활 잘 쏘는 사람들을 불렀다.

"들으시오. 이번 싸움은 저들과 맞서 싸우지 않고 활만 가지고 승부를 낼까 하오."

이 말을 들은 병사들은 어이가 없다는 표정으로 술렁거렸다. 아무리 자신들이 활을 잘 쏘아도 적의 조총에 비하면 상대가 되지 않았다. 따라서 조총으로 무장한 적과 싸울 때에는 근거리 전투가 가장 유리한 전술이었다.

"장군, 장군의 전술에 무리가 있는 줄로 아뢰오."

모여 있던 자들 중 한 명이 나서며 말했다. 그러자 이 말을 기다리고 있었다는 듯이 곽재우는 웃으며 말했다.

"자, 모두들 이리로 와서 이 지도를 잘 살펴보시오. 적이 의령으로 들어오려면 이곳 정진 나루터를 지나야 하오. 내가 격전지로 잡은 장소는 바로 이곳이오."

"……."

"보시다시피 이곳으로 올라오면 사면이 다 산이오. 적들은 이 가운데 의령으로 통하는 한 방향을 잡을 터이나 우리는 그 방향만 고집하여 지켜서는 안 되오."

"하오면……."

"사면의 산을 다 활용하는 것이오. 산봉우리마다 호각 부는 사람을 배치하여 적이 도착하면 사면에서 일제히 호각을 불게 하는 것입니다. 그러면 적은 호각 소리의 진원지를 찾지 못해 당황할 것이고 이때 우리는 언덕에 숨어 있다가 화살을 날리는 것이오."

"……."

"사방에서 화살을 날리게 되면 적은 갈피를 못 잡고 흩어질 것입니다. 그러면 승리는 분명 우리의 것이오."

"아!"

"장군!"

모였던 의병들은 그제야 감탄의 소리를 내는 것이었다. 적을 혼란에 빠뜨리고, 그 틈을 이용하여 조총을 무력화시키자는 계략이었다. 이것이야말로 아군의 손실이 전무한 작전인 것이다.

작전은 곧 진행되었다. 조선 의병사에 길이 남을 호각 전술이었다. 많은 의병이 호각을 지니고 붉은 옷을 입고 봉우리로 올라갔고, 언덕마다 활 쏘는 의병들이 배치되었다.

드디어 왜군은 자신들의 무기와 강한 군대만을 믿고 유유히 정진 나룻터에 상륙하였다. 방해물들이 눈에 띄지 않자 그들은 전열을 가다듬고 행군을 시작했다.

그때였다. 바로 정면에 보이는 산봉우리에서 붉은 옷을 입고 붉은 기를 든 곽재우가 모습을 드러내고 활시위를 당겼다.

"피-잉"

화살은 경쾌하게 바람을 가르고 선봉에 선 장수의 목에 명중하였다. 순간 왜병은 일제히 곽재우를 향해 조총을 발사했다. 수백 개의 조총에서 발사되는 총알은 하나같이 곽재우를 향해 날아갔다. 그러나 죽기를 각오했는지 곽재우는 미동도 하지 않고 다시 천천히 활시위를 당기는 것이었다.

수백 개의 총과 맞선 하나의 화살.

화살은 여지없이 적병의 가슴에 꽂혔으나 총알은 하나도 곽재우를 맞히지 못했다.

"쏴라, 쏴라!"

적장은 미친 듯이 외치며 곽재우를 정조준하였으나 결과는 마찬가지였다. 이에 적병들은 당황하기 시작했다.

"총탄 수백 개가 날아갔으면 분명 죽어야 하는데, 저자는 사람이 아니란 말인가?"

적병의 당황하는 모습이 역력해지자 장군은 기를 번쩍 들었다. 그러자 사방 봉우리에 포진해 있던 병사들이 일제히 호각을 불기 시작했다.

"삐—."

호각 소리는 산과 산에 부딪혀 온 골짜기를 울렸다. 이미 곽재우에게 당황한 왜병이었고 어디에서 시작된 것인지도 모르는 호각 소리로 이들은 절반은 혼이 빠진 상태였다. 이때였다. 각 언덕마다 매복해 있던 의병들의 화살이 그들의 머리에 빗발치듯 쏟아졌다.

적병은 방향을 잃고 삼삼오오 흩어지기 시작했다. 간신히 방향을 잡고 가려고 하면 여지없이 호각 소리가 울려 그들의 진로를 미리 알려주었으니, 그들은 속수무책이었다.

또한 그들의 정면에는 총탄 한 발 맞지 않고 우뚝 서서 활을 쏘는 사람 같지 않은 사람이 있지 않은가.

싸움은 끝났다. 적병은 일망타진되었으니 그 수급(首級:싸움터에서 벤 적군의 머리)만 해도 족히 백여 급은 되었다.

첫 싸움에서 대승이었다. 의병들은 서로 부둥켜안고 눈물을 흘리며 기뻐했다.

"그런데 장군께서는 무사하신 것입니까?"

기뻐하던 가운데 문득 장수 한 명이 곽재우 앞으로 나와 몸을 살폈다. 분명 자신들이 보기에도 수백 발의 총탄이 날아갔는데 곽재우가 아무렇지도 않은 것이 이상한 것이다.

그러자 곽재우는 껄껄 웃으며 자신의 활을 그에게 주었다.

"자, 한번 당겨보시오."

활을 받아 쥔 장수는 힘껏 당겼다. 하지만 활시위는 꼼짝도 하지 않았다.

"내 활은 강궁이지요. 나는 조총의 사정거리를 계산하고 그 밖에서 활을 쏘았소. 그러니 저들의 총탄이 내 근처까지 오지 못하는 것은 당연한 일 아니오?"

야간 전투에서 곽재우의 기지는 더 잘 드러났다.

많은 왜군들이 일시에 쳐들어온 적이 있었다. 곽재우는 이들과의 접전을 피하고 밤이 되기를 기다렸다. 이윽고 밤이 되자 곽재우는 수천 명의 의병들을 집합시켜 병력을 둘로 갈라 한쪽은 산으로 다른 한쪽은 왜군 진영 아래쪽으로 이동시켰다.

"들으시오. 이제 그대들은 이 홰를 들고 산으로 올라가시오. 산에 오르기 전에는 절대 불을 밝히지 말고 산봉우리에 오르면 일제히 횃불을 밝혀 드시오."

이미 곽재우의 기지를 익히 보아왔던 의병들이었다. 그들은 무슨 영문인지는 모르나 무언가 신명나는 일일 것이라고만 생각했다. 그리고 나누어주는 홰를 차례로 받았다. 그런데 이건 또 무슨 일인가. 홰 손잡이 하나에 가지가 다섯 개씩이나 달려 있었다. 의병들은 서로의 얼굴만 바라보며 어리둥절해 했다.

그러자 곽재우는 설명하였다

"적의 눈을 속이자는 것이오. 한 사람이 횃불을 들고 있으면 멀리 있는 적에게는 다섯 명이 있는 것처럼 보일 것이오. 그럼 천 명이 오르면 오천 명으로 보일 것은 당연한 일이지요. 또 지금은 밤이고 그대들은 각자 분산되어 일시에 내려오니 그 수는 몇 곱절 더 많게 보일 것이오."

"아!"

말이 필요 없었다. 곽재우의 계략은 수를 믿고 온 적들에게 아군의 수가 더 많다는 것을 보여주어 전의를 상실하게 만들자는 것이었다.

"자, 이제 그대들은 조를 편성하여 적들이 보이는 산봉우리로 오르시오. 다 오르고 나면 일시에 불을 밝혀 내려오는데 각자 커다란 함성을 지르는 것 역시 잊지 마시오."

명령이 떨어지자 의병들은 신속하게 산을 올랐다. 그러자 곽재우는 남아 있는 의병을 향해 명령을 내렸다.

"필시 적은 우리의 위세에 놀라 서둘러 퇴각할 것이오. 그대들은 저들의 길목을 차단하고 있다가 일시에 활을 날리도록 하시오."

약 일 각의 시간이 지난 후 장군은 화살에 불을 달아 하늘로 쏘아 올렸다. 작전 개시를 이르는 신호였다.

곧 산봉우리마다 불꽃송이가 화려하게 피어올랐다. 한밤중에 여기저기 피어오른 불꽃은 어찌 보면 참으로 아름다웠으나 어찌 보면 귀신의 장난같이도 보였다.

이 광경은 왜군의 진영에서 더욱 선명히 보였다.

"아니! 저게 뭐지!"

"저게 뭐야? 수만 개는 되겠다."

밤이 되어 휴식을 취하려던 왜군들은 보초병의 고함소리에 너도나도 산을 바라보았다. 그들은 산봉우리마다 즐비하게 늘어선 횃불을 보고는 입을 다물지 못했다.

이때였다. 북소리가 천지를 울리면서 엄청난 함성소리가 들려왔다.

"우리는 하늘에서 내려온 홍의장군 부대다!"

"우리는 하늘에서 내려온 홍의장군 부대다! 이제 너희는 이 전투에서 다 죽을 것이다. 살기 바란다면 어서 물러가라!"

함성소리는 메아리를 만들며 점점 커져 마치 천병만마가 소리치는 것처럼 온 골짜기를 울렸다. 그러면서 횃불은 일시에 산 아래로 내려오는 것이었다. 북소리와 피리소리가 어우러져 내려오는 횃불은 두렵게까지 느껴졌다. 또 이들은 일제히 진격하는 모습을 보이다가 이내 불을 끄고 잠잠해졌다. 얼마 후 다시 가까운 곳에서 일제히 불을 밝히고 함성을 내지르며 달려드는 것이 아닌가.

그때까지 그저 구경만 하고 있던 왜군들은 혼비백산하여 철수하였다. 그러나 이 철수 또한 용이하지 않았다. 철수할 것을 짐작하고 퇴각로에 주둔한 의병들이 이들의 뒷덜미에 사정없이 화살을 날리니 왜군들은 그야말로 독 안에 든 쥐였다. 결국 한 명의 희생도 없이 곽재우의 의병은 대승을 거두었다.

평지에서의 전투 역시 곽재우의 군대를 이길 왜군은 없었다.

곽재우는 늘 붉은 색의 군복에 총립을 쓰고, '천강홍의장군(天降紅衣將軍:하늘에서 내려온 붉은 군복을 입은 장군)'이라고 쓴 기를 내걸었다.

왜군에게는 이런 깃발 하나도 두려움의 대상이었다. 그러다 보니 왜군들은 붉은 군복의 의병만 보아도 미리 겁부터 먹었다. 일종의 심리전이었다.

그리고 곽재우는 한 곳에 진을 치면 사방 1백 리까지 척후병을 파견하여 미리부터 왜군의 움직임을 파악하고 전략을 짰다. 그러니 승리는 언제나 곽재우의 의병에게 있었다. 상황이 이러하니 왜군들은 심지어 홍의장군의 진지가 앞에 있다고 하면 돌아가는 방법을 택하였다.

결국 왜군들은 현풍, 창녕, 영산에는 발을 들여놓지 못하게 되었고, 이 지역을 곽재우가 확보함으로써 조선의 군사는 경상좌도와 우도의 연락을 긴밀하게 취하게 되었다. 조정에서는 곽재우의 공로를 치하하며 성주 목사로 임명함과 동시에 경상우도 조방장이라는 벼슬을 내렸다.

전쟁이 거의 끝나고 선조 28년 가을이 되자 곽재우는 벼슬을 내놓고 고향으로 돌아갔다.

"난은 끝났고 나라는 다시 일어섰으니, 나는 내 본분에 맞게 초야로 돌아가려 하오."

더 이상 세상의 명리와 인연을 두지 않겠다는 것이 곽재우의 마음이었다.

그러나 상황은 곽재우를 가만 내버려두지 않았다. 얼마 안 있어 명군과 왜군 사이에 추진되던 강화교섭이 무산되어 왜군의 재침이 확실시되자 조정은 다시 곽재우를 불러들였다. 곽재우는 정유재란이 있기 얼마 전 다시 세상에 나와 경상도 방어사의 직분으로 전쟁에 참여하였다.

왜군의 재침. 이미 임진년의 전쟁으로 제대로 군대를 추스르지 못했던 조선이었고, 삼도 수군통제사에 있던 원균이 첫 전투에서 대패했기 때문에 왜군은 거침없이 밀고 올라왔다.

이에 밀양, 창원에 있던 아군은 모두 후퇴하였다. 경상우병사는 합천으로 갔고, 권율은 금산으로, 도체찰사인 이원익은 금오산성으로 갔다. 그러나 경상도 방어사인 곽재우만은 군대와 백성을 이끌고 창녕의 화왕산성으로 들어갔다.

"더 이상 왜군의 진격을 허용하지 않겠다."

곽재우는 죽기를 각오하고 싸울 것을 맹세하였다. 그러자 그를 신임하던 이원익은 곽재우에게 전갈을 보냈다.

'화왕산성은 적의 침공을 받으면 외로운 성이오. 사방이 적으로 둘러싸여 운신하기 어려우니 산성을 버리고 후퇴하시오.'

그러나 곽재우는 너털웃음을 웃었다.

"옛날 안시성에 당나라 군사 백만이 쳐들어왔지만 안시성은 건재했습니다. 성이 가지고 있는 장점을 잘 이용하면 아무리 많은 적병이 와도 이길 수 있습니다. 왜군이 다른 고을을 다 점령한다 해도 이곳만은 공격하지 못할 것입니다."

과연 곽재우의 말은 적중하였다.

그 후 얼마 안 있어 왜장 가토우 기요마사가 군대를 이끌고 창녕읍에 이르러 화왕산성 앞에 진을 쳤다. 그러나 일주일을 지내더니만 슬금슬금 철수하는 것이었다. 이에 곽재우는 심각한 표정을 지었다.

"저자는 병법을 아는 자이다."

그리고 다른 산성이나 고을이 그 왜장에게 점령당할 것을 크게 걱정하였다.

이렇다 할 변화가 없는 가운데 화왕산성을 지키고 있던 중 선조 30년, 곽재우의 계모가 세상을 떠났다. 그러자 곽재우는 곧 군복을 벗고 3년상을 치르기 위해 울진으로 갔다.

그리고 그 다음해, 왜장 도요토미 히데요시의 죽음으로 7년 동안 끌어온 전쟁이 끝났다.

이 나라 역사에 치욕의 붉은 점을 찍은, 반면에 초야에 묻혀 있던 많은 애국자들을 하나로 단결시킨 임진년부터의 대혼란이 많은 인명과 재산 피해를 남기고 막을 내린 것이다.

전쟁이 끝났는데도 조정은 여전히 전쟁에 대한 두려움을 갖고 있었다. 후에 선조는 상중인 곽재우를 불렀다. 하지만 그는 더 이상 자신이 나설 때가 아니라고 판단하고 상중임을 핑계 삼아 나가지 않다가, 국방이 허술함을 통감하고 다시 관직으로 나섰다.

그러나 두 번의 전쟁을 치르고도 조정에서는 당파싸움이 여전했고 심지어 명제상 이원익을 몰아내기까지 하였다. 또한 임진왜란 때 이순신이 대승을 거둔 것을 보고 수군에만 많은 병사와 재물을 지원하고, 육군에는 군사 몇 백 명으로 지역을 지키라는 어처구니없는 처사를 내리기도 했다.

바다에서의 싸움이 전초전이라면 육지에서의 싸움은 나라의 존망을 좌우하는 것이다.

이에 곽재우는 비분강개하여 선조에게 긴 상소를 올렸다.

'……전하께서는 진실을 깨닫고 분발하셔야 합니다. 마땅히 수군도 중요하지만 막상 육지에 올라온 적은 어찌하시겠습니까? 한 당의 의견이나 한 가지의 상황만 생각하지 마십시오. ……또한 이원익은 이 나라에 없어서는 아니 될 사람입니다. 전하께서 그를 내치시면 장차 누구를 믿고 나라를 이끌려 하십니까? 마땅히 간신을 멀리해야 합니다.……'

상소를 올린 후 곽재우는 벼슬을 버리고 자신의 고향으로 돌아갔다. 곽재우의 이런 행위는 바로 죄가 되어 그는 영광 땅에서 3년 동안 귀양살이까지 하는 수모를 당하였다.

홍의장군 곽재우

난이 일어나자 정규군이 아닌 의병을 전국에서 최초로 모집하여 당당히 왜군과 대항한 사람. 수적인 열세에도 불구하고 연전연승을 거둔 사람. 그 이름만으로도 왜군의 간담을 서늘하게 만든 사람. 오로지 충(忠)과 의(義)로 뭉친 사람. 그런 그였기에 권모술수가 난무한 조정과의 거리는 멀 수밖에 없었다.

후에 귀양살이에서 풀려난 곽재우는 그의 소원대로 초야에 묻혀 여생을 보내었다. 당시의 소문으로는 오로지 솔잎만 먹고 살았으며 세인의 잡다한 이해관계를 떠나 신선이 되었다고까지 했으니 그의 말년 생활을 짐작할 만하다.

그러나 초야에 묻혀 살면서도 곽재우의 나라 생각하는 마음은 여전했다. 1608년 2월 선조가 승하하고 광해군이 즉위하자 그는 또 다시 상소를 올렸다. 그리고 광해군 9년 4월에 조용히 눈을 감았다.

여기에 그의 마지막 상소인 '중흥 삼책'을 요약하여 실어본다.

'……첫째로 임금이 도리를 다해야 합니다. 항상 어진 마음을 가지고 백성을 사랑하시고, 어진 이를 가까이 하고 간사한 자를 멀리 하십시오. 둘째로 전쟁에서 이기려면 사병 가운데서 뛰어난 자를 천거하여 장수로 뽑아야 합니다. 공적에 따라 자리를 주시면 안 됩니다. 또한 초야에 있는 어진 이를 뽑아 관직에 앉히시고 탐관오리는 목을

치십시오. 셋째로 나라를 보존하고자 하시면 미리 군대를 준비해야
합니다.……'

임진왜란 때 의병들의 활동

　　임진왜란 중 의병 활동은 전국적으로 전개되었다. 의병을 조직
하고 지도한 사람은 전직 관리, 승려들이었고, 주력을 이룬 것은
농민이었다. 의병들은 향토 지리에 익숙했고, 또 향토 조건에 알맞
은 무기와 전술로 싸워, 왜군과의 전투에서 적은 희생으로 큰 전
과를 올릴 수 있었다.

　　이들 의병 활동 중 특히, 경상도 의령을 근거지로 일어난 곽재
우, 금산 전투에서 전사한 조헌, 제2차 진주성 싸움에서 전사한 김
천일 등의 활약상이 주목된다. 의병들의 눈부신 활약은 국민의 가
슴속에 희망을 불어넣었고 전쟁의 상황을 크게 바꾸었다.

문인은 일등 공신,
무인은 이등 공신

조선조 16대 임금 인조 시대의 일이다.

광해군의 폭정을 견디다 못해 반정이 일어났고, 인조는 이 반정 세력을 등에 업고 등극하였다. 그리고 공에 따라 관직을 나누게 되었는데 이 과정에서 이괄은 다른 공신들과의 이해관계에 밀려 이등 공신 취급을 당하였다.

당연히 이괄의 분노는 하늘을 찌를 듯했다.

"이건 말도 안 되는 처사다. 어찌하여 거사를 성공시키기 위해 밤낮 안 가리고 군사를 부린 나는 이등 공신이고, 저 말만 잘하는 문인들은 일등 공신이란 말이냐!"

이괄은 당장이라도 조정을 다시 뒤집어엎을 듯한 모습으로 궁궐 안을 돌아다녔다. 누구라도 눈에 뜨인다면 그 즉시 목을 쳐버릴 기세였다. 그러자 일등 공신이 된 자들은 급히 몸을 피하여 한 자리에 모여 앉아 긴급회의를 하였다.

"사실 이괄을 일등 공신에서 제외시킨 것은 너무한 처사라 생각하오."

오랜 시간 성토하고, 이괄을 죽일 방도도 생각하고, 동정도 하다가 결국에는 모두가 자신들의 밥그릇만 챙긴 것에 대해 이괄에게 미안하다는 쪽으로 중론이 모아졌다. 그리고 이들 중 대표가 인조에게 고하게 되었고, 이괄은 이로 인해 부원수 겸 평안도 절도사로 임명되어 영변으로 떠나게 되었다.

그러나 이 정도로 만족할 이괄이 아니었다.

"나를 변방으로 내쫓고 한양은 저희들끼리 해먹자는 의도가 아니고 무엇이겠는가! 이놈들, 어디 두고 보자. 네놈들이 언제까지 그 자리에 앉아 있는가."

이괄은 이를 갈며 한양을 떠났다. 그가 떠나는 모습을 보고 대신들은 한시름 놓았다고 좋아했지만, 뜻이 있는 몇몇 대신들의 마음에는 오히려 짙은 먹구름이 깔렸다.

"영변은 군사의 요충지이다. 또한 무인으로 이름 높은 이괄이 병권을 걸머지게 되었으니 만약 저자가 흑심을 품고 후금과 내통을 해 한양에 쳐들어온다면 조정이 쑥대밭이 될 것은 뻔한 일이 아닌가!"

"그렇게 되면 이괄 정도의 지략과 용맹을 갖춘 자가 필요한데 지금 조정에 그런 자가 어디 있단 말인가!"

사람이 필요했다. 무인이면서도 이괄의 지략과 대군을 막을 수 있는 뛰어난 사람이 절실했다.

이들은 만날 때마다 한숨을 길게 내쉬며 조정의 앞날과 자신들의 안위를 걱정했다. 그러던 중 한 사람이 갑자기 무릎을 치면서 큰소리로 이야기했다.

"있소이다! 우리에겐 정충신이 있소이다."

"정충신!"

"아아, 그렇소!"

순간 좌중은 꼿꼿한 성품을 가진 정충신의 모습을 떠올렸다.

정충신은 선왕인 선조 때의 신하였다. 본디 지방 관아에서 심부름이나 하던 통인이었는데 권율 장군의 휘하에 들어가 그 총명함을 드러내었다. 임진년에 선조가 의주로 피난 갔을 때 전라도 광주에서 의주까지 단신으로 적진을 뚫고 장계를 전하기도 했다.

이에 백사 이항복의 눈에 들어 무예와 학업을 쌓았고 왜란이 끝난 후에는 왕의 선전관이 되어 중국과의 통역 업무도 훌륭히 수행했으며, 변방에 나아가 적을 물리치는 데 그 공이 혁혁했다.

그러나 광해군조에 들어와서 이항복이 역적으로 몰려 귀향길을 떠나자, 이항복을 하늘같이 여겼던 정충신은 벼슬을 놓고 시골에 묻혀 살고 있었다.

"그래! 정충신이라면 능히 이괄에 대적할 사람이오!"

"이괄이 혹 금나라와 내통을 할 수 있으니 정충신을 그 길목인 안주의 목사로 제수시켜 이를 경계하도록 합시다."

의견이 모아졌고 그 날로 정충신은 인조의 명을 받아 안주로 출발하였다.

정충신의 안주행은 참으로 중요한 의미를 가지고 있었다. 안주라는 작은 땅을 다스리면서 밖으로는 적의 침입을 막아야 했고, 안으로는 이괄의 동태를 면면히 살펴야 했다.

이런 정충신에게 다행인 것은 이괄과는 광해군 시절부터 서로 호형호제하면서 지낸 막역한 사이라는 것이었다. 무인은 무인끼리 통하게 마련이었고, 무인들 중에서도 이들은 뛰어난 실력을 지닌 자들이라 의기투합이 곧잘 되었다.

다만 정충신이 같이 어울리면서도 이괄을 꺼린 점이 있다면 그가 가지고 있는 권력에 대한 강한 욕망이었다.

"장부로 태어나 웅대한 뜻을 품지 않으면 어찌 장부라 할 것이며, 또한 그 뜻을 이루기 위해 살지 않으면 어찌 장부의 삶이라 할 수 있으리오."

이괄은 정충신에게만큼은 거리낌 없이 자신의 포부를 밝히곤 했다. 이는 자신의 뜻에 정충신이 같이 했으면 하는 의중을 드러낸 것이기도 했다. 이럴 때마다 정충신은 자신의 영원한 스승인 이항복의 유언을 떠올렸다.

"네가 이괄을 잘 모르고 있구나. 그자는 남 보기에는 의기충천해 보이나 사실은 도량이 적은 자이니라. 능히 자신의 마음조차 속이고 살아갈 자이니 다음부터는 멀리하도록 해라. 더 이상 가까이 하다가는 네가 해가 미칠까 두렵구나."

스승의 당부! 하늘같으신 스승의 유언이었다. 때문에 정충신은 이괄이 주도한 반정에도 참여하지 않았던 것이다.

고의로 이괄과의 왕래를 뜸하게 하였는데, 이제 이괄의 휘하에 있는 평안도 안주의 목사로 가고 있으니 마음고생이 이만저만이 아니었다.

안주에 가기 전 영변에 도착한 정충신은 곧 부임 인사의 절차를 밟았다. 이에 원문 밖에서 통인에게 자신의 도착을 알렸으나 한참이 지나도 들어오라는 명령이 없었다.

'이건 또 무슨 꿍꿍이속인가?'

시간이 흐를수록 정충신의 긴장은 더해갔다. 이는 사소한 절차부터 자신을 시험해 보자는 의도가 아닌가! 내심 초조감도 들었다. 바로 이때 원문이 열리면서 돌연 이괄이 나타났다.

　"하하! 만운(晚雲:정충신의 호)이 오셨구려. 이거 참 오래간만이오!"

　이괄은 환한 웃음을 지으며 정충신을 맞이했다. 이런 이괄의 자세는 상하관계가 아니라 절친한 친구로 정충신을 본다는 뜻이었다.

　"사또, 황송하여이다. 미천한 하관(下官)을 맞이하시는 데 아랫것들을 시키면 될 일이거늘 이렇게 직접 나오시다니요."

　정충신은 짐짓 당황하는 몸짓을 하였다. 그러나 마음속으로는 이괄을 경계하였다.

　'이자가 딴 마음을 품은 것이 분명하다. 그렇지 않다면야 형식과 절차를 무시하고 이런 태도를 보이겠는가!'

　정충신은 경계의 태도를 더욱 철저히 하고자 다짐하였다. 이괄은 다시 너털웃음을 지으며 말했다.

　"내 다른 자라면 당연히 그랬을 것이오. 허나 만운이 누구요! 천하의 영웅이요 나의 둘도 없는 벗인데 내 어찌 그런 허튼 짓으로 만운의 심사를 불편케 하겠소. 자, 어서 안으로 듭시다."

　이괄은 정충신의 손을 잡고 안으로 이끌었다. 그러나 정충신은 곧바로 손을 빼고 한 걸음 뒤로 물러서며 말했다.

　"먼저 오르시지요."

　추호라도 상하 간의 예의에서 벗어나지 않겠다는 태도였다.

　정충신의 태도가 너무 격식에 맞는지라 이괄은 쓴웃음을 한 번 짓고 머쓱한 표정으로 먼저 안으로 들어갔다. 이에 정충신은 서두르지 않고 꼭 한 걸음 뒤에서 따르다가 이윽고 이괄이 당상에 이르자 넙죽

큰절을 올렸다.

"아니! 만운. 대체 이게 무슨 짓이오!"

이괄은 황망히 다시 섬돌 아래로 뛰어 내려와 정충신의 몸을 일으켰다.

"사또, 이는 부임자의 당연한 인사이옵니다."

고개를 들고 일어서는 정충신의 눈빛은 담담했다.

조금이라도 헛점을 보여서는 안 되는 일이다. 만일 자신이 사사로운 정으로 이 순간을 지나친다면 이괄은 곧 다른 뜻을 말할 것이고, 그렇게 되면 자신은 이러지도 저러지도 못하는 난처한 처지에 놓일 것이 분명했다.

순간 이괄의 눈빛이 역력히 흔들렸다. 그러나 잠시뿐, 곧 평정을 되찾았다.

"아, 알겠소. 역시 만운은 예나 지금이나 조금도 변하지 않았구려."

이괄은 곧 주안상을 준비하라 명령했다.

정충신은 이 또한 극구 만류하고 부임지로 가려 했으나 이괄의 청이 너무도 절실했다. 이것마저 거절했다가는 자신의 뜻이 너무도 확연히 드러날 것 같았다. 벌써부터 이괄의 심사를 건드려 좋을 것은 하나도 없었다.

취흥은 무르익었다. 주거니 받거니 하며 기생들의 장단에 몸을 맡기다 보니 이괄은 비틀거리기 시작했으나 정충신은 말짱했다. 이는 유쾌한 술자리와 다만 형식적인 흐름에 자신을 맞추는 술자리의 차이였다. 이윽고 이괄이 혀가 꼬부라진 소리로 정충신에게 말했다.

"내가 반정을 도모할 때 군사는 겨우 기백 명이었소. 허나 이제 내게는 잘 훈련된 군사만도 기천 명이 넘으니 누가 나를 막으리오. 안 그렇소?"

말을 마친 이괄은 날카로운 눈초리로 정충신을 바라보았다. 술에 취했다고 보기 힘든 눈빛이었다.

취중 진담! 난감했다. 이 한 순간의 답변으로 자신과 이괄의 관계가 결정되는 것이 아닌가. 순간 정충신은 고개를 모로 돌리고 '왝왝'거리며 먹은 술을 토해내기 시작했다. 그리고 이내 고개를 들어 풀린 눈으로 이괄을 바라보며 말했다.

"사또, 하관(下官)은… 더 이상 못… 버티겠소이다."

정충신은 말하기도 어렵다는 듯이 간신히 답변을 하고 곧 그 자리에 쓰러졌다.

그로부터 사흘 동안 정충신은 술병을 핑계로 이괄의 처소에 머물렀다.

마음 같아서는 하루라도 빨리 이 호랑이 소굴을 빠져나가고 싶었으나 그렇게 되면 자신의 심중이 탄로날 것 같아서였다. 이런 가운데 이괄은 정충신의 마음을 돌리려 했기에 사흘 동안 머문 이괄의 처소는 말 그대로 가시방석이었다.

도임 후 정충신은 곧바로 군기(軍器)를 정비하고 군사들의 훈련에 열정을 다했다. 만일의 경우 이괄의 정예화된 군사와 맞설 수 있는 강한 군대가 필요했다. 아니, 이괄의 군대보다 더 강한 군대가 되어야 했다. 그래야만 나라의 종묘사직을 구할 수 있음이 아닌가!

이런 가운데 세월은 속절없이 흘러 가을이 되었다. 이때까지도 이괄은 자주 서신을 보내 정충신의 마음을 움직이려 했다. 하지만 이를 역이용하여 정충신은 이괄의 동태를 살폈다. 하루하루가 긴장의 연속이었다.

그런데 언제부터인가 이괄에게서 오던 서신이 끊겼다. 처음엔 그저 대수롭지 않게 여겼는데 시일이 흐르면서 서신이 끊겼다는 사실이 크게 마음에 걸렸다.

'이상하다. 꼭 폭풍전야와 같은 느낌이 든다. 필시 무슨 큰일이 일어날 것 같은데……'

정충신은 영변에 보낸 밀정에게 세심한 주의를 명했다. 그러기를 얼마 후 다급한 보고가 날아왔다.

'……날이면 날마다 많은 물자가 영변으로 들어오고 있습니다. 지금까지 들어온 양식만 하더라도 능히 수천 명이 열흘 이상 먹을 수 있는 양이옵니다. 또한 이괄은 군사들의 훈련 강도를 높이고 있습니다.'

보고를 받은 정충신은 그만 아찔했다. 보고대로라면 이제 이괄이 자신의 야심을 실행에 옮기고 있는 것이 아닌가!

하지만 이를 조정에 보고할 수는 없었다. 이괄은 이미 꾀를 내어 도원수 장만에게 자신이 하는 일이 금나라의 침공에 대비한 것이라는 장계를 올렸고, 장만의 적극적인 후원을 얻고 있었다.

만약 이괄의 행동을 생각대로 보고한다면 오히려 무고죄로 정충신이 걸려들 뿐이었다. 정충신은 답답하기 그지없었다. 그저 하루하루 이괄의 동태를 살피면서 군사훈련에만 전념해야 했다. 다만 마음속으로 이괄이 딴 마음을 먹지 않기를 간절히 빌 뿐이었다.

그러나 인조 2년(1624) 1월 24일.

결국 정충신이 우려했던 바가 현실로 나타나고 말았다.

이괄은 3천 명의 군사와 인근의 부사와 목사를 규합해놓고 당차게 명령하였다.

　"모두 들으라. 방금 전 평양에서 급파된 전령에 의하면 금나라의 군사가 한양으로 쳐들어온다고 한다. 나라를 지키는 것은 우리들의 막중한 책임이 아닌가! 금군이 오기 전에 우리가 먼저 한양에 도착하여 나라를 지켜야 한다. 자, 출병하라!"

　이괄의 명이 떨어지자마자 군사들은 노도와 같이 한양을 향해 떠났다. 워낙 잘 훈련된 군사들인지라 감히 이들을 막을 자는 아무도 없었다. 순천, 자산 등을 거쳐 수안과 황주를 통과하는 데 불과 사흘도 걸리지 않았다. 다만 토벌군과 저탄에서 싸움을 하였는데 실력의 차이는 현격했다. 이괄의 군사는 대승을 거두었고, 곧바로 한양으로 떠났다.

　이괄이 이럴 즈음 정충신은 7백 명의 군사를 이끌고 평양에 가서 도원수 장만을 만나고 있었다.

　"일이 시급하게 되었소!"

　장만의 안색은 파리해져 있었다. 자신의 휘하에 있던 부원수가 대역죄를 저질렀음도 큰 죄가 되겠지만 무엇보다도 이괄이란 자가 어떤 자인가! 지략과 용맹이 출중한 이괄의 출병이라면 이미 한양은 놈의 손에 떨어졌다고 보아야 함이 아니던가!

　"한시가 급합니다. 만약 이괄이 전하를 감금이라도 하고 있다면 일은 이미 끝난 상황입니다. 바삐 군사를 몰아 추격해야 합니다."

　"……."

　장만은 할 말이 없었다. 정충신의 말이 당연한 것이지만 자신의 휘하에 있는 군사보다 이괄의 군사가 더 정예화 되어 있고, 그 수도 많지 않은가! 무작정 출병하기보다는 백전백패의 계략이 있어야 했다.

"사또, 출병을 명하여 주시옵소서!

정충신의 다급한 목소리가 동헌을 울렸다. 그러자 장만은 한참 동안 무엇인가를 곰곰이 생각하다가 입을 열었다.

"좋소! 출병합시다. 허나 그 전에 해야 할 일이 있소이다."

"그 일이 무엇이옵니까?"

장만의 말이 떨어짐과 동시에 정충신이 되물었다.

"이괄은 상, 중, 하의 세 가지 계책을 가지고 있을 것이오. 이중 상책은 후금과 결합하여 밀어붙이는 것이고, 중책은 평양 이북을 자기 관할로 놓고 일대 전쟁을 벌이는 것이오. 그리고 하책은 곧바로 한양을 점거하여 국정을 바꾸는 일이라 보는데 그대의 생각은 어떻소?"

장만의 생각은 치밀했다. 섣불리 뒤쫓다가는 변방이 비게 되고 이때 후금이 침범하면 반란은 거의 이괄의 승리로 끝날 것이 아닌가!

"이괄은 분명 하책을 쓸 것입니다."

정충신은 자신 있게 자신의 뜻을 말했다.

"제가 안주에 있을 때 주의 깊게 이괄을 주시했습니다. 이괄은 북방에는 조금도 관심이 없었고 오히려 남쪽으로만 전 군을 투입하고 있었습니다. 이는 일단 권력을 잡고 보자는 공명심에서 나타난 의도가 분명합니다. 그리고 이후 다른 임금을 내세워 정통성을 부각시킬 것입니다."

정충신이 말을 마치자 장만은 무릎을 치며 말했다.

"그 말이 맞소! 목사는 이 길로 이괄의 뒤를 쫓으시오. 내 곧 군량을 조달하여 가리다."

명이 떨어지자 곧바로 정충신은 군사들을 데리고 이괄의 뒤를 쫓았다. 하지만 임진강을 건너기도 전에 이미 이괄의 군대는 한양을 점령했다. 정충신은 휘하 병사를 둘러보고 입을 열었다.

"북산(北山)에 웅거해야 한다. 북산에 진을 치면 그 형세가 도성을 내리누르는 것이 된다. 그러면 도성의 백성들이 관군이 온 것을 알게 될 것이고 민심을 돌리기 위해 적은 반드시 나와 싸울 것이다. 싸우면 적은 위를 바라보고 치게 되는 형국이니 지형이 견고한지라 승리는 능히 우리의 것이 된다."

그리고 곧 말을 몰아 북산으로 향했다. 북산 아래에 도달해서는 말을 버리고 도보로 올라 봉화를 맡은 군사를 생포하여 평시처럼 봉화를 올리도록 지시했다.

곧 다음 부대가 도착하여 북산을 중심으로 각 방위마다 군사를 배치하고 도원수를 후군으로 한 뒤 하룻밤 사이에 싸움 준비를 다 마쳤다.

다음날 아침이 되어서야 이괄은 북산에 주둔하고 있는 토벌군을 보았고, 급히 사람을 보내어 실정을 파악했다.

"병법에 이르기를 비록 정예부대를 선봉을 삼아도 대장이 뒤에 있으면 그 군사는 내심 불안해 한다 했다. 지금 저 군사들이 오긴 왔어도 대장 장만이 뒤에 웅크리고 있으니 저들은 분명 불안에 떨고 있을 것이다. 곧 나가 싸우면 승리는 우리의 것이다!"

이괄의 마음은 벌써 승리의 기쁨으로 충만했다. 자신의 위용을 과시하기 위해 백성들을 불러 모두 나와 구경하게 하고, 성문을 열고 일시에 관군을 공격하였다.

퇴로까지 끊긴 관군에게는 다른 길이 없었다. 다들 죽기를 각오하고 싸우니 비록 이괄의 군대가 만 명이 넘었으나 쉬운 상대는 아니었다.

"싸워라! 죽기를 각오하고 싸워라! 저들이 아무리 병력이 우세하더라도 이 지형은 우리에게 유리하다. 결코 패하지는 않으리라!"

정충신은 사방으로 뛰어다니며 군사들을 독려했다. 하지만 수많은 군사가 반란군의 화살과 총탄에 쓰러졌고, 지휘하는 장수들마저 하나 둘 죽어갔다. 옆에서 함성을 지르고 있던 동료가 잠시 눈을 돌리고 나면 어느새 시체로 변해 있으니 관군들의 분노도 이만저만이 아니었다.

오후가 되자 바람이 아래로 불기 시작했다. 바람의 향방은 싸움에 있어 많은 병력을 새로 얻음과도 같다. 같은 힘으로 당겨도 바람을 탄 화살은 배가된 힘으로 반란군에게 향했다.

여기저기에서 반란군이 쓰러졌고, 선두에서 지휘하던 장수들 몇 명이 죽기도 했다. 이것을 본 관군들의 사기는 가히 하늘을 찌를 듯했다.

"자! 때는 이때다! 모두 나가서 적들을 주살하라!"

관군의 사기가 오르자 반대로 적의 사기는 한층 떨어졌다. 이 기회를 놓칠 정충신이 아니었다. 바로 진격 명령을 내렸고, 진격한 관군은 반란군들을 죽이기 시작했다.

이괄의 군대는 크게 당황했다. 이미 선봉에 섰던 장수들조차 저승으로 가는 것을 지켜본 터였고, 거꾸로 매달린 병에서 물이 콸콸 쏟아지듯 위에서 덮치는 군사들을 당하기에 이들의 사기는 너무 떨어져 있었다.

"항복하라! 투항하는 자에겐 죄를 묻지 않겠다!"

이괄의 군사는 점차 세력이 약해졌다. 급기야 한두 명씩 무기를 버리고 도망가기 시작했다.

싸움의 승패는 결정된 것이다. 이괄은 황망히 서대문 뒤로 도망치려 했다. 그러나 이를 지켜보던 백성들이 돈의문과 서소문을 굳게 닫아버려 측근 몇 명만 데리고 수구문을 빠져나와 강을 건너 남쪽으로 달아나고 말았다.

인조반정 후의 공신 논란에서 소외당한 무인 이괄. 이괄은 짧은 기간 동안 한 시대를 어둠으로 몰아넣었으나 다행히 하늘은 용장 정충신을 두어 나라를 위기에서 구하게 하였다.

한 나라에 위급이 있으면 이를 마무리하는 자가 어디엔가 존재하는 법이다. 후에 정충신은 그 공을 인정받아 부원수의 직책과 포도대장까지 역임하였으니 통인의 신분으로 본다면 참으로 놀라운 일이다.

인조반정

    선조의 뒤를 이은 광해군은 임진왜란 기간 동안 많은 공을 세웠으며, 왕이 된 후에도 당쟁의 폐해를 억제하며 대동법을 실시하는 등 많은 업적을 세웠다. 또한 외교적으로는 명과 후금 사이에서 중립외교 솜씨를 보였으며 일본과는 기유약조(己酉約條)를 체결하여 끌려간 포로를 돌려받는 등 능란한 정책을 가졌다. 그러나 그 역시 당파싸움의 굴레를 벗어나지 못하여 왕위에 오르는 과정에서 많은 도움을 준 대북파의 강력한 요청에 따라 영창대군(永昌大君)을 죽였으며, 계모인 인목대비(仁穆大妃)를 서궁(西宮)에 유폐하는 등 폐륜을 저질렀다. 이러한 실정은 서인들의 반발을 불러일으켰고, 급기야 서인들은 능양군(인조)을 옹립하고 이괄을 대장으로 삼아 거사를 일으켰으니 이가 곧 인조반정이다. 이 반정 후 광해군은 폐위와 함께 유배되었으며 대북파 수십 명이 참수되었고, 그 추종자 역시 모두 귀양을 갔다. 또한 반정에 공을 세운 자들은 정사공신(靖社功臣)의 호를 받고 요직을 차지하였다.

보수적 명분인가
진보적 실리인가

"자, 출발하라."

청의 장수 구왕(청 태종의 아홉 번째 동생)이 승리감에 한껏 도취된 목소리로 명령을 내리자, 행렬은 힘차게 움직였다. 전승군의 행렬은 의기양양했다. 선두에는 위용을 드러낸 장수들이 마상에 앉아 있었고, 그 뒤로는 조선국으로 쳐내려올 때의 십만 대군이 질서정연하게 따랐다.

모두들 고국으로 돌아간다는 기쁨에 발걸음이 가벼웠다. 그러나 행렬의 후미에는 이들과는 정반대로 터벅터벅 걸음을 옮기고 있는 자들이 있었다.

바로 청국에 볼모로 끌려가는 소현세자와 그의 일행이었다. 이들에게는 지금 걷고 있는 이 길이 생전에는 다시는 돌아올 수 없는 마지막 길인지도 몰랐다. 자연히 이들의 걸음은 더디었고, 청군들은 이를 용납하지 않았기에 여기저기에서 큰소리가 튀어나왔다.

"빨리들 움직이지 못하겠느냐!"

"이 굼벵이 같은 놈들아. 빨리 걷지 않으면 죽여버리겠다!"

청군은 채찍까지 휘두르며 걸음을 재촉했다. 군사들의 다그침이 성화같았지만 고국을 등지는 이들의 심정을 억누르지 못했다. 이들은 연신 고국의 산천을 바라보며 눈물을 뿌렸고, 여기저기에서 소리 내어 우는 사람도 있었다. 여기에 이들의 모습을 바라보며 길가에 늘어선 백성의 눈물까지 겹쳐 행렬이 지나간 자리는 눈물바다를 이루었다.

가마 안에 앉아 있는 소현세자의 양 볼에도 뜨거운 눈물이 흘러내리고 있었다. 다만 울음을 참고 있을 뿐이었다.

'지금 나마저 울음을 터뜨리면 이 백성들의 심기는 걷잡을 수 없게 된다. 이들이 가는 이 길은 죽음보다도 더한 고통이 아닌가. 소무를, 소무를 생각해야 한다.……암, 그러면…… 되는 게야.'

소무는 한나라 무제 때 흉노 땅에 사절로 갔다가 잡히게 되자 열아홉 해 동안 끝내 흉노에 굴하지 않은 열사이다. 소현세자가 청국으로 잡혀가게 되자 부왕인 인조는 떠나는 세자에게 오랑캐 땅에서 소무와 같은 절개를 지키라고 당부하였다.

'아바마마…….'

소현세자는 이를 악물었다. 그러나 의지와는 상관없이 눈물은 멈추지 않고 계속해서 흘러내렸다.

인조 15년(1636) 2월 초순이었다.

조선조 16대 임금 인조 때의 조정은, 명나라를 어버이처럼 섬기자는 서인들의 득세로 후금(청나라의 전신)을 멸시하는 풍조가 짙었다. 이 친명배금 정책은 명분을 중시하는 사람들의 지지를 얻어 광해군을 몰아내고 인조 시대를 연 계기도 되었다.

이에 청나라의 분노는 대단하였다. 광해군 시대에는 중립 정책을 펼쳐 자신의 나라가 가진 힘을 인정하였건만 인조는 인정은커녕 아예 깔보고 있지 않은가. 게다가 후금이 요동을 치자 조선은 명을 도와 후방에서 후금을 괴롭히기까지 하였다.

"하룻강아지 범 무서운 줄 모른다더니!"

결국 후금은 이를 구실로 조선에 쳐들어왔다. 이것이 정묘호란 (1627)이다. 후금이 11일 만에 황해도 평산까지 내려오자 당황한 조정 은 급히 강화도로 피난을 갔고, 세자는 전주로 내려가 의병을 규합하 였다. 하지만 강화에 갇혀 힘이 없는 조정은 화평을 원했고, 이후 두 나라는 형제의 나라가 되기로 한 뒤 전쟁을 마무리 지었다.

이후 후금은 국호를 청이라 고치고 조선에 대해 군신 관계를 요구 해왔다. 이를 둘러싸고 조정의 논의는 주전 주화의 양론으로 갈라졌 다. 결국 대세는 척화 주전론으로 기울어, 사신으로 온 용골대 일행을 죽이려고 하였다.

"저들을 죽여 후세에 교훈을 남겨야 하오. 하늘에는 해가 하나이고 사람에게는 아버지가 하나이듯 신하에게 임금이 둘이 있을 수는 없는 일이오."

척화주의자들은 명에 대한 사대주의를 들어 청의 요구를 완강히 거 부하였다. 이로 인해 인조 13년(1636) 병자호란이 일어났다. 청나라는 다시 압록강을 넘어 단 엿새 만에 한양으로 밀어닥쳤다.

속수무책이었다. 명분만 앞세우고 나라를 지킬 힘은 없는 조정이었 다. 인조는 남한산성으로 피신을 갔다가 다음해 1월 송파의 삼전도에 나가 항복을 하고 말았다. 나라를 지킬 힘은 없으면서도 제 잘났다고 만 우겨대던 척화주의자들. 이들로 인해 나라는 풍비박산이 나고 더불어 다음 대를 이어갈 세자마저도 볼모로 잡혀가게 된 것이다.

소현세자 일행이 심양에 도착하자 청나라는 이들을 위해 관소를 하나 마련해 주었다. 이 관소에서 세자는 세자빈 강씨와 아우 봉림대군 (후에 효종이 됨), 그리고 수행원 3백 명과 이후 8년여의 세월을 보내게 되었다.

세자 일행에 대한 청나라의 감시는 몹시 심했다. 하루 24시간 감시병이 도처에 서서 소현세자가 조금이라도 문 밖으로 나서지 못하게 제재했다. 심지어 이들은 소현세자에게 무례를 범하기도 했다.

그러나 세자는 무슨 생각에서인지 이런 행동을 그저 웃으며 받아넘겼다. 어떤 때에는 사람을 시켜 그들에게 약주까지 전하기도 했다.

소현세자의 이런 행동이 잦아지자 참다못한 봉림대군이 이를 탓하며 나섰다.

"저하, 저하께옵서 설마 아바마마의 통한 서린 뜻을 저버린 것은 아니겠지요. 어찌하여 저 오랑캐 병졸에게 그런 자비를 베푸시는 것이옵니까?"

잔뜩 볼멘 소리였다.

"……."

세자는 그저 말없이 자기를 탓하는 아우를 바라볼 뿐이었다. 그러자 봉림대군과 동행했던 판서 남이홍이 떨리는 목소리로 말했다.

"저하, 아뢰옵기 황송하오나 저들의 신분이 오랑캐임을 잊어서는 아니 되옵니다. 저들은 조선을 짓밟고, 주상을 모독한 천하의 원수이옵니다. 사사로운 정에 구분을 두시옵소서."

"……."

"저하."

봉림대군의 두 눈에 간절함이 서렸다. 그때서야 소현세자는 마지못해 입을 열었다.

"그대들은 벌써 상감마마의 뜻을 저버린 모양이구려.

"……."

"……."

봉림대군과 남이홍은 그만 말문이 막혔다. 지금 자신들이 인조의 뜻을 말하며 세자의 행동을 탓하고 있건만 오히려 소현세자의 입에서 이런 말이 나오다니, 이건 적반하장도 유분수가 아닌가.

그러나 이들의 놀라는 표정에는 관심도 없다는 듯이 소현세자는 계속해서 말을 이었다.

"들으시오. 내 이곳에 도착하여 세월을 관망해보니 그대들은 노골적으로 청국을 멸시하는 태도를 보이고 있소. 물론 그대들의 심정을 모르는 바는 아니나 강하게 나오는 자에게는 언제나 강한 자가 그 앞을 가로막게 마련인 게요. 반면 약하게 나오면 상대 역시 약한 자가 나를 경계하게 되는 법이지요. 내가 저들에게 인정을 베푸는 것은 저들의 마음을 풀어놓자는 것이오. 또한 이런 우리의 자세가 저들 왕에게 전달되면 우리가 조금이나마 자유로워질 수 있다는 생각에서요. 그래야 우리가 뜻한 바를 수월히 해결할 수 있을 것 아니요. 이제 내 뜻을 아시겠소?"

"……."

"……."

더 이상 무슨 말이 필요하랴. 세자의 언행이 이미 미래를 내다보고 하는 일이거늘……. 봉림대군과 남이홍은 그저 상기된 얼굴로 소현세자의 얼굴만 바라볼 뿐이었다.

소현세자의 생각은 그대로 맞아떨어졌다.

얼마의 세월이 흐른 뒤 청나라는 소현세자를 그곳 왕족과 어울리게 하였다. 술자리도 함께 하고, 같이 사냥도 다녔다. 그러나 이런 상황에서도 청나라는 명나라를 치는 데 군사를 보조하는 문제 등을 자주 꺼내며 조선의 도움을 요청하는 일 또한 잊지 않았다.

소현세자 역시 부드럽고 유순한 태도로 이들의 요구를 들어주는 척하면서 시일을 끌었다. 그러면서 청나라의 동태를 낱낱이 살펴 의주에 부윤으로 있는 임경업에게 알렸고, 이 소식은 조선의 조정으로 들어갔다.

조선에서 볼 때 청나라에 있는 소현세자는 이제 볼모가 아니라 중대한 외교 창구였다. 그러다 보니 조선은 청국과 말하기 껄끄러운 일들을 모두 소현세자에게 떠맡겼고, 세자는 양국 사이에서 조정자 역할을 담당하게 되었다.

세월이 흐를수록 소현세자의 어깨는 무거워져갔다. 작게는 포로 송환 문제에서부터 크게는 청나라를 불신하던 조선의 대신을 잡아 심양에 가두는 문제까지 양국의 입장을 오가야 했다. 때로는 청국의 입장에 서서 그들의 마음을 달래야 했고, 때로는 조선의 자존심을 지켜야만 했던 것이다.

청나라에서 소현세자의 역할. 그는 조선에서는 정치적으로 아무런 실권이 없는 세자였으나 청나라에서는 조선의 국왕보다 큰 힘을 지니고 있었다. 청의 황족들은 점차 소현세자에 대한 인식이 바뀌어 그의 말이라면 귀담아 들으며 후한 대접을 하였다.

소현세자는 볼모로 잡혀왔지만 이제 더 이상 볼모가 아니었다. 그들은 세자를 정치와 경제를 논하는 자리에도 참석시켰고, 세자의 의견을 진지하게 듣기도 했다. 밤이 깊도록 주연을 베풀어 세자를 위로하기까지 했다. 그러나 이런 날 밤이면 세자는 늘 우울했다.

'명나라를 존중하고 의를 세운다는 것이 다 무엇이더냐? 우리나라가 숭상하는 명은 그 목숨이 다하여 멸망 직전에 있는데 우리는 어리석게도 명분에만 치우쳐 스스로 화를 자초함이 아니더냐? 참으로 답답하다. 청나라는 비록 야인의 집단이었으나 이제 커다란 세력을 지닌 강자이고, 우리가 배워야 할 것도 무수히 많은데……'

소현세자의 갈등은 날이 갈수록 심해졌다. 나라의 발전을 위해서라면 청나라의 문물을 받아들여야 하지만, 부왕의 의지에 따르자면 청을 무시한 채 쇄국정책을 고수하는 길밖에 없는 것이 아닌가.

이런 가운데 세월은 흘러 인조 22년(1644) 봄, 청국은 기어이 북경으로 진격하여 명나라를 무너뜨렸다. 그리고 그해 9월 소현세자는 청 태종을 따라 북경에 들어가 약 70여 일을 머물렀다.

이때 소현세자는 북경 곳곳을 자유롭게 왕래하다가 당시 북경에 와 있던 서양인 선교사들을 만나게 되었다. 선교사 중에는 아담 샬이라는 사람도 있었다.

소현세자는 아담 샬과 만나면서 그의 일생에 대전환을 맞이하였다. 서양의 천주교를 알았고, 과학 문명에 눈을 떴다. 특히 역법에 깊은 관심을 가지고 유럽인이 주관하는 천문대에도 자주 찾아갔다. 소현세자는 동양과 서양의 역법을 비교 연구하였으며, 조선의 천문학이 아주 초보적인 단계에 있다는 것도 깨달았다.

이런 소현세자를 아담 샬은 물심양면으로 도왔다. 고심해서 만든 한문으로 된 천문역산서(天文曆算書)와 여지구(輿地球), 그리고 천주 상까지 선물로 주었다. 소현세자는 뛸 듯이 기뻐했다. 실로 새로운 세계와의 만남이 아닌가. 그는 아담 샬에게 장문의 편지를 썼다.

'……귀하의 귀중한 선물을 받고 얼마나 기뻐하고 감사했는지 모릅니다. 그중 책 몇 권을 읽어보니 그 속에서 정신수양과 덕행을 실천하는 데 적합한 교리를 발견하였습니다. 천문학에 관한 책은 귀국하는 즉시 학자들에게 널리 알리고자 합니다. 이는 조선이 서구 과학을 아는데 큰 도움이 될 것입니다. ……서로 멀리 떨어져 살던 우리가 이국땅에서 만나 형제와 같이 마음이 맞으니 이는 실로 하늘이 우리를 맺어준 듯 하여이다…….'

소현세자의 혼돈되어 있던 생각에 대전환이 일어난 것이다. 명에 대한 명분은 이제 소현세자의 머릿속에서 완전히 사라졌다. 나라의 진정한 힘을 키울 수 있는 참된 명분을 찾은 것이다. 이런 그에게 며칠 후 아담 샬이 찾아왔다.

"세자께서는 영세를 받은 청나라 사람과 함께 귀국하심이 어떠신지요?"

진실로 조선에 천주교의 뿌리를 내리겠다는 의지였다.

"저와 저의 백성을 가르칠 수 있는 당신이나 당신의 동료 중 한 분이 저와 함께 가신다면 큰 힘이 되겠습니다."

소현세자는 한 다리 건넌 사람보다는 당사자가 직접 가기를 원했다. 그러나 아담 샬은 고개를 내저으며 말했다.

"아닙니다. 지금까지 조선에는 이국인의 출입이 없었기 때문에 서양인 선교사가 가면 위험 부담이 있습니다. 정녕 그러하다면 청나라 사람이 아닌 영세 받은 명나라의 환관이나 궁녀를 데려가심이 어떠신지요?"

"아!"

아담 샬의 말 중에 명나라 사람이란 단어가 나오자 소현세자는 무릎을 치며 기뻐했다. 조선은 아직도 명나라를 섬기고 있으니 명나라 사람을 데려가면 새로운 문물을 쉽게 알릴 수 있을 것이 아닌가.

이때 청나라는 이미 중원까지 세력을 넓혀 더 이상 조선을 경계할 필요가 없어졌다. 따라서 볼모도 의미가 없게 되어, 소현세자 일행에게 조선으로 돌아가도 좋다는 명을 내리게 되었다.

인조 22년 1월

소현세자는 일행을 데리고 조선으로 돌아왔다. 청나라에 있을 때 모은 물건과 수많은 선물을 안고 귀국하는 세자의 두 눈에서 기쁨의 눈물이 흘러내렸다. 그러나 기쁨도 잠시뿐이었다. 마땅히 자신을 크게 환영할 줄 알았던 조정의 분위기는 냉랭하기 그지없었다.

"아니, 나라에 무슨 변고라도 있단 말이오? 어째서 세자께서 돌아오셨는데도 환영 행사가 없단 말입니까?"

참다못해 남이홍은 마중 나온 몇몇 대신에게 물었다. 이들은 주저주저하다가 간신히 입을 열었는데 그 대답이 가관이었다.

"어명이십니다. 명나라가 망해 지금 조선은 전시 체제에 있으므로 환영식은 도리에 맞지 않는다는 주상 전하의 명이 계셨습니다. 그런데……."

"그런데라니요."

"그런데 저 많은 물건이 다 무엇이옵니까?"

그들이 가리키는 것은 산더미처럼 쌓여 있는 소현세자의 물건들이었다.

"아, 저것은 저하께서 가져오신 것이오. 청나라에 계실 때 쓰던 물건과 환국하실 때 받은 선물들이 대부분이지요."

"……."

남이홍의 대답에 대신들의 얼굴에는 실망의 빛이 어렸다. 그러나 이들은 곧 표정을 바꾸었다.

"상감마마께서 기다리고 계십니다. 어서 저하를 편전으로 모시지요."

그리고 몸을 돌려 궁궐로 들어갔다.

이들의 대화를 전해들은 소현세자의 가슴이 답답하였다. 아직까지도 조선 조정은 청나라에 대한 감정이 그대로인 것이다. 세상의 변화를 조금도 수용하려 하지 않고 두껍게 벽을 쌓고 있는 것이다. 조선에 도착하자마자 자신이 생각해왔던 일을 하나씩 추진하려 했건만 이런 상태라면 어림도 없는 일이 아닌가.

그러나 미리 포기할 수는 없는 일이다. 소현세자는 입을 굳게 다물고 편전에 들어가 부왕을 배알했다. 하지만 쌀쌀하기는 부왕인 인조역시 마찬가지였다.

"세자는 들으라. 내 듣기로 세자는 환국시 많은 물건을 가져왔다고 하는데 대체 그게 다 무엇이더냐?"

이미 대신들에게 상황을 설명 들은 인조였다. 인조는 세자의 인사가 끝나자마자 노기 띤 목소리로 물었다.

"아바마마, 그것들은 소자가 청에 있을 때 모은 것들이옵니다. 또 일부는 환국시 선물로 받은 것이옵니다."

소현세자는 사실대로 이야기하였다. 그러자 인조는 심하게 떨리는 목소리로 호통을 쳤다.

"네 이놈! 네놈이 무슨 재주로 청나라에서 재물을 모을 수 있었단 말이냐? 내 너를 보낼 때 소무처럼 살라 했거늘 네놈의 행실이 어떠했기에 그렇게 호의호식할 수 있었단 말이냐? 그리고 선물이란 또 무어란 말이더냐?"

인조는 분노하고 있었다. 자신이 삼전도에 나가 굴욕의 항복을 한 청나라에게 세자가 환대를 받았다는 것은 소현세자가 자신의 뜻과 상반된 생활을 했다는 것이 아니고 무엇이랴.

"아바마마……."

소현세자는 할 말이 없었다. 그랬다. 분명 자신은 부왕의 뜻과는 생각이 달랐다. 그렇지만 저토록 분노하고 있는 부왕에게 자신의 뜻을 확고히 밝힐 수는 없었다.

"네 이놈, 이실직고하지 못할까?"

주저하는 소현세자에게 인조의 분노가 담긴 호령이 재차 떨어졌다. 순간 세자는 분위기를 바꿔야 한다는 생각에서 여러 가지 물건들을 주섬주섬 인조 앞에 내놓았다.

물건은 대개 서양의 책과 기계들이었다. 그리고 청 태종이 준 선물로 벼루까지 있었다. 소현세자는 이런 물건에 대해 설명하며 지금의 국제 정세를 우회적으로 표현했다.

그러나 이런 소현세자의 이야기를 들을수록 인조의 용안은 더욱 굳어지기만 했다. 급기야 인조는 벼루를 집어 들어 소현세자의 얼굴을 향해 힘껏 던졌다.

"네 이놈! 네놈이 나를 배신하고 조선을 배신하고 오랑캐 놈과 놀아났단 말이더냐!"

인조의 분노와 일격. 소현세자는 환국한 지 두 달 만에 병석에 눕게 되었다. 오한과 발열이 났고, 어의는 학질이라고 진단을 내렸다. 그리고 인조에게 침을 놓던 의관 이형익이 세자의 열을 내린다고 세 차례 침을 놓았는데 소현세자는 얼마 안 있어 창경궁 환경당에서 34세의 젊은 나이로 세상을 떠나고 말았다.

소현세자의 죽음

이 죽음에 대해서는 아직까지도 많은 의혹이 있다. 당시의 학자 이식은 소현세자의 묘비명에 이렇게 적었다.

'환궁 이후 연달아 한증과 열기가 있었다. 그런데 이를 치료하던 의원의 시술이 잘못되어 죽었다.'

또 인조실록에는 이렇게 적혀 있다.

'소현세자는 환국한 뒤 얼마 안 되어 병을 얻었고, 병을 얻은 지 며칠 만에 죽었다. 세자의 시체는 온몸이 새카맣고, 몸속에서 계속 피가 쏟아져 나와 7공에서 출혈이 멈추지 않았다. 낯빛은 마치 독약에 중독된 사람 같았는데 얼굴을 검은 천으로 가렸기에 다른 사람은 보지 못했다. 다만 그때 진원군 이세완과 그의 아내가 염에 참여하여 이 모습을 보았다.'

그렇다면 소현세자는 독살되었다는 말인가? 그렇다면 누가? 무엇 때문에?

알 수 없는 일이다. 그런데 더욱 기이한 일은 그가 죽은 후의 일이다. 인조는 장례 때 명정에 평인처럼 영구(靈柩)라고 쓰도록 지시했다. 이는 뒤에 신하들의 반론으로 세자의 예에 해당하는 재궁(梓宮)이라는 말로 고쳤다 한다. 또한 기일을 단축하여 초상을 치렀고, 참관 인원도 관례에 벗어나게 제한시켰다.

더욱이 의술을 잘못 써서 왕이나 세자를 죽게 하면 의관에게 그 죄를 물어야 하는 법인데 인조는 오히려 의관 이형익을 두둔했다고 한다. 또한 다음해에는 세자빈에게 사약을 내려 죽게 했으며, 세자빈의 칠순 노모와 어린 조카마저 죽인 뒤 세자의 세 자식은 귀양 보냈다.

소현세자

인조의 의지가 한쪽으로만 너무 집착되어 있었고, 이 뜻에 대해 무의미함을 몸으로 느껴 심한 번민에 휩싸였던 세자. 명분이라는 벽에 둘러싸여 밖으로 눈을 돌리지 못한 나라에서 유일하게 깨어 있었던 사람. 사대주의의 명리를 추구하는 지도층의 보수성 속에서 진보를 추구하던 인물.

과연 소현세자는 조선의 배신자였을까?

부왕의 뜻마저 내심 거절해가며 밤마다 가슴속에 조선의 밝은 미래를 수만 번 쌓았다가 부수고 또 쌓았을 그였다.

만일 당시 소현세자가 왕위에 올랐더라면 지금 우리의 역사는 어느 방향으로 획을 긋고 있을까.

병자호란

1627년 정묘호란은 조선과 후금을 형제지국의 나라로 만들고 일단락되었으나 후에 후금은 두 나라의 관계를 군신지의(君臣之義)로 고칠 것을 비롯하여 부당하고 무례한 요구를 자주 하였다. 이에 분개한 인조는 청과의 결전 의사를 굳히면서 도전적인 자세를 보이자 청 태종은 10만대군을 거느리고 침략을 강행하였다. 조선 역시 청의 침략을 대비하여 임경업 장군을 필두로 의주의 백마산성에서 결사항전을 준비했으나, 청은 이를 역이용하여 의주를 피해 한양으로 진격하였다.

한양이 위기에 처하게 되자 조정은 왕자들을 비롯한 종실을 강화로 피난하게 했다. 그리고 12월 14일 밤 인조 역시 피난길에 올랐으나 청군으로 인해 길이 막혀 세자와 함께 남한산성으로 피난하여 항전하고자 했다. 그러나 16일 청나라 선봉군이 남한산성을 포위하였고, 1637년 1월 1일 태종이 도착하여 남한산성 아래 탄천(炭川)에 20만 청나라 군을 집결시켜, 성은 완전히 고립되었다. 성의 고립은 곧 식량부족으로 이어졌으며, 추위와 굶주림에 시달리는 백성들의 고통을 보다 못해 인조는 삼전도에서 태종에게 항복을 하였다. 이로써 조선은 완전히 청나라에 복속하게 되었다. 이 관계는 1895년 청·일전쟁에서 청나라가 일본에 패할 때까지 유지되었다.

울릉도가 네놈들 땅이라니

조선조 19대 왕 숙종 때의 일이다.

경상도 동래부에 안용복이라는 호걸이 살았다.

안용복은 일찍이 수군에 들어가 말단 직책에 있으면서 부산에 있는 왜관에 자주 출입하여 일본어에 능한 사람이다. 그러다 보니 조정에서 무슨 일이 있어 일본인과 대화를 하고자 할 때면 통역관을 따로 두지 않고 안용복을 대동하였다.

자연히 안용복은 수군의 말단 직책에 있으면서도 군인으로 일하기보다는 통역관으로 일하는 경우가 많았다.

동료들은 이런 안용복을 매우 부러워하였다. 그러나 이런 말을 들을 때마다 안용복은 곧잘 한숨을 내쉬곤 했다.

"자네들이 몰라도 너무 모르는군. 도대체 이 통역이라는 것이 배알이 꼴려서 못 해먹을 짓이라네. 내 왜관에 가는 날이면 그날은 취하지 않고서는 잠을 못 잔다네!"

"아니, 이 사람 그게 무슨 말인가! 부사님을 모시고 들어가면 그날 하루는 일도 안 하고, 또 코앞에 산해진미가 떡하니 벌어져 있을 텐데 뭘 그러나."

안용복이 한탄을 하면 동료들은 말 같지 않은 소리 그만 하라고 오히려 핀잔을 주었다. 그러면 안용복은 형형한 눈빛을 보내며 꾸짖곤 하였다.

"이 사람아. 부산이 일본 땅인가 우리 땅인가! 내가 부사님을 모시고 왜관엘 가면 그놈들은 자기들이 주인인 것처럼 언제나 거들먹거린다네. 심지어 자기들 뜻대로 하지 않으면 다시 임진년처럼 될 수도 있다느니 어쩌느니 하면서 공갈까지 해대니, 이거 어디 더러워서 해 먹겠는가!"

"아니! 그럼 부사님은 가만히 있고?"

"······그러게나 말일세. 되레 부사님은 겁을 먹고, 조정의 뜻이라며 그들의 비위만 맞추려 한다네."

"설마 어디 그러실라고."

말단도 최말단에 있는 사람들에게 부사의 위치는 하늘같은지라 안용복의 말이 더 의심스러웠다. 그럴수록 안용복의 마음은 더 답답해졌다.

'조정은 당파싸움 하느라 다른 곳엔 관심도 없고, 지방 수령들은 무사안일주의에 빠져 있으니 대체 왜관의 이 작태를 누가 막는단 말인가!'

결국 안용복은 이런 꼴을 보지 않으려고 관직을 그만두었다. 그리고 일개 평범한 어부가 되어 바다에 나가는 즐거움으로 하루하루를 보냈다.

해가 바뀌어 숙종 19년(1693) 봄이 되었다.

안용복은 동래 어민 40명과 더불어 울릉도에 들어가 고기도 잡고 해초도 뜯었다. 울릉도는 육지와 멀리 떨어져 있어서 고기도 많았고, 연안엔 해초도 무성했다.

"어이! 여기다 그물을 던지자고!"

"좋지! 어디면 어때. 다 황금어장인걸."

"자, 자! 어서 만선 준비나 하자고!"

어민들은 흥이 절로 났다. 여기저기에서 들뜬 목소리가 터져 나왔고, 구성진 뱃노래가 이어졌다. 간혹 뱃노래가 멈출 때는 어선에 올라온 고기를 정신없이 주워 담을 때뿐이었다. 그러던 중이었다.

"어, 저기 왜선이 온다!"

잠시 허리를 펴고 한숨을 돌리던 한 어부가 해상 한 곳을 가리키며 고함을 쳤다. 이 소리에 놀란 어부들은 다들 흉흉한 눈빛으로 그곳을 바라보았다.

"저놈들! 저 나쁜 놈들!"

어민들에게 있어 어장은 농민들의 논과도 같은 것이다. 왜선이 이 나라 어장에 들어온다는 것은 곧 농토를 짓밟는 것과 다를 바 없지 않은가!

안용복은 몸을 부르르 떨었다.

그렇지 않아도 저들의 작태를 누누이 보아온 안용복이었다. 그 꼴이 보기 싫어 관직을 버렸는데 이 바다까지 뻔뻔스럽게 놈들이 침범하고 있으니 도무지 참을 수가 없었다.

안용복은 배를 몰아 왜선으로 다가가서 큰소리로 외쳤다.

"대체 너희들은 누구냐! 왜 남의 나라에 들어와서 노략질을 하려는 것이냐!"

안용복의 목소리는 분노로 떨리고 있었다. 그러나 이를 들은 일본 어민들은 오히려 적반하장이었다.

"웃기지 마라! 이곳이 왜 너희 영역이더냐! 이 섬은 엄연히 다케시마〔竹島〕라는 이름을 가진 우리 영토다!"

이 말을 들은 안용복은 기가 막혔다. 영역을 침범한 것으로 모자라 울릉도를 아예 자신들의 섬이라고 우겨대다니, 적반하장도 이런 적반하장이 어디 있는가.

"이놈들! 이 섬에 옛적부터 우리 선민들이 살았는데 어찌 그따위 허무맹랑한 소리를 한단 말이냐!"

울릉도는 삼국시대에는 우산국(于山國)이라고 불렸으며 많은 사람이 살았다. 그러다가 고려 초기에 함경지방의 여진족이 자주 출몰하여 행패를 부리고 주민을 납치해가자 조정에서는 주민들을 내륙으로 이주시키고 오랫동안 이 섬을 비워두었다. 섬이 빈 뒤에는 군역과 세금을 피하려는 자들이 여기에 숨어 들어와 살았다. 그러자 태종과 세종은 이런 자들을 모조리 잡아들인 뒤 이 섬을 폐쇄시켰다. 다만 이곳의 자원이 훌륭한지라 어민들의 출입은 허가하되 살지는 못하게 한 것이다. 이때부터 울릉도는 무인도가 된 것이다.

"허허. 이 멍청한 조선놈아! 너희 조상이 이 섬 어디에 살았더냐? 말도 안 되는 소리 말고 썩 물러가라!"

왜선 여기저기에서 비웃음 소리가 들렸다. 안용복은 그만 화가 머리끝까지 치밀어 동료 박어둔과 함께 왜선으로 뛰어들었다.

"네놈들을 모조리 박살내고 말리라!"

이들은 닥치는 대로 물건을 집어 던지며 왜선을 헤집고 다녔다. 하지만 중과부적이었다.

곧 안용복과 박어둔은 꽁꽁 묶였고, 그대로 에도 막부로 끌려갔다.

'에도'란 일본 도쿄의 옛 이름이고 '막부'란 그 지역의 통치권을 가진 사람이 정무를 보는 곳이니 안용복에 대한 저들의 경계심도 대단한 것이었다.

에도까지 끌려온 안용복은 오히려 넘치는 용력으로 막부를 대하였다.

"울릉도와 독도는 본디 조선의 땅이오. 지형으로 말하자면 조선에서는 40리로 하룻길이지만 일본에서는 닷새나 되는 길인데 어째서 이 땅이 일본의 영토란 말이오! 또 조선의 영지에 있는 조선 사람을 끌고와 구속시키는 것은 무슨 짓이란 말이오!"

당찬 항의와 굽힐 줄 모르는 기개는 가히 이들을 압도하고도 남았다.

"그대의 말이 맞소. 울릉도는 조선의 땅이 분명하오. 내 다시는 침범하지 않게끔 할 터이니 일단 이 약조문을 가지고 돌아가시오."

막부에서는 오히려 예의를 갖추어 안용복을 돌려보냈다. 안용복은 무한한 기쁨에 약조문을 보고 또 보곤하였다. 하지만 기쁨도 잠시였다. 안용복의 배가 나가사키를 막 지났을 때 전함 한 척이 쏜살같이 달려와 앞을 가로막았다.

안용복은 직감적으로 막부에서 써준 약조문 때문임을 알아차렸다. 곧 이를 품속에 깊이 갈무리하고 정중히 말했다.

"수고들 하십시오. 본인은 귀국에 표류하여 왔다가 이제 돌아가는 길이오니 양해 바랍니다."

하지만 이들은 막무가내였다. 이미 안용복에 관한 사전지식을 알고 나온 자들이었다. 몸수색을 하더니 품속에 있던 약조문을 빼앗고, 안용복을 대마도 도주(島主)에게 끌고 갔다.

막부에서 써준 약조문은 대마도 도주에게 충격적이었다.

대마도는 본디 토지가 척박하여 곡물도 제대로 성장하지 않는 땅인데다가 물의 거센 흐름으로 조업도 제대로 되지 않는 섬이었다. 다행히 비가 제때 내리고 바람이 제대로 불어주면 한해살이는 할 수 있지만 그렇지 않으면 살기가 어려웠다. 따라서 섬을 운영하는데 있어 고충이 많았기에 도주로서는 그 타개책으로 울릉도 진출을 꾀하고 있던 참이었다.

도주는 곧 막부에 상소문을 올렸다.

'이러한 사정으로 저희 대마도는 울릉도가 필요합니다. 막부에서 이를 묵인해 주신다면 하늘이 내린 은혜로 알겠습니다.'

하지만 이미 안용복과 약조한 막부였다. 막부에서는 곧 회신을 보냈다.

'본래 조선의 땅이다. 그 작은 섬으로 인해 양국의 화평을 깨는 일이 없도록 하라.'

그러나 이에 따를 도주가 아니었다. 온갖 지혜를 동원하여 간계를 꾸몄다. 그는 안용복을 조선의 아는 왜관으로 송환하면서, 한편으로는 조선 조정에 조선인이 일본 영토 '다케시마'에서 어업행위를 하는 행위를 금해 달라고 공식문서를 보내기도 했다.

봄에 고기 잡으러 나갔다가 가을에 돌아온 안용복이었다. 그는 뛸 듯이 기뻤으나 웬일인지 왜관에서는 안용복을 풀어줄 생각도 하지 않았다. 답답한 마음에 일본인들에게 물어보면 그들은 씩 웃으면서, 애

매모호하게 대답하였다.

"너로 인해 우리가 되레 좋아지겠다!"

순간 안용복은 일이 잘못 되어가고 있다는 것을 느꼈다. 일전에 자신이 보아왔던 왜관에 대한 부사의 저자세를 생각하니 눈앞이 깜깜했다.

아니나 다를까 왜관은 '울릉도'라는 지명을 사용치 않고 계속해서 '다케시마'라고 우겨대며 이 섬의 소유권을 주장하고 나섰다. 한편으로는 안용복을 한 달 이상이나 가두어놓고 그의 입에서 허튼 소리가 새지 않도록 조치하였다.

조정에서는 이를 두고 연일 갑론을박이 벌어졌다. 심지어 어떤 대신은 이렇게까지 이야기하였다.

"그까짓 삼백 년 이상이나 아무도 살지 않았던 섬, 줘버리고 일본과 화평하게 지냅시다."

이런 사실을 전혀 모르는 채 안용복은 한 달이 지나 왜관에서 풀려나왔으나 곧 동래 부사에게 끌려갔다. 부사는 원래부터 안용복과 잘 아는 터이지만 자신이 부사로 있는 이상 그저 사고가 없기만을 바랐다.

"네 이놈! 네놈이 국경을 넘어 양국 관계에 불편을 주었으니 네 죄가 큼은 네놈이 잘 알렷다!"

부사는 안용복을 엄히 꾸짖고는 태형을 내리고 옥에 가두어버렸다.

숙종 22년 봄이 되었다

울릉도를 지키기 위해 일본과 싸우다가 오히려 옥살이까지 하게 된 안용복. 옥살이에서 풀려난 후에도 그의 일본에 대한 적개심은 날로 커져만 갔다. 오직 언제고 때만 오면 다시 일본으로 건너가 담판을 지을 생각으로 하루하루를 보냈다.

그러던 중 안용복에게 적절한 기회가 찾아왔다. 어머니를 만나러 울산으로 가는 도중 잘 아는 절의 뇌헌이라는 스님이 어선을 가지고 해초를 걷으러 간다는 풍문을 듣게 되었다. 이에 안용복은 뇌헌을 찾아갔다.

"참 답답도 하여이다. 우리나라의 내륙 연안은 이미 많은 자들이 해초를 채집해 가서 좋은 곳도 없을뿐더러 설령 있다고 해도 작은 것뿐인 걸 모르시오?"

안용복은 뇌헌을 데리고 울릉도로 가서 왜국으로 들어갈 생각이었다.

"그럼 어떡합니까? 해초는 필요하고 마땅히 갈 곳도 없고 하니 진도에라도 가보는 수밖에요."

"허허, 내 아는 곳이 있습니다만……."

안용복이 말끝을 흐리자 뇌헌은 솔깃해졌다.

"아는 곳이 있다면 가르쳐주십시오. 내 그리로 가리다."

뇌헌의 마음이 움직이자 안용복은 곧 울릉도에 대해 이야기를 꺼냈다. 온갖 미사여구를 동원하여, 특히 울릉도의 해초와 그곳에 가게 되면 울창한 목재도 같이 가져올 수 있다는 말을 강조하였다. 이에 뇌헌은 한참을 심사숙고한 끝에 고개를 끄덕였다.

"인도만 해주시오. 내 그곳으로 가야겠소."

그렇게 마음먹은 이상 지체할 이유가 없었다. 그날로 배 세 척을 움직여 울릉도로 떠났다.

안용복의 마음은 이미 울릉도가 아니라 일본에 가 있었다. 배가 울릉도에 도착하니 이미 울릉도에는 왜인들이 무더기로 와서 고기를 잡고 있었다. 이를 본 뇌헌은 슬며시 겁이 났다.

"울릉도는 왜국과 다툼이 있는 곳이오. 어쩌면 왜국의 영토로 판결 났을지도 모르니 그냥 회항합시다."

뇌헌은 뱃머리를 돌리려고 했다. 이에 안용복은 뱃머리를 왜선에 대고는 호통을 쳤다.

"너희들은 대체 누구길래 겁도 없이 남의 국경을 침범한 것이냐!"

안용복이 두 눈을 부릅뜨고는 당장이라도 집어삼킬 듯이 노려보자 왜인들은 겁을 먹었음인지 다소곳하게 대답했다.

"우리는 송도 사람으로 고기를 잡다가 여기까지 오게 되었소. 곧 돌아가리다."

"네 이놈, 수작 부리지 마라! 너희 놈들이 말하는 송도는 우산(于山: 독도)으로 우리의 영토거늘 어찌 너희가 거기에 산단 말인가!"

안용복의 눈에서 불꽃이 일었다. 이를 본 왜인들은 일이 심상치 않게 돌아간다는 생각에 급히 뱃머리를 빼 달아났다. 하지만 이를 가만 둘 안용복이 아니었다. 곧 이들을 추격하기 시작했다.

왜인들은 우산도로 뱃머리를 돌리더니 거기에 있던 다른 동료들을 모아 다시 '이끼'라는 자신들의 섬으로 도망갔다. 그러나 여기까지 안용복이 쫓아오자 이끼에 정박하려다 말고 '호오끼'라는 섬으로 달아났다. 여기까지 쫓아온 안용복은 그제서야 추격을 멈추었다.

다음날 아침, 안용복은 가지고 온 푸른색 관복으로 갈아입고 흑색 갓을 썼다. 신발도 가죽신으로 바꿔 신으니 영락없는 관원의 모습이 었다. 그리고 자신은 가마를 타고 다른 사람 역시 변장을 시켜 말을 타게 하고는 자신이 울릉도와 우산도의 감세관이라고 속인 뒤 도주를 만났다.

"전일 이러한 일 때문에 약조문을 받아간 일이 있었소. 이는 막부에서 인정한 것이 명백한데 대마도주가 이를 빼앗고, 글을 위조해 조선 조정에 올렸으니 곧 엄벌이 내릴 것이오. 또한 여러 차례 왜인을 보내어 불법을 행한 바 이 역시 막부에 연락하여 죄상을 묻도록 하겠소."

안용복은 한 마디 한 마디 힘을 주어 말했다. 호오끼 도주는 안용복의 당당한 위풍과 형형한 눈빛에 눌려 아무 말도 하지 못했다. 안용복은 같이 온 동료에게 위엄 있게 명령하였다.

"여봐라, 너는 당장 이 일을 사실대로 기록하여 막부에 보낼 상소문을 짓도록 하라!"

"예!"

이들의 행동이 너무나 빠르게 진행되자 도주는 그만 당황하여 안용복의 옷자락을 붙잡고 사정하기 시작했다.

"이보시오, 감세관님. 내 저들을 붙잡아 처벌을 할 터이니 제발 노여움을 푸시오!"

"허험!"

당황하는 도주의 모습을 본 안용복은 짐짓 헛기침을 하며 허공만 바라보았다. 그러자 무슨 생각이 들었는지 도주는 곧 사람을 시켜 진수성찬을 준비하였다.

안용복과 일행은 이들이 차려준 음식과 술을 호기 있게 먹고는 상소문 일은 잊은 듯한 표정으로 그들이 정해준 집으로 가 잠을 잤다. 다음날 역시 일행은 융숭한 대접을 받았고, 다음날에도 마찬가지였다.

한편 도주는 일행을 대접하면서도 급히 파발마를 보내어 대마도주에게 이 사실을 알렸다. 이를 들은 대마도주 역시 아연실색했다. 자신이 몇 년 전 에도의 명령에 복종하지 않고 나름대로 꾸민 계략이 백일하에 드러났으니 만일 막부의 추궁이 있다면 큰 죄과를 받아야 했다.

이에 대마도주는 은밀히 사람을 보내 자신의 죄를 사과하였고, 저번에 빼앗은 약조문 역시 조선으로 보내겠다는 언약을 하였다.

사실 안용복이 이들의 환대를 받으며 굳이 호이끼에 머문 이유는 바로 왜인의 이런 모습을 지켜보기 위해서였다. 상소문 따위는 생각할 수도 없었다. 일개 어부가 거짓 상소문을 쓴다는 것은 조선의 얼굴에 먹칠을 하는 것이었다.

"허허. 잘 알았소! 내 도주의 말씀만 믿고 돌아가리다."

안용복은 일행과 함께 조선으로 돌아왔다. 그리고 얼마 지나지 않아 숙종 22년 10월에 대마도주는 조선의 역관에게 이러한 사실과 자신의 뜻을 전했으며, 다음해인 숙종 23년 2월에 정식으로 약조문을 동래 부사에게 전하였다.

그러나 조선 조정에서는 안용복을 다시 잡아들였다. 또다시 국경을 넘어 양국 간의 화평을 해치려 했다는 죄목이었다. 안용복은 서울로 압송되어 중죄인 처벌을 받았고, 사형을 눈앞에 두었다가 어느 정도 공로를 인정받아 귀양길에 오르게 되었다.

실로 기가 막힌 일이다. 상을 주어도 시원찮을 정도로 큰 공을 세운 사람을 오히려 귀양 보낸 것이다. 그리고도 조선 조정은 울릉도를 그대로 방치했다. 사람이 없기 때문에 분쟁이 일어난 섬이었는데도 그냥 무인도로 방치해놓고 마는 우를 범한 것이다.

훗날, 고종시대에 일본인들이 다시 이 섬을 '마쓰시다'라 일컬으며 자신들의 소유로 삼으려 한 일이 있다. 그리고 지금까지 일본은 줄기차게 독도를 자신들의 영토라고 주장하고 있으니 참으로 통탄할 노릇이다.

울릉도

경상북도 울릉군에 속하는 섬이다. 이곳에 대한 지명은 512년(지증왕 13)에 우산국에 대한 이야기로 처음 등장한다. 『삼국사기(三國史記)』에 의하면, 내물왕 4세손인 이사부(異斯夫)가 두 번의 원정 끝에 우산국을 병합했다. 이때 점령이 어려워 나무로 사자 조각상을 만들어 우산국인들을 겁줘서 항복을 받아냈으며, 해마다 토산물을 바치도록 했다고 한다. 이후 400년 동안 문헌상의 기록이 없다가 930년(태조 13) 우릉도(芋陵島) 사람이 공물을 갖고 왕을 찾았다는 기록이 있었으며, 현종 9년(1018)에는 여진 해적들의 노략질로 초토화된 우산국에 농기구를 보내주었다고 한다. 그리고 현종 13년에는 주민 모두가 해적을 피해 경상도 영해 지방으로 나와버려 울릉도의 기록이 잠시 끊긴다. 이후 인종 19년(1141)과 의종 11년(1157) 때에 관리를 파견해 조사를 한 기록이 있다.

울릉도에 다시 사람이 살기 시작한 것은 1200년경이다. 그러나 이때부터는 왜구가 몰려와 노략질을 하였고, 그 횟수는 고종 10년(1223)부터 조선 세종 원년(1419)까지 500여 회나 되었다. 따라서 조정은 울릉도에 거주하던 주민을 모두 육지로 불러들였고 울릉도는 다시 무인지경으로 되돌아갔다. 이후 울릉도는 완전히 빈 섬이 되었고, 이 틈을 타 일본은 울릉도를 제 마음대로 드나들었고 아예 다케시마라는 이름까지 붙여놓았다. 이때 어부인 안용복의 활약으로 일본 막부로부터 울릉도가 조선땅임을 확인받았으며 숙종 19년(1693)과 22년에 양국 정부 간에 공식협약을 맺게 되었다. 고종 19년(1882)에는 빈 섬으로 뇌두는 정책을 바꿔 개척령을 발표하여 사람이 살기 시작했다.

판결은 '풍당 퐁'에
'바스락 바'이니라

조선조 22대왕 정조 시절

학식이 천자문 수준에 머물러 있어 문인이라고 칭하기도 어색하고, 그렇다고 해서 무인이라고 칭할 수도 없는 사람이 있었다. 그러면서도 그는 6조 판서를 두루 역임하였고, 상하 관료들뿐만 아니라 그가 죽었을 때에는 백성들이 만세교에 엎드려 통곡했을 정도로 명성 또한 대단했다.

이렇다 내놓을 만한 학식이 없으면서도 위로는 임금의 총애가 지대했고, 아래로는 백성들의 따름이 마치 지아비를 섬기듯 했던 사람. 그가 이문원이다.

이문원은 경기도 가평 땅 초야에 묻혀 사는 이국보라는 선비의 아들로 태어나 5세가 되던 해에 당시 판서를 역임하였고, 나중에 영의정으로 한 시대를 풍미한 이천보의 양자로 들어가게 되었다.

이 철없는 아이를 양자로 내주는 이국보는 걱정이 태산이었다. 비록 아이는 어릴지라도 이문원은 한 명문 집안의 대를 잇기 위해 가는 것이 아니던가!

이문원은 다른 아이들에 비해 장난이 너무 심한 아이였다. 장난을 치는 만큼 공부를 하면 좋으련만 이건 공부의 '공'자만 나와도 시름 시름 앓는 아이였다. 또 잠시 한눈을 팔면 어느 틈엔가 사라져버리니 이국보의 걱정이 오죽했으랴!

이국보는 사촌 동생 이천보 대감에게 이런 점을 누누이 강조했다. 그러나 이 대감은 그저 고개만 끄덕일 뿐 이문원을 양자로 들일 뜻을 굽히지 않았다. 별 수 없이 이국보는 이문원에게 공부에 관심을 가질 것을 신신당부하였고, 처신을 바르게 하라는 훈계를 귀가 따갑도록 하고 한양으로 올려 보냈다.

그러나 이문원은 별반 달라지지 않았다. 부친의 훈계도 훈계려니와 처음 온 곳이라 얼마 동안은 얌전히 지냈으나 며칠이 지나 집안사람들의 얼굴을 익히고 나자 장난을 치기 시작하였다.

하지만 이 집이 누구의 집이던가? 조정에서도 그 권위를 인정해주는 이천보 대감의 집이었다. 이 대감은 처음 얼마 동안 이문원의 행동을 지켜보기만 했다. 그러다가 이문원이 활발해지기 시작하자 이제는 되었구나 싶어 곧 독선생을 모셨다.

"선생, 이 아이는 내 보아하건대 재질이 뛰어난 아이 같소. 비록 아무 공부도 하지 않았으나 총명함이 다른 아이보다 나을 테니 잘 부탁하오."

이 대감의 생각에 이문원이 제대로 학문을 익히면 판서는 물론이고 정승까지 할 아이였다.

그러나 기대가 크면 실망도 큰 법. 하루는 이대감이 이문원의 선생을 불러 학문의 진척을 물었다.

"아뢰기 황송하옵게도 도련님께서는 아직도 하늘 천(天)과 땅 지(地) 수준에 머물러 있습니다."

뜻밖의 대답이었다. 선생은 죄송하다는 표정을 지으며 고개를 푹 숙였다.

"아니! 그 무슨 말씀이오? 내가 문원이를 잘못 보았단 말씀이오?"

"아, 아닙니다. 도련님은 정말 영특하십니다. 하지만 그 영특함이 장난칠 때만 나타나고 공부에는 뜻을 두지 않으시니 정말 문제입니다."

"……."

"송구스럽습니다."

선생은 좌불 안석이다. 선생을 물끄러미 바라보던 이대감은 회초리를 자주 사용해서라도 가르침을 주십사 말하고는 선생을 보냈다.

그러나 한 달이 지나 다시 물어보아도 별 진척이 없었다. 오히려 지난번에 배웠던 글자를 잊어버리기까지 한다는 것이다.

"허허 큰일이로구나. 내 저놈을 이 나라 기둥감으로 보았는데……."

이 대감은 곰곰이 생각하였다. 그러다가 문득 꾀를 내어 하인을 불러 뭐라고 이르고는 이문원을 불렀다.

"될성부른 나무는 떡잎부터 알아본다 했다. 내 너를 양자로 삼아 훌륭하게 키우려 했는데 공부에는 전혀 흥미가 없고 장난만 일삼으니 이젠 어쩔 수가 없구나. 너를 다시 네 집으로 보낼 테니 그리 알아라."

이 대감은 말을 마치면서 이문원을 유심히 살펴보았으나 이문원의 표정은 전혀 변함이 없었다. 그저 처음 봤을 때의 그 모습 그대로 천연덕스럽게 양부를 바라보다가 인사를 올리고 기다리고 있던 하인과 함께 밖으로 나갔다.

길을 나서서 얼마쯤 가다가 잠깐 정자나무 아래에서 쉬게 되었다. 이때 하인은 참 안되었다는 표정을 지으며 혀를 찼다.

"참, 도련님도 딱하시오. 시골에 살던 분이 재상댁 도련님이 되었으니 얼마나 좋소! 또 공부를 조금만 열심히 하면 벼슬길까지 따 놓은 당상인데, 그것이 하기 싫어서 다시 시골로 내려간단 말이오?"

이를 듣고 있던 이문원이 킬킬거리며 웃다가 말했다.

"공부를 꼭 재상집에서 해야 높은 벼슬을 한다더냐? 또 내가 그까짓 천자문을 모르겠느냐? 내가 이 댁 책방을 보니 책이 우리 동네 뒷동산만큼 쌓여 있더라. 내가 미쳤냐? 조금이라도 아는 체를 했다가는 영락없이 그 책을 다 읽으라고 하실 텐데 왜 아는 체를 해. 아예 모르는 척해야 그 지겨운 책들을 안 읽을 것이 아니냐? 자, 봐라. 내가 여기 쓰는 글자를."

이문원은 곧 땅바닥에 천자문을 쓰기 시작했다. 얼마 안 가서 천자문의 절반 이상을 적었다.

"어때? 이래도 내가 천자문을 모른다고 말할 테냐?"

하인이 어이가 없어 물끄러미 이문원을 바라보자 이문원은 손을 툭툭 털더니 그만 가자며 길을 재촉했다.

그러나 이미 이 대감의 지시를 받은 하인이었다.

하인은 얼마를 가다가 배도 아프고, 이상하게 현기증이 난다며 땅바닥에 주저앉아버렸다. 이것이 신호인 양 멀리서 몰래 따라오던 다른 하인이 얼른 이 대감에게 가서 상황을 그대로 설명했다.

"하하. 정녕 문원이가 그리하였단 말이냐? 그럼 그렇지! 이 녀석이 그동안 잔꾀를 부린 것이렷다! 너는 얼른 달려가 내 뜻임을 전하고문원이를 다시 데려오도록 하라.”

이대감은 오랜만에 호쾌하게 웃었다. 이문원의 총명함이 이 정도면 글이야 읽든지 말든지 이 집안을 일으킬 재목이 분명하지 않은가!

이날부터 이대감은 이문원이 하는 일에는 일체 간섭하지 않았다. 다만 이문원의 행동이 도리에 어긋나려는 기색이 조금이라도 보이면 그때마다 엄히 꾸중을 하였다.

이문원은 이대감의 가르침을 명심하여 도리에 어긋나는 행동을 하지 않았으나, 타고난 장난기로 하루하루 새로운 사건을 만들었다.

어느 날은 이 대감이 외출에서 돌아오니 영창문에 조그마하게 붙여놓은 유리에 밖을 볼 수 없을 정도로 잘게 금이 가 있었다. 이 집안에서 이런 장난을 칠 사람은 이문원밖에 없었다.

이대감은 곧 이문원을 불러 꾸짖었다. 그러나 이문원은 태연하게 그 이유를 아뢰는 것이었다.

“아버님, 제가 이 유리를 깬 이유는 아버님의 심기를 편케 하기 위해서입니다.”

“무엇이! 아니 그래, 내 마음을 편하게 하려면 네가 이런 장난을 하지 않는 것임을 정녕 몰라 하는 말이냐?”

“알고 있습니다.”

“그럼 유리를 깬 이유는 무엇인고?”

“예. 아까 제가 이 유리로 밖을 쳐다보고 있으니 하인 하나가 광에서 쌀섬을 지고 나갔습니다. 제가 보아도 불쾌했는데 아버님은 더 할 것이라 생각했습니다. 그래서 이런 모습을 못 보시게 하려고 유리를 깬 것입니다.”

"음……."

"아버님, 이제 문에 유리를 붙이지 마시고 창호지를 바르십시오."

"그래 알았다. 그런데 그놈은 누구인고?"

"그놈은 아시려고 하지 마십시오. 만일 아버님께서 아신다면 앞으로 그놈을 보실 때마다 '저놈, 도둑놈' 하는 생각이 드실 것입니다. 괜히 아버님 마음만 상할 뿐이니 말씀드리지 않겠습니다."

참으로 지각 있는 답변이었다. 한편으로는 이대감을 위하고 한편으로는 실수한 아랫사람을 감싸는 이 답변을 들은 이대감은 탄복하였다.

"그래. 너는 참으로 내 아들이다. 앞으로도 내 너의 장난은 막지 않으마. 다만 장난을 하되 다른 사람에게 해가 되지 않도록 해야 하느니라."

그 후로 이대감은 이문원의 어떤 장난도 꾸짖지 않았다. 그저 그 사유를 들으며 허허 웃기만 했다. 이를 보다 못한 집안사람들이 해도 해도 너무한다 싶어,

"대감, 자제분을 너무 방치하시는 것 아닙니까? 저러다가 어느 세월에 사람 구실을 하라고요!"

하며 걱정을 하면 이대감은 오히려 웃으며 대답했다.

"여보게, 글이란 본디 행실을 바르게 하라고 읽는 것일세. 제 아무리 문장에 능하고, 글꼴이 훌륭하더라도 행실이 소인배면 누가 그 글을 칭찬한단 말인가? 우리 문원이는 비록 글에는 재주가 없어도 행실만은 누구에게도 지지 않는 아일세. 너무 걱정하지 말게."

조금도 이문원에 대해서 걱정하는 태도가 아니었다. 오히려 더한 믿음을 보이는 것이다. 사람들은 그 아버지에 그 아들이라고 웃음 반 걱정 반이었다.

그렇게 세월은 흘러 영조 37년(1761)에 이천보 대감은 장헌세자(일명 사도세자)의 과실을 두둔하기 위해 음독 자결을 결심하였다. 그리고 이를 실행하기 전 이문원을 불렀다.

"내 너의 상(象)과 학식으로 미루어 보건대, 너만 잘하면 능히 판서까지는 갈 수 있겠다. 허나 임금께서 삼정승 자리를 주선해 주시더라도 그 이상의 벼슬길엔 오르지 마라."

"……."

"만약 내 말을 소홀히 여기고 명예에 욕심을 부리다가는 너로 인한 시비가 끊이지 않을 것이니라."

이문원의 무식을 경계하는 말이었다. 이 말에 이문원은 고개 숙여 대답하였고, 얼마 뒤 이대감은 독약을 마시고 세상을 떠났다.

그 후 무심한 세월 속에 장헌세자가 뒤주에서 생을 마쳤고, 영조가 승하한 후 정조가 왕위에 올랐다.

정조는 부친에 대한 추모심이 대단한 왕이었다. 왕위에 오르자마자 억울하게 죽은 사도세자의 직위를 올려놓았고, 부친을 위해 자결까지 한 이대감의 충정을 고맙게 여겨 그의 아들 이문원을 궁궐로 불러들였다.

이 나라 임금의 부르심이었다. 이문원은 곧 벼슬길에 올라 벼슬살이를 시작하였다. 벼슬에 대한 욕심을 부리지 않고 그저 맡은 바 임무에만 충실하였다. 그러면서 자신의 호탕하고 깨끗한 기질을 발휘하니 그의 명성은 곧 정조의 귀에 들어갔고, 이문원은 정조 앞으로 불려갔다.

"과인의 선왕이 그대의 부친에게 큰 은혜를 입은 바, 내 그대를 눈여겨본 지 오래다. 그대에 대한 칭송이 온 궁궐에 자자하니 역시 그

아버지에 그 아들이로구나. 그대의 청을 하나 들어줄 터인즉 말해보아라."

정조는 용안에 웃음을 가득 담고 이문원을 바라보았다. 이문원이 말만 하면 무엇이든 다 들어줄 마음이었다. 그러나 이문원의 대답은 의외였다.

"성은이 망극하여이다. 하지만 전하, 전하께옵서 선신(先臣:임금 앞에서 죽은 아비를 일컬을 때 쓰는 칭호)을 생각하시어 소신을 불러주신 것만으로도 소신은 이미 천은을 입은 몸이옵니다. 어명을 거두어 주옵소서."

"허허, 과인은 그대의 부친보다도 그대를 생각해서 꺼낸 말이다. 뜻하는 것이 있으면 말하라."

"전-하."

"어서 말해 보아라."

"……."

"어서!"

이문원은 한참을 망설였다. 그러나 금상의 뜻이 저렇듯 완강하신데 더 이상 버틴다면 그 또한 불충이 아닌가.

"그러하옵시면 소신에게 조그마한 군의 군수를 내려주시옵소서."

"무엇이? 다른 좋은 자리를 마다하고 왜 하필이면 군수란 말이냐?"

"예, 전하. 소신은 어려서부터 한양에서만 살아 백성들의 생활을 모르옵니다. 소신께 한 고을을 맡겨주신다면 백성 다스리는 법을 배우겠사옵니다."

이문원의 말을 들은 정조는 이를 매우 흡족하게 여겨 곧 전라도 땅한 고을의 군수로 제수하였다.

이문원이 이 고을에 부임하자 고을의 아전들은 곧 저희들끼리 쑥덕 공론을 벌였다.

"여보게들, 새 원님께서는 글을 멀리 하신다고 들었네. 어디 어려운 소장(訴狀)을 올려서 한번 시험해봄세."

"그러세. 이 기회에 신임 사또의 기세를 꺾어야 하네."

"맞네. 그래야 사또가 계시는 동안 우리가 편하게 일을 볼 수 있을 것이 아니겠는가!"

결국 아전들은 이문원에게 난해한 글자만을 골라 초서로 휘갈겨 쓴 소장을 바쳤다. 그리고는 짐짓 모르는 체 허리만 숙이고 있었다.

그러나 이문원이 누구인가! 남 골탕 먹이는 재주로 단련된 사람에게 이런 어리석은 도전을 해오니 이문원은 웃음이 절로 나왔다. 하지만 이문원은 내색하지 않고 소장을 다 읽는 척했다. 그리고 소장에 대한 판결문을 받아 적으라고 지시를 내렸다.

"판결을 내리겠다. '퐁당 퐁'자를 적으라."

'퐁당 퐁'이라니!

군수의 당황하는 모습을 지켜보려던 아전은 붓을 들고 황당한 눈길로 이문원을 쳐다보았다. 처음 듣는 글자였기 때문이다.

"무엇 하느냐? 아니, 아전이 그 글자도 모른단 말이냐? 그럼 좋다. 이번엔 '바스락 바'라는 자를 써라!"

어이가 없었다. 이런 글자는 자신이 수십 년을 배웠던 한자에는 전혀 없는 글자이다. 그런데도 신임 사또는 서슴없이 그 글자를 말하며 재촉하는 것이다.

"무엇 하느냐! 그런 간단한 글자 하나도 제대로 쓰지 못하고 무슨 아전 노릇을 해먹는단 말이냐!"

이문원의 얼굴에 노기가 가득했다. 아전은 몸 둘 바를 모르고 쩔쩔 맸다.

급기야 아전은 붓을 놓으며 사정했다.

"사또, 용서해주십시오. 소인 놈이 그만 눈이 어두워 어리석은 일을 저질렀습니다."

이문원은 그제야 노기를 풀고 껄껄 웃으며 말했다.

"그래 이놈들. 배웠다는 놈들이 고작 그 모양이더냐. 잘 들어라. 내 알려주마. 우물 정(井)자 가운데 점을 하나 찍으면 바로 '퐁당 퐁'자이다. 우물에 돌을 던져보아라. 퐁당 하고 소리가 나지 않더냐? 또 풀 초(草)자에 뱀 사(巳)를 써봐라. 뱀이 풀숲을 지나갈 때 내는 소리가 바로 '바스락'이 아니더냐? 글자라는 것은 본래 사람의 뜻을 전달하기 위해 만들어진 것이다. 그런데 네놈들은 그 뜻도 모르면서 초서로 갈겨놓고 나를 능멸하려 했단 말이냐? 내 당장 너희들 주리를 틀어버리고 싶지만 특별히 용서하겠으니 다시는 내게 수작 피우지 마라. 그리고 앞으로 내게 올리는 소장은 모두 언문으로 하여라."

제 꾀에 제가 넘어간 꼴이 된 것이다.

아전들은 이문원의 기지에 혀를 찼고, 다시는 속이려 들지 않았다. 또 소장을 언문으로만 올리게 하자 그동안 한문을 몰라 감히 소장을 올리지 못했던 양민들이 앞 다투어 그들의 억울함을 호소했다.

이문원은 이들의 억울함을 속 시원하게 풀어주었다. 이문원에 대한 군민들의 신망은 해가 갈수록 높아만 갔다.

"우리 사또는 조선 최고의 인물일세!"

"그럼! 당연한 말이지. 글깨나 읽었다고 거들먹거리는 양반님네들도 사또 앞에서는 꼼짝도 못하잖아!"

군민들에겐 이문원이 큰 자랑거리였다. 이는 이문원의 치세도 치세지만 자신들과 같이 글을 잘 모른다는 점에서 일종의 동질감을 느끼는 것도 한몫 단단히 한 것이었다.

허세가 없는 사또. 언제나 바른 판결로 속을 시원하게 해주는 사또. 청렴결백한 사또. 이것이 그들에게 보인 이문원의 모습이었다. 그 칭송은 조선 팔도에 울려 퍼졌다.

이문원이 홍문관 교리로 있을 때의 일이다.

과거를 보게 되어 팔도에 경시관을 파견해야 했다. 경시관이란 각 지방마다 파견을 나가 그 지방 자체 선발고사를 주관하는 관리로, 이때 문원은 전라남도 경시관으로 임명되었다.

전라남도 경시관 이문원? 경시관이라면 글줄깨나 쓸 줄 아는 사람이어야 하는데 만천하가 다 아는 무식쟁이 이문원이 경시관이라니!

이 소식을 전해 들은 전라도 각 읍의 수령들은 쌍수를 들고 환영했다. 자기 고을의 선발고사를 감독하러 오는 경시관이 무식하니 자신들의 뜻대로 사람을 천거할 수 있기 때문이다. 다시 말하면 부유한 집안과 내통하여 적당히 농간을 부려 한몫 단단히 챙기겠다는 심사였다.

그들은 서로에게 긴밀히 파발을 보냈다. 그리고 자기들끼리 임의로 부시관과 삼시관을 내정하였다. 이 내정을 경시관에게 보고하면 무식한 경시관이기에 그대로 들어줄 것이라 생각했다.

이들의 속셈은 그대로 들어맞았다. 이문원은 전라도 땅에 들어와서 감사에게 시험을 치른다는 방을 붙이게 한 뒤 곧 시험장소인 나주로 내려갔다. 그리고는 시험에 따른 일체의 제반 사항에 대해서는 함구인 채 연일 술독에 파묻혀 지냈다.

이를 보다 못한 부시관과 삼시관이 이문원을 만나 일의 심각성을 말했다. 그러자 이문원은 담담하게 대답했다.

"여보시오들. 내가 글에 대해 뭘 알겠소! 나 무식한 것은 온 조선이 다 아는 사실인데 두 분은 모르고 계셨소? 부탁 좀 합시다. 모처럼 핑계 삼아 유람 나온 거 이곳 기생들의 치마나 제대로 들춰보고 가게 두 분이 수고 좀 해주시오."

"좋은 게 좋은 것 아니오? 나는 있어 보았자 귀찮기만 한 존재일 것이고, 두 분의 글 보는 눈이 훌륭하여 내 안심할 테니 이번 과거를 다 알아서 해주시오!"

두 시관은 몹시 난처한 표정을 지었다. 하지만 이미 이들의 마음은 콩밭에 가 있었다.

결국 과거는 경시관도 없이 치러졌고, 장원과 차석 역시 그들이 미리 내정해둔 사람이 차지하게 되었다.

모든 일이 뜻대로 잘 되었다. 그로부터 며칠 후 나주목사는 경시관을 위한 주연을 베풀었다. 이 자리에는 부시관과 삼시관도 참석했음은 물론이다. 이들 두 시관은 이번 과거가 몹시 힘이 들었다며 글에 대한 이야기를 장황하게 늘어놓았다. 글에 대한 말이 나오면 입을 다물어버리는 이문원의 기를 다시 한 번 죽이고, 저희들 스스로를 뽐내자는 의도였다.

"이제 마지막 절차로 이 글장을 봉하시는 일만 남았사옵니다. 글장을 봉하시고, 그 위에 '경시관 신 이문원 근봉(京試官臣 李文源 謹封)' 이라고 적으신 후 수결(手決)을 하시지요."

점잖게 말했다. 그러자 그때까지 사람 좋게 허허 웃고만 있던 이문원이 자리를 고쳐 앉으며 말했다.

"이보시오. 부시관, 삼시관님. 내 부탁 하나만 들어주오. 참으로 부끄러운 이야기지만 이젠 어쩔 수가 없구려! 내 일찍이 선친을 잘 모신 덕에 출세하여 오늘 이 자리까지 왔소. 하지만 배움이 짧아서 살아가는 데 어려움이 무척 많소이다. 이제 경시관으로 이렇게 내려오니 그 마음이 더 절실하오. 그래 나도 공부를 좀 해야겠으니 불합격된 글 중에서 쓸 만한 몇 장만 뽑아주오."

이문원의 말은 절실했고, 표정 또한 참으로 부끄럽다는 빛이 역력했다. 이에 두 시관은 의젓한 자세로 고개를 끄덕이며 쾌히 승낙하였다.

다음날 이문원은 간단한 술상을 준비하여 두 시관을 맞이했다. 시관은 무척 기분이 좋았다. 상관에게 대접받으며, 그에게 큰소리친다는 것이 얼마나 유쾌한 일이더냐!

"여기 이 글은 비록 낙방은 하였어도 좋은 글입니다."

"그렇습니다. 이쪽 글도 수작입니다."

"이 글도 좀 보시지요. 이 정도면 조선 천지 어디에 내놓아도 빠지지는 않을 것입니다."

두 시관은 신이 나서 설명을 했다.

"아! 그런가요?"

이문원은 연신 고개만 끄덕일 뿐이었다. 이윽고 그들이 뽑아온 작품에 대한 해설이 거의 끝났다. 이때 이문원은 어수룩한 표정으로 한 작품을 가리키며 말했다.

"그렇담 이 글은 장원 작에 비하면 어떻소?"

두 시관은 추호의 의심도 없이 이야기하였다.

"참 좋습니다. 오히려 장원작보다 낫습니다."

그리고 이것도 좋다 저것도 좋다 하며 좋은 작품을 여럿 꺼내놓았다.

이때였다. 이문원은 자세를 고쳐 앉으며 엄숙한 얼굴로 말했다.

"두 시관은 들으시오! 인재를 뽑는 것은 나라의 기둥을 만드는 일이오. 기둥이 튼튼해야 집이 건재한 것은 당연한 이치지요. 그런데 사사로움으로 좋은 작품을 마다하고 차작을 뽑는다는 것은 바로 금상을 속이는 일이 아니고 무엇이겠소! 내 이제 여기 좋은 작품들을 뽑았으니 이것으로 이번 과거를 수결하겠소!"

이문원의 재치!

두 시관은 그제야 이문원을 알아보았다. 하지만 이미 상황은 끝난 뒤였다. 그저 무안하여 얼굴만 붉히고 자리를 나올 수밖에 없었다.

이문원은 지식인들이 그의 무식함을 이용하려 하면 오히려 기지를 발휘하여 그들에게 무안을 주었다. 하지만 이를 가지고 벌하지는 않았다. 이해하고 포용한 것이다.

정조는 이런 이문원을 사랑했다.

"정승 집안에서 정승이 나는 것은 당연한 일이 아니겠소?"

하루는 이문원을 불러 은근히 그를 정승으로 올리겠다는 심사를 밝혔다. 그러나 이문원은 강하게 그 자리를 사양했다.

"전-하, 소신은 무식한 자이옵니다. 소신 같은 자가 정승이 되면, 소신으로 인해 시비가 끊이지 않을 것입니다. 지금 판서 자리에 있는 것만으로도 소신은 벅차옵니다. 어명을 거두어 주시옵소서. 이는 선친의 유언이기도 하옵니다."

이문원! 그는 학식이 높지는 않았지만 총명함은 누구에게도 뒤지지 않는 사람이었다. 세상 누구에게도 악한 감정을 가지지 않고 포용한

사람이고, 나라를 위해 자신의 부귀공명까지도 과감히 버리는 충신이
었다.

음서제(蔭敍制)

고려와 조선 시대에 중신 및 양반의 신분을 우대하여 친족 및
처족을 과거와 같은 선발 기준으로 뽑지 않고 특별히 채용하는
제도이다. 이는 높은 관직에 있던 자들이 그들의 지위를 자손에게
계승하려는 욕구 충족에서 나온 산물로, 양반 족벌 체제를 견고히
하였음은 물론 조선 후기로 와서는 과거보다는 음서로 출사하기를
선호하게 되어 부정비리의 원인이 되었다.

음서로 선발되는 음관(蔭官)의 자격은 원칙적으로 장자(長子)만이
받을 수 있다. 다만 장자가 유고인 경우에는 장손이나 차자가 음
직을 받을 수 있었다. 관직을 받는 나이는 만 18세 이상으로 규정
되어 있었으나 실제로는 15세를 전후하여 관직에 등용되었다 한다.
또한 이들이 누릴 수 있는 벼슬은 당상관 이상의 직책과 사헌부,
사간원, 홍문관, 예문관의 직책에는 오르지 못했으나, 문벌의 영향
력에 따라 간혹 청요직과 3정승, 2찬성까지 올라갔다. 부와 조부의
정치적 배경에 따라 승진 속도에 차이를 보이기도 하였다. 음서로
도 구제하지 못한 고관대작의 자손들은 대가 제도로 구제했다.

그들에겐 임금도
부모도 없나이다

"미쳤어. 미친 것이 분명해."

"맞네. 저런 천하에 호로자식이 되다니!"

"쯧쯧…… 귀신이 붙어도 아주 몹쓸 귀신이 붙었구먼."

모였던 사람들은 저마다 한마디씩 내뱉고는 황급히 그 자리를 떠났다.

말이 상중이지 이건 도무지 상갓집 분위기가 아닌 것이다. 상주 윤지충은 찾아온 사람들보다 더 차분하게 인사를 건네는 것이었다.

"찾아주셔서 감사합니다. 그러나 이는 오히려 축복을 받을 일이외다."

이런 말로 침착하게 조문객을 위로하기도 했다. 게다가 앞으로는 이런 일로 찾아올 필요 없다는 당부의 말도 잊지 않았다.

"아…… 예."

그럴 때면 조문객은 당황하여 황급히 그 자리를 피했다. 그러나 윤지충과 가문인 어른들은 이런 상주의 태도를 용납할 수 없었다.

"네 이놈! 지금 네놈이 제정신이더냐!"

그러나 윤지충은 여전히 같은 말만 되풀이하였다.

"천주님이 부르신 것이외다. 천주님이 어머님을 곁에 두시기로 정하셨고, 어머님께서는 큰 은혜를 입으신 것이니 이 아니 축복입니까?"

"뭐! 뭣이라고?"

말투는 점점 거칠어졌으며, 가문의 어른들은 분노로 인해 얼굴이 심하게 일그러졌다. 금방이라도 달려들 것 같은 험악한 분위기였다. 그러나 윤지충은 아랑곳하지 않았다.

"그리고 다들 들으시오. 다시 말씀드리거니와 축복해야 하는 일이니 조문은 당치도 않습니다. 또 저희 집에서는 신주를 없앤 지 이미 오래 전 일이고, 혼백도 세우지 않고 있으니 그리 아십시오. 이제 여러분도 깨어나셔야 합니다. 쓸모도 없는 귀신을 섬기는 제사는 모두 없애야 합니다."

제사도 지내지 말고 신주도 없애야 한다는 주장인 것이다.

오랫동안 내려온 조선의 관습이자, 자손의 도리인 조상신 숭배를 정면으로 부인하고 나선 것이다.

"이, 이런 천하의 패륜아를 보았나!"

윤지충의 멱살을 잡았던 사람은 울컥 솟구치는 감정에 그대로 상주를 땅바닥으로 내팽개쳤다. 그러자 주위에 있던 다른 사람들이 달려들어 그의 몸을 짓밟기 시작했다.

"이 빌어먹을 천주학쟁이 놈!"

"바로 이놈이 천주학쟁이였어!"

어느 정도 시간이 흐르자 주위가 조용해졌다. 그러나 윤지충 곁에는 아무도 없었다.

그때서야 그는 힘들게 몸을 일으켜 고개를 들고 하늘을 올려다보았다. 아무도 원망하지 않는 무심한 눈길이 먼 허공으로 달려갔다.

"아, 천주여."

그의 눈이 어느새 촉촉해졌다.

조선조 22대왕 정조 15년(1791), 전라도 진산군 윤지충의 집에서 일어난 일이었다.

이 사건은 곧바로 조정에 보고되어 조정은 순식간에 회오리바람에 휩싸였다. 비록 한 가정에서 일어난 일이지만, 조선이 지켜온 풍속을 정면에서 반박하였기에 그 파장은 무척 컸다. 그것도 일개 상민이 아닌 유학이 깊이 뿌리내린 양반 집안에서 일어난 일이었다.

"뭐라고! 이봐요 좌상, 대체 이 차자(箚子:간단한 서식의 상소문)가 사실이란 말이오?"

차자를 읽던 정조는 소스라치게 놀라며 자신 앞에 독대하고 있는 좌의정 체제공을 바라보았다.

"……."

그러나 이미 이런 사태를 짐작이라도 했음인가. 체제공은 아무 말도 없이 그저 고개만 깊이 숙이고 있었다.

"이봐요 좌상. 묻지 않았소! 이 윤지충이란 자는 대체 어떤 자요?"

"……."

"좌상!"

그저 소처럼 앉아 있는 체제공에게 답답함을 느꼈는지 정조는 버럭 고함을 질렀다. 그때서야 체제공은 어렵게 머리를 들고 기어들어가는 목소리로 대답하였다.

"전-하, 신 좌의정 체제공 아뢰옵니다. 아직 정확한 진상은 규명이 되지 않았으나… 그 차자는…사실…인 것으로 아옵니다."

"뭣이!"

"……그리고 윤지충은 정약용의 외사촌이 되는 자이옵니다."

"정약용?"

이름을 되뇌던 정조는 입을 다물고 말았다.

정약용이라면 자신이 수원성을 축조할 때 기발한 생각을 내어 시일을 앞당기고 자금을 절약할 수 있게 한 부승지가 아닌가. 또 젊은 나이에 학문이 깊었고, 나라를 생각함이 누구보다도 튼실한 자였기에 정조는 정약용을 조선의 앞날을 짊어지고 나갈 인재라고 생각하고 있었다.

"좌상, 그렇다면 이 자 역시 좌상의 문하에 있는 자란 말이오?"

"황공하옵니다."

체제공은 고개를 들지 못했다. 그랬다. 정약용이나 그의 형 정약종, 윤지충, 이승훈(정조 7년, 북경의 남천주당에서 영세를 받은 우리나라 최초의 영세 교인) 등 모두가 자신의 문하에 있는 자들이었다. 총기 있는 젊은이들로 늘 새로운 것을 찾아 탐구하는 자들이었다. 그런데 자신의 문하에 있는 자가 물의를 일으켰으니 체제공으로서는 할 말이 없었다.

"큰일입니다. 큰일! 저들의 성화가 보통이 아닐 터인데……."

정조는 용상을 탁 치며 체제공을 바라보았다. 그런 정조의 눈에 암울한 빛이 감돌았다.

당시의 조정은 벽파와 시파의 대립이 심한 상태였다. 벽파는 전 왕조 시절, 그러니까 영조 임금 때 지금 정조의 부친인 장헌세자를 역적으로 몰아 끝내 뒤주 속에서 굶어 죽게 만든 자들이 주축이 되어 형성된 파였고, 시파는 이를 두고 반대의 입장을 고수해온 자들로 형성된 파였다.

이 두 세력 중 벽파의 세도는 영조 임금 시절에는 가히 하늘을 찌를 듯했다. 하지만 화무십일홍이라고 하지 않던가. 영조가 승하하고, 정조가 왕위에 오르자 정조는 벽파의 수뇌 중에서 아버지 장헌세자를 죽게 사주한 문숙원, 김귀주, 홍인한, 홍지해, 정후겸 등을 차례로 제거했다.

그것도 무자비한 숙청이 아닌 여론을 형성하여 벽파를 구석으로 몰아 가지를 하나씩 쳐나가는 방법을 사용한 것이다.

그러나 이런 가운데에서도 정조의 마음은 늘 아팠다.

"저들 중에 분명 억울한 자가 있을 터. 벽파라는 이유만으로 제거된다면야……. 국가에 파벌이 존재하지 않을 수는 없다. 내 지금 한쪽으로 치우다 보면 이 또한 후세에 병폐가 될 것이다."

이럴 때면 정조는 늘 할아버지 영조를 생각했다. 그 심한 파벌의 소용돌이 속에서도 의연함을 잃지 않았던 할아버지의 통치 전략. 바로 '탕평책'을 적극적으로 구상했다. 탕평책! 파벌과는 상관없이 인재를 고루 기용한다는 것이다.

"좋다. 내가 다시 시작하리라."

정조는 자신의 생각을 곧 실행에 옮겼다.

"이제 탕평책을 다시 실시하니 경들은 자신들의 안위만을 생각지 마시고 짐의 고통을 덜어주기 바라오."

정조는 인재를 아꼈다. 파벌을 불문하고 훌륭한 인재면 등용하여 유용하게 썼다. 그러자 벽파의 후예들이 하나 둘 조정으로 들어왔고,

이제는 조정의 실세가 되기 위해 호시탐탐 기회를 노리는 것이었다.

이런 와중에 천주교를 신봉하는 자들의 무지한 일이 벌어진 것이다. 그리고 천주교를 믿는 자들 대부분이 중국의 영향을 받아 실학을 연구하는 시파의 젊은이들이고 보니 이 사건은 벽파에게 있어 더없이 큰 호기를 제공한 셈이었다.

"저…… 전하."

얼마간의 시간이 흐른 뒤 체제공은 간신히 목소리를 내어 정조의 회상을 멈추게 했다.

"말씀하시오."

정조의 목소리는 무겁게 가라앉아 있었으며, 눈은 쓸쓸한 빛이 완연했다. 체제공은 이런 정조의 시선을 바라보며 단호하게 자신의 뜻을 아뢰었다.

"전하, 아뢰옵기 황송하오나 문제가 생긴 가지는 쳐내야 하는 줄로 아옵니다. 환부를 그대로 두면 이로 인해 다른 곳까지 피해가 가는 법이옵니다."

체제공의 선택. 비록 자신과 친분이 있는 자라 할지라도 정국을 어지럽게 하는 자를 끝까지 두둔할 수는 없는 것이다.

"……."

"전-하."

체제공의 끓어오르는 목소리가 다시 이어지자 정조는 천천히 입을 열었다.

"들으시오. 좌상이 아끼는 이 젊은이들을 나 역시 아끼고 있소. 그러나 조정의 반발이 거세어지면 나 역시 어쩔 수 없는 일이오. 지난

몇 년간 서학에 대한 벽파의 주청이 끊임없었으나 별 탈 없이 무사히 지나왔소. 그러나 이들이 제사까지 지내지 않는다고 하니 더는 변명할 수 없는 일이오."

"……"

"부디 철저히 조사하여 작은 피해로 막을 수 있도록 힘써 보시오."

역시 군왕은 군왕이었다. 정조는 벽파 사람들의 주장까지 나름대로 생각하고 피해 확산을 막을 방법을 찾고 있었다.

"시간이 없소. 좌상은 바삐 서둘러야 할 것이오."

"성은이 망극하여이다."

고육지책이었다. 체제공은 어전에서 나오자마자 급히 편지를 써서 이승훈 등에게 이 사실을 전달하였다.

이승훈에게 있어 체제공의 서간은 아닌 밤중에 홍두깨였다.

전라도에 있는 바오로(윤지충)의 모친 별세 소식도 소식이거니와 제사 폐지 때문에 금상의 심기가 불편하다는 소식은 다시 한 번 천주교인에게 박해가 가해진다는 것을 의미했다.

'큰일이다. 그렇지 않아도 시파를 칠 명분을 찾던 벽파에게 큰 명분을 주었으니 이제 우리는 저들의 공략 대상이 되고 말았다.'

이승훈은 급히 통문을 돌리고 자신도 명례방으로 발길을 재촉하였다.

명례방은 도성 남부에 있는 중인 김범우의 집이었다. 김범우(토마스)의 신분이 중인이었기에 그의 집은 신분의 구애 없이 양반이나 상민이 자유롭게 드나들 수 있었다. 따라서 신분제도 철폐를 주장하는 천주교인들이 자유롭게 모일 수 있는 곳이었다. 이로 인해 명례방은 우리나라 최초의 교회가 되었고 후에 명동 성당으로 개축되었다.

그러나 이 집의 만남 역시 순탄치만은 않았다. 정조 9년(1785) 3월, 모두 모여 미사를 드리던 중 형조 소속인 김화진이 나졸을 이끌고 들이닥쳤다. 역모를 꾸미는 것으로 착각했던 것이다. 당황한 김화진은 양반들에게는 손도 못 대고 중인인 김범우만 데리고 가서 고문하였다. 그러나 아무리 혹독한 고문을 해도 역모의 흔적은 없었다. 이에 관은 김범우를 유배시키면서 일을 매듭지었지만 고문의 후유증인지 김범우는 끝내 천주의 품으로 가고 말았다.

이것이 '명례방 사건'의 전말이다.

이 일로 천주교는 사학(邪學)으로 규정되어 맹렬한 규탄을 받았고, 그 후 천주교도들은 비밀리에 모임을 가졌다.

'아아, 바오로!'

이승훈은 그만 탄식을 하고 말았다. 기실 윤지충은 교리대로 행한 것이다. 하지만 그 파장은 예상 외로 커질 것만 같았다.

이런저런 생각에 잠겨 걷던 이승훈의 발길은 어느덧 김범우의 집 앞에 닿았다. 문 앞에는 김범우의 넷째 아우인 김현우가 나와서 기다리고 있었다.

"만천(이승훈의 호) 선생님!"

이승훈을 보자마자 김현우의 눈에는 이슬이 맺혔다. 천주를 향한 열정이 남달리 강한 그였다. 그런 김현우에게 이승훈은 한 줄기 빛이었다.

"잘 있었나……."

그러나 이승훈에게는 김현우의 얼굴을 보는 것이 하나의 슬픔이었다. 김현우의 얼굴에 장독으로 죽은 토마스의 얼굴이 그대로 있어서였다. 이승훈은 바로 화제를 돌렸다.

"그래, 지금 누가 와 있나?"

김현우는 곧 미소를 지으면서 대답하였다.

"예, 권철신 선생님과 정약전 선생님이 오셨습니다."

권철신은 권세 있는 안동 권씨 집안 사람으로 그 동생 권일신과 함께 독실한 신앙심을 지니고 있었고, 세례명은 아우구스티누스이다. 또 정약전은 다산 정약용과 정약종의 형으로 천주학 연구에 크게 기여한 자이다.

"그래? 자, 어서 들어가자."

이승훈은 다소 안심이 되는지 한숨을 몰아쉬고는 걸음을 재촉하여 방으로 들어갔다. 이승훈이 들어서자 둘은 자리에서 벌떡 일어나 누가 먼저라 할 것 없이 서로를 부둥켜안았다.

"아, 아우구스티누스."

"만천!"

모두들 가시밭길을 가고 있는 동지였다. 이렇게 한번 모이는 것도 남의 눈을 의식해야 한다. 새삼 그들의 가슴속에서 서러움이 복받쳐 올랐다.

그들은 부둥켜 안은 팔을 풀고 자리에 앉았다.

"베드로(이승훈의 세례명)의 서한은 잘 받았소. 약종은 지금 마재에서 주상의 명을 수행하느라 이 자리에 참석치 못했소. 우리들 회포는 나중에 풀기로 하고 먼저 베드로께서 궁금증이나 풀어주시구려."

상황 판단이 빠른 정약전이었다. 그의 눈은 조바심으로 가득 차 있었다.

"알겠습니다."

이승훈은 묵묵히 고개를 끄덕였다. 그리고 소매 속에서 한 통의 서

한을 꺼냈다. 모두의 시선이 한곳에 몰렸다. 정약전이 서한을 받아 읽기 시작했다.

　'……만천 보게나. 상황이 위급하네. 내 자네들 공부를 탓하는 바는 아니지만 진산의 윤지충이 제사를 폐지한 일로 조정에 회오리바람이 불 조짐이네. 나도 최선을 다하겠지만 벽파의 거센 공격이 예상되네. 후일을 도모키 위해 몸을 보호하도록 하게 그리고…….'

　"제가 덧붙일 말은…… 없습니다."
　정약전이 서신을 다 읽자 이승훈의 무거운 목소리가 이어졌다. 그는 주위를 한번 둘러보고는 입술을 지그시 깨물었다.
　"좌상 대감의 서간입니다. 한 치의 거짓도 없겠지요."
　듣는 둥 마는 둥 모두들 고개를 떨구었다. 무거운 침묵이 그들을 감싸고 돌았다.
　한동안의 침묵이 흐르고 나서 정약전이 침통한 목소리로 말했다.
　"도리 없는 일이지요. 그래 베드로는 어떻게 하면 좋겠소?"
　달리 뾰족한 수가 나올 리는 만무했다. 이승훈은 타들어가는 황촉만 바라보았다.
　"이보게, 베드로!"
　권철신의 애끊는 부름에 이승훈은 고개를 들었다. 어느새 그의 눈에는 눈물이 고여 있었다.
　"천주를 믿고 의지할 따름이지요."
　"……."
　다시금 좌중은 침묵 속으로 빠져들었다. 아까와는 다른 의미의 침묵이었다. 그러자 서서히 그들에게 결연한 의지가 생겨났다. 정약전이 주먹을 불끈 쥐며 일어섰다.

"피할 수도, 우리의 뜻을 굽힐 수도 없는 일이오. 천주의 뜻에 따릅시다."

그러자 권철신도 결연히 일어섰다.

"그럽시다. 조만간 검거가 있을 터. 그때 우리 모두 순교의 뜻을 이룹시다. 우리들 목숨으로 이 땅에 천주교가 꽃필 수 있다면 이것이야말로 영광스런 일이지요."

담담하게 울려나오는 권철신의 목소리는 오히려 감미로운 느낌이 들 정도였다. 다른 사람들도 묵묵히 고개를 끄덕였다. 죽음의 그림자가 그들에게 드리워져 있는데도 누구 하나 두려워하지 않는 것이다. 어둠이 깊으면 별빛이 더욱 밝듯 그들의 얼굴 또한 환하게 피어오르고 있었다.

정조 15년 11월 8일. 차대(次對:대신들이 입시하여 중요 정무를 임금에게 보고하는 일)가 있었다. 이날의 차대는 벽파의 거센 포문으로 시작되었다. 먼저 윤지충을 문초했던 정민시의 보고가 있었다.

"윤지충은 전라도 진산에서 나서 계묘(정조 7년)년 봄에 진사 시험을 합격하고, 이듬해 겨울 서울에 머무는 동안 정약용의 가르침을 받고 서학에 물든 자입니다. 그는 차라리 사대부의 원망을 들을지언정 천주에게는 조금도 누가 되지 말아야 한다는 신념을 갖고 있습니다. 이제부터 경과보고를 올리겠습니다.……."

그러나 정민시의 보고가 다 끝나기도 전에 벽파의 중심격인 심환지가 입을 열었다.

"전하, 이는 개국 이래 처음 있는 너무도 해괴망측한 일이옵니다. 부모가 없고서야 어찌 자식이 있겠습니까! 오로지 천주만을 하늘로 보고 있으니 이런 천하의 패륜아가 어디 있습니까? 마땅히 엄벌에 처하셔야 하옵니다."

그때부터 어전은 벌집을 쑤셔놓은 듯 어지러워졌다. 벽파들이 너나 할 것 없이 나서 한마디씩 하였다.

"전하, 서학은 인륜에 어긋나는 사학(邪學)이옵니다."

"그렇사옵니다. 전하. 제 부모의 제사도 지내지 않는 자들이옵니다. 윤지충을 비롯하여 천주교인들을 참벌로 다스려주소서!"

"통촉하여 주시옵소서!"

벽파의 불같은 주청이었다. 정조는 한 손으로 이마를 짚었다. 주청을 막으려면 이들이 인정할 수 있는 반듯한 논리가 있어야 했다. 그러나 유학에 뿌리를 둔 조선에서 제사를 폐지한 행위를 인정할 수 없음은 너무도 당연한 일이 아닌가. 정조는 체제공을 바라보았다.

"좌상은 어찌 생각하시오. 한번 말해보시오."

구원을 바라는 눈빛이었다. 그걸 모를 리 없는 체제공은 심호흡을 길게 하고는 입을 열었다.

"신 좌의정 체제공 아룁니다. 이번 윤지충의 일은 실로 통탄할 일입니다. 서학은 다소 의문스러운 곳이 있긴 하지만 또한 배울 점도 있는 것으로 아옵니다. 천주교는 이 서학을 공부하는 한 방편으로 ……."

이때였다. 돌연 목만중이 체제공의 말을 끊고 나섰다.

"대감은 말씀을 삼가하시오. 이미 그들의 패륜이 만천하에 드러났는데 그들을 감싸고 도는 이유는 무엇이오?"

기다린 것이다. 체제공의 말이 나오길 기다렸고, 그가 말을 시작하면 바로 반박하여 아예 기를 죽이려고 벼르고 있었다.

"이는 종묘사직의 위태로움을 그냥 지나치자는 것이 아니고 무엇이오?"

"대감, 대감은 이 정도도 모르시는 것이외까!"

체제공은 아연실색했다. 예상은 했지만 반발이 너무 심한 것이다. 그때였다. 정조의 노성이 어전에 울려 퍼졌다.

"그만들 두시오. 분명히 말하건대 과인은 지금 좌상에게 묻고 있는 것이오. 알겠소?"

정조의 통렬한 꾸짖음이자 체제공에 대한 절묘한 지원이었다. 벽파의 기세가 수그러들고 체제공은 다시 말을 이었다.

"황공하옵니다. 전하. 신의 불충을 통감합니다. 하지만 신의 소견으로 천주교는 서학을 공부하는 한 방편이라 사료되옵니다. 대저 처음 접하는 학문은 참과 거짓이 한데 어우러져 있어 바른 판단이 어렵습니다. 그렇다고 해서 천주교를 변명하자는 것은 결코 아닙니다. 다만 신의 우매한 생각으로는……."

여기까지 말한 체제공은 숨을 깊이 들이마셨다. 이제 결론을 내려야 했다. 자신의 말 한마디에 시파 젊은이들의 목숨이 달려 있었다.

"좀 더 시간을 두고 보았으면 합니다. 시간이 흐르다 보면 사악한 부분은 소멸할 것이고 바른 부분만 남을 것이옵니다."

"옳거니, 사(邪)는 스스로 망하는 법이지요."

정조의 중얼거림이었다. 이는 체제공의 진언에 동조한다는 뜻이었다. 위기의식을 느낀 벽파들이 가만히 있을 까닭이 없었다.

"전하, 신 대사간 신기 아룁니다. 그들에게는 임금도 아비도 없습니다. 오로지 천주만 있을 뿐입니다. 나라에는 지엄한 국법이 있는데, 그보다 교리가 앞선다면 어찌 나라의 기강을 잡고 큰 일을 할 수 있겠습니까. 이는 뿌리째 뽑아야 하옵니다. 통촉하여 주시옵소서.”

“그렇다면 그 뿌리가 어디까지란 말이오?”

정조의 재빠른 반문이었다. 순간 신기는 입을 다물었다. 정말로 몰라서 묻는 것인지 아니면 자신의 주청을 비꼬는 것인지 잘 구별할 수가 없었다.

이 틈을 타 정창순이 나섰다.

“ 신 정창순 아뢰오. 그 뿌리는 서학을 논하는 자 모두이옵니다.”

한 치의 물러섬이 없는 주장이었다. 정창순의 말대로라면 남인 시파는 모두 없애야 하는 것이다.

곧이어 결코 녹록치 않은 심환지의 발언이 있었다.

“그러하옵니다. 전하. 바라옵건대 윤지충은 물론이고, 권상현, 이가환, 이승훈, 정약전, 정약용, 정약종, 권일신, 권철신, 이윤하 등을 엄벌하소서. 이 길만이 조선의 정도를 지키는 길이옵니다.”

구체적인 발언이었다. 이미 벽파는 시파를 제거할 계획을 구체적으로 세우고 있었다. 체제공은 현기증을 느꼈다. 여기에서 잘못하면 상황은 걷잡을 수 없게 되는 것이다.

“전하, 신 좌의정 아뢰옵니다. 이가환은 이미 지방으로 좌천되었고, 이승훈 역시 평택 현감으로 좌천되었다 문초까지 받았습니다. 정약전 형제들도 다시는 사학을 접하지 않겠다고 다짐하고, 학업에 전념하고 있습니다. 다시 이들을 벌하심은 가당치 않은 것으로 사료되옵니다. 다만 제사를 없애고 불충한 일을 저지른 윤지충을 벌하여 훗날을 경계하심이 옳은 것으로 아옵니다.”

"……."

이제야 체제공은 자신의 의중을 확실히 나타내었다. 문제가 된 가지는 도려낸다는 것이 본래의 뜻이었다.

"전하, 통촉하여 주시옵소서."

체제공의 애끓는 목소리가 어전을 울렸다. 그러나 정조는 입을 열지 않았다. 체제공의 가슴은 타들어갔다. 이런 심정은 심환지를 비롯한 벽파들도 마찬가지였다. 모두들 긴장한 채로 정조의 하명만을 기다리고 있었다. 약간의 시간이 지나서 마침내 정조는 입을 열었다.

"경들의 충정을 내 모르는 바가 아니오. 그러나 잘못된 일을 자꾸만 들먹이면 구멍이 커져서 수습할 수 없는 지경에까지 이르게 되지요."

정조의 따끔한 일침이자 탄식이었다. 이쯤 되니 신하들은 더 이상 주청을 할 수가 없게 되었다.

정조는 담담히 다음 말을 이어갔다.

"내 경들에게 진심으로 이르고 싶은 말이 있소. 탕탕평평. 선왕의 뒤를 이어 이 정책을 펼치려는 과인에게 가장 큰 비애를 주는 것이 무어라고 생각하시오?"

정조는 우울한 눈으로 대신들을 둘러보았다. 모두들 고개를 숙인 채 아무 말도 하지 못했다.

"그건 바로 날만 새면 서로를 헐뜯는 경들의 목소리요."

"망극하옵니다. 전하."

"이날 이때껏 하루도 그 소리를 듣지 않은 적이 없었소. 백성이나 나라보다 자기 정파의 이익이 그렇게 중요하단 말이오? 제발, 제발 다투지 마시오. 진정 나라를 위하는 신하가 되어주시오."

"전하……."

순식간에 어전은 숙연한 분위기로 바뀌었고 대신들은 이구동성으로 울음 섞인 목소리를 내었다. 분위기가 가라앉기를 기다려 정조는 조용히 의금부에 명했다.

"분란을 일으킨 윤지충은 사형에 처하도록 하라. 엄히 다스려 후에 다시는 이런 일이 없도록 해야 하느니라."

"……."

"또한 이런 변고를 만든 진산군은 5년을 기한으로 현으로 강등시키고 고을의 맨 끝에 두도록 하라. 진산군수 신사언은 그 죄를 물어 그 지방에 유배토록 조처하라."

역시 임금은 어디가 달라도 다른 법이다. 정조는 벽파의 불같은 주청에 찬물을 끼얹고 자신의 의지대로 정사를 이끌어 나가는 노련함을 여실히 보여주었다.

"그리고 재주는 안타까우나 이승훈은 삭탈관직 하라. 권일신은 그 뉘우친 바가 크다 하니 위리안치(圍籬安置:외부와 접촉을 못하게 둘레에 가시 울타리를 쳐 중죄인을 가두는 일) 시키고……."

그로부터 긴 시간 동안 정조는 물의를 일으켰던 사람들을 거명하며 그들의 치죄를 일일이 논했다. 정조의 이마엔 어느덧 땀방울이 맺혀 있었다.

"마지막으로 지금 충분히 벌을 받고 있는 정약전 삼형제와 이가환에게는 논죄를 묻지 않겠소. 이것으로 오늘 차대는 마무리할까 하오."

다행이었다. 체제공의 시파에게는 큰 희생이었지만 그 정도에 그친 것은 정조의 보살핌이었고, 벽파 역시 불만족스럽지만 금상의 논죄가 가해졌으니 그대로 따를 수밖에 없었다. 어느 쪽에도 치우치지 않는 공정한 조치인 것이다.

"전하, 성은이 망극하옵니다."

"성은이 망극하옵니다."

정조의 용안에 쓸쓸한 미소가 번지는 순간이었다. 인사를 마친 대신들은 예의를 갖추며 황망히 어전을 나갔다. 조선의 천주교 역사상 최초의 순교자를 낳게 한 차대가 이렇게 끝난 것이다.

전라도 진산 땅의 제사 폐지 사건은 신해년에 일어났다 하여 후세의 사가에 의해 '신해교난'으로 기록되었다.

그 나라의 풍속을 무시한 채 교리대로만 행하여 일어난 사건이었다. 반면에 조선의 천주교는 다른 나라와는 달리 선교사 한 명 없이 '자생적'으로 발생했다는 세계 천주교사에 전무후무한 기록을 남기기도 하였다.

아무튼 신해교난이 있었는데도 불구하고 조선의 천주교는 급속히 세력이 확장되었다. 그러다 정조 17년에는 북경 천주당의 주문모 신부가 들어왔고, 이를 계기로 중국인 신부 지황, 황심 등이 연이어 들어와 천주교의 불꽃은 활활 타올랐다.

그러나 천주교 탄압은 계속되었다. 이들의 집회장소가 포도대장 조규진에게 발각되자 교인 윤유일은 자신이 '주문모'라 사칭하고 대신 잡혀 들어갔다. 그러나 후에 가짜라는 것을 알게 된 조규진은 고문을 가해 윤유일을 죽게 하고 지황마저 혼수상태에 이르게 하였다. 이를 두고 조정 대신들은 다시 갑론을박을 벌였다.

정조는 더 이상 이들을 옹호할 명분이 없었다. 결국 책임을 물어 조규진은 파직, 이승훈은 충청도 예산으로 귀양, 우부승지 정약용은 금정찰방을 삼아 외직으로 내치게 하였다.

정조 23년 정월 18일 체제공이 죽었다. 그나마 시파의 기둥이었던 체제공이 죽자 벽파의 입김이 거세어지기 시작했다. 그러던 중 6월 28일 정조가 춘추 49세의 일기로 승하하였다. 정조의 승하. 이는 곧 회오리바람이 몰려올 조짐이었다.

나이 어린 순조가 왕위에 오르자 대왕대비인 정순왕후 김씨는 모진 천주교 박해를 감행하였다. 이에 이승훈, 홍교만, 정약종 등이 죽어갔다. 또한 그해 4월과 5월에는 주문모 신부와 천주교를 신봉하는 인물들이 수없이 죽어갔다.

그러나 이들의 죽음은 죽음이라는 상황을 넘어선 하나의 의지였다. 순교자의 피는 복음의 씨앗이다. 죽음에 이르면서도 의연히 천주를 외치며 떠나갔던 수많은 천주교인들. 이로 인해 조선 전역에 천주교의 꽃이 활짝 피게 되었음을 어느 누구도 부인할 수 없을 것이다.

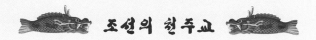

조선의 천주교

천주교는 17세기에 베이징을 왕래하는 사신들에 의해 전래되었다. 처음 천주교는 학문의 대상이었을 뿐이었는데, 18세기 후반부터 종교로 수용되기 시작했다.

천주교는 당시 성리학적 유교 가치관이 지배하던 조선에 커다란 파문을 일으켜 여러 차례의 박해가 있었다. 특히 조상에 대한 제사 불이행, 계급 타파, 남녀평등 등의 천주교 사상이 유교 사회 제도에 대한 도전으로 간주되었고, 서구 침략 세력에 대한 위기의식 또한 천주교 박해의 주된 원인이었다.

신유박해 등 몇 차례의 박해에도 불구하고 천주교의 교세는 확장되었다. 그것은 민생이 어려워짐에 따라 모든 인간은 천주 앞에서 평등하다는 사상과 현실에서 벗어나 영생할 수 있다는 교리가 큰 공감을 불러일으켰기 때문이다. 조선의 천주교는 1880년대에 이르러 선교의 자유를 얻는 데 성공하였다.

새야 새야 파랑새야

"대포에서 물이 나온다!"

고종 31년(1894). 동학군과 대치하며 예산성을 지키던 포병은 사색이 되어 어찌할 바를 몰랐다.

"뭐여! 대포에서 물이!"

말도 안 되는 소리였다. 대포는 항시 건조한 상태로 보관해서 명령이 떨어지면 기세 좋게 포문을 열어야 하는데 그 안에 물이 들어 있다면 무용지물이 아니겠는가.

포병은 망연자실 포문 속을 들여다보다가 포문을 숙였다. 그러자 그때까지 고여 있던 물이 바닥으로 쏟아져 나왔다.

이런 상황은 다른 대포도 마찬가지였다. 성벽에 걸쳐 있는 모든 대포에서 물이 쏟아져 나왔고, 심지어 어떤 대포에서는 개구리까지 튀어나왔다.

"그 말이 사실인 모양이야. 동학군과 대치하면 귀신이 조화를 부려 대포를 못 쓰게 만든다는 말이."

"맞아. 동학군은 하늘이 돕는다고 했는데!"

점차 관군들의 동요가 커져갔다. 장수들 역시 어찌할 바를 몰라 당황하는 모습이 역력했다.

이런 모습은 성 밖에서 대치하고 있던 동학군에게도 선명히 보였다.

"이제야 때가 되었군."

그때까지 전봉준은 묵묵히 성을 주시하고 있었다. 그를 따르는 군사들 역시 초조한 눈초리로 성의 동태를 살피며 전봉준의 진격 명령만 기다리고 있었다.

전봉준은 고개를 돌려 다시 한 번 진중을 살폈다. 의기로 일어선 백성들이었다. 저들의 눈빛에 조금이라도 주저하는 기색이 있으면 이 싸움은 진 것이나 다름없는 것이다. 그러나 전봉준의 이런 생각은 기우에 불과했다. 비록 조총에 대항하여 쇠스랑과 괭이, 탈취한 창검 등으로 무장을 했지만 저들의 눈빛은 하나같이 형형했다. 만일 후퇴하라고 한다면 오히려 분노할 자들이었다.

드디어 전봉준은 높이 쳐든 팔을 아래로 힘 있게 내렸다.

"진격하라! 적의 화기는 이제 사용할 수 없다. 승리는 우리 것이다!"

오랫동안 기다렸던 명령이었다.

동학군은 하늘이 떠나갈 듯 큰 함성을 지르며 성을 향해 달려갔다. 여기저기에서 관군의 화살에 넘어지는 자들이 속출했다. 그러나 동학군은 아랑곳하지 않고 더욱 진격에 박차를 가했다.

"이놈들! 오늘이 너희 놈들 제삿날이다."

시퍼렇게 날이 선 동학군의 분노였다. 여기에다가 길가에 구경차 나왔던 백성들 역시 금방 의기가 돋아 같이 합세하니 싸움이 진행될수록 동학군의 숫자는 더 많아져만 갔다.

"가자! 썩은 탐관오리를 죽이자!"

급기야 굳게 달혔던 성문이 열리고 동학군은 밀물처럼 성 안으로 들어갔다. 관군은 도주하기에 바빴고 몇몇 하급 관군은 오히려 동학군 편이 되어서 저희 장수의 목을 베어 오기도 했다.

싸움은 동학군의 승리로 막을 내렸다. 모두들 기쁨의 함성을 질렀고, 탐관오리에게 짓눌려 살았던 백성들은 얼싸안고 춤을 추었다. 일부 동학군은 관군이 버리고 간 무기를 자신의 농기구와 바꿔 들고 잔뜩 흥분하기도 했다.

"장군, 대승이옵니다."

누각에 서서 북쪽 하늘을 바라보고 있던 전봉준에게 예하 장수가 다가와 보고하였다. 보고는 포로의 숫자와 탈취한 무기, 창고에 있는 식량들의 순서로 진행되었다. 보고가 끝나자 전봉준은 천천히 입을 열었다.

"들으시오. 포로들 가운데 하급 관군은 모두 석방토록 하시오. 혹 이들 중에 우리 군에 가입하기를 희망하는 자가 있으면 받아들이고, 무기는 공평하게 지급하시오. 또 창고를 열어 양곡을 이곳 백성들에게 모두 나누어주시오."

짤막하지만 위엄 있는 말투였다. 예하 장수는 고개를 숙이고 자리를 떠났다.

장수가 누각 아래로 내려가자 전봉준은 곧 몸을 돌려 다시 북쪽 하늘을 묵묵히 바라보았다.

녹두장군 전봉준

전봉준은 조선 25대 철종 4년(1853)에 전라도 고창군 오산에서 태어났다. 그가 자라면서 본 것은 탐관오리의 횡포와 극심한 가난으로 점철된 백성들의 삶이었다.

특히 소년 시절의 체험은 그의 의식을 더욱 성숙시켰다. 그의 아버지가 탐관오리의 횡포를 지적하다가 관군에 붙잡혀 모진 고문 끝에 죽은 것이었다. 소년 전봉준의 분노는 하늘까지 닿았다. 그러나 그에게는 아무런 힘도 없었다. 주위에 보이는 것은 관료가 아니면 신음하는 백성들뿐이었다. 어딘가에 자신의 한을 풀고 싶었다.

이런 전봉준은 자연스레 동학에 관심을 가지게 되었다. 동학은 최제우가 만든 우리의 종교였다. 전봉준이 입당할 때의 동학은 '사람이 곧 하늘이다'라는 인내천 사상과 더불어 '나라를 구하고 백성을 편안케 한다.' 등의 사회 개혁 운동을 내걸어 백성들의 큰 호응을 얻고 있었다.

동학에 입당한 전봉준은 이내 접장(接長 동학의 조직은 포(包), 장(帳), 접(接)으로 구성되었음.)이 되어 한 지역을 통솔하다가, 한양으로 올라가 운현궁에 은퇴해 있는 흥선 대원군의 문하에 들어갔다.

"계속하여 조정의 감시를 받고 있는 것은 동학이 한낱 미신으로 여겨지기 때문이다. 동학의 큰 뜻을 실행하기에 이는 마땅한 바가 아니다."

전봉준의 생각은 조정과 손을 잡는 것이었다. 그러기 위해서는 조정의 실력자인 흥선 대원군의 지원을 받아야 했다.

그러나 전봉준은 섣불리 대원군에게 자신을 드러내지 않았다. 그는 1년이 넘도록 그저 대원군의 문하에서 활동할 뿐 아무런 청탁도 하지 않았다. 전봉준의 행실이 이러하니 이를 지켜보던 대원군의 의구심은 커져갔다. 그러던 중 하루는 대원군이 전봉준을 불렀다.

"내 집에 출입하는 자는 거의가 벼슬을 얻고자 오는 자이거늘, 그대는 아무런 청이 없으니 참으로 괴이한 일이다."

대원군은 전봉준의 의도를 알고자 짐짓 딴청을 부렸다. 그러자 이런 자리를 기다렸다는 듯이 전봉준은 태연히 말을 받았다.

"나리, 작은 청을 하지 않는 사람은 큰 청이 있는 까닭이지요."

"큰 청이라?"

"그러하옵니다."

"음, 좋다. 나를 따라오너라."

눈빛만 보고도 그 사람의 내심을 짐작하는 대원군이었다. 전봉준이 눈을 반짝이며 당당하게 대답을 하자 그는 곧 자신의 밀실로 전봉준을 데리고 갔다.

"나리, 나리께서는 동학 세력을 어떻게 보십니까?"

밀실에 들어간 전봉준은 단도직입적으로 자신의 뜻을 보였다. 이 말에 대원군은 움찔 놀랐다.

기실 이때의 대원군은 끈 떨어진 연 신세였던 것이다. 자신의 십년 세도가 며느리에게 위협받고 있었고, 조정 안팎으로 자신의 세력은 이렇다 할 게 없었다. 그런데 자신의 상황을 훤히 알고 있다는 듯이 전봉준이 입을 연 것이다.

"······뜻이 있을 터. 말해보아라."

허락이 떨어진 것이다. 지난 1년 동안 기다려온 순간이다. 전봉준은 심호흡을 길게 하고 천천히 말을 꺼냈다.

"조선은 우리 땅입니다. 그런데 지금 이 나라는 청과 왜의 간섭으로 혼란한 지경에 이르렀습니다. 또 지방의 관리들은 하나같이 자신의 탐욕으로 얼룩져 있으니 백성들의 원망이 하늘을 찌를 듯합니다.

이에……."

전봉준의 말을 듣고 있는 대원군의 얼굴은 점차 붉어졌다. 어디 조그만 세력일지라도 자신의 것으로 만들어야 하는 절박한 상황에서 동학당이 자신을 밀어준다는 것이 아닌가.

이윽고 전봉준이 말을 마쳤다. 전봉준의 얼굴에는 흥분과 비장감이 감돌았고, 이 말을 듣던 대원군의 표정 역시 딱딱하게 굳었다.

"잘 들었네."

대원군은 한참 동안 골똘히 생각에 잠겼다.

시간이 흘러가고 있었다. 대원군의 모습을 보며 그의 말이 떨어지기를 기다리는 전봉준에게는 참으로 길고도 초조한 시간이었다.

약 두 시각이 지났을까, 드디어 대원군이 입을 열었다.

"좋다. 그대들의 뜻이 정당하니, 때가 되면 일어나 남한강까지만 올라와라. 그때 관병을 데리고 그대들을 영접하겠다."

대원군의 결단이었다.

다시 고부군으로 내려온 전봉준은 이 사실을 동학의 실세인 포와 장에게 알렸다. 그러나 지도부는 그냥 기다려보자는 쪽으로 의견을 모았을 뿐이었다. 아직은 때가 아니라는 것이 대부분의 의견이었던 것이다.

이런 가운데 고종 29년(1892)이 되어 조병갑이라는 자가 고부군의 수령으로 부임했다. 그는 부임하자마자 백성들의 고혈을 짜기에 여념이 없었다. 자신 아버지의 비각을 세운다는 명목으로 천 냥을 거두어들이는가 하면, 기존에 있던 보(洑:논에 물을 대기 위해 둑을 쌓고 흐르는 냇물을 모아둔 곳) 아래 새로 보를 만들었다. 이때 백성들을 강제로 동원시켰으며, 보가 완성되자 이를 만석보(萬石洑)라 이름 짓고, 물세로 쌀 칠백 석을 농민에게 징수하였다.

농민들의 원성은 대단했다. 이에 동학의 접장인 전봉준은 농민 대표 40인을 이끌고 연판장을 써들고 동헌으로 찾아갔다. 그러나 이들의 요구는 계란으로 바위치기였다.

"참으로 괘씸한 놈들이 아닌가. 네놈들이 대체 무엇이기에 감히 나에게 명령을 하는 것이냐!"

"그게 아니오라 사또……."

"닥쳐라! 이놈."

조병갑은 도리어 이들이 불온한 선동을 한다 하여 태형과 장형을 가했다. 옳은 일에 나섰다가 흠씬 매만 맞고 쫓겨난 것이다. 이후에도 이들은 몇 차례 더 찾아갔으나 그때마다 그들에게 돌아온 것은 사정없는 매였다.

마침내 고종 31년(1894) 2월 15일

먼동이 희부옇게 밝아오는 새벽, 제각기 죽창과 몽둥이를 든 농민들이 동진강가에 모여들었다. 그들은 전봉준을 대장으로 추대하고 부패한 관아를 때려 엎자는 결의를 하였다.

"이제 이대로 당할 수만은 없소이다. 우리도 두 눈과 두 귀가 있는 저들과 똑같은 사람입니다."

전봉준은 농민들을 향해 목소리를 높였다. 키는 작았지만 다부진 그의 몸에서 울려 나오는 그의 큰 목소리는 모든 농민의 가슴을 파고들었다.

"우리는 결코 사사로운 원을 풀자는 것이 아닙니다. 저들의 끊임없는 횡포에 목숨조차 부지하기 어려운 백성들을 구제해야 합니다."

"옳소!"

"옳소!"

전봉준의 말이 끝나기 무섭게 찬동의 목소리가 이어졌다. 기실 전봉준의 이 말은 그들 저마다가 하고 싶은 것이었다.

이들은 곧바로 농기구를 움켜쥐고 관아로 쳐들어갔다. 이들이 관아까지 가는 동안 많은 백성들이 합류하여 그 수는 무려 1천여 명에 이르렀다.

성난 농민들과 무사안일한 관아의 관료들. 난동의 진압은 애초부터 불가능한 것이었다. 관아는 순식간에 농민들의 발에 짓밟혔다. 그러나 조병갑은 농민들이 쳐들어오기 전에 재빨리 담을 넘어 도망쳤다.

"이 쥐새끼 같은 놈!"

통탄할 일이었지만 어쩔 수 없었다. 전봉준과 농민들은 즉시 옥문을 열어 죄 없이 구속된 양민을 방면하였고, 창고에 쌓아둔 양곡을 풀어 굶주린 백성들에게 고루 나누어주었다. 또한 말썽이 되어왔던 만석보를 파괴하고 10일 만에 자진 해산하였다.

이 일이 조정에 알려지자 조병갑은 파면되어 서울로 끌려갔고, 후임으로 박원명이라는 어진 사람이 부임해 일체의 사건을 불문에 붙이고 백성들을 위해 정사를 펼쳤다.

그러나 몇 달 후, 안핵사로 임명된 이용태라는 자가 끝내 말썽을 일으키고 말았다. 역졸 8백 명을 거느리고 당도한 이용태는 이미 수습이 끝난 일을 문제 삼아 주모자를 색출하기 시작했다. 그리고 그 일에 동학교도들이 많이 가담된 것을 알아내고는 무조건 동학교도들을 잡아들여 심한 고문을 가하고 죽이기까지 하였다.

"한 놈도 빠뜨리지 마라! 역도들을 잡는 일임을 명심하렷다!"

수많은 농민들이 이들의 손에 끌려갔다. 그들은 이 과정에서 농민들의 재산을 약탈하기도 하고, 집에 불을 놓는 등 숱한 만행을 저질렀다. 졸지에 고부군은 아비규환의 아수라장이 되었다.

이렇게 되니 농민들 또한 그냥 주저앉아 있을 수만은 없었다.

"일어서라! 농민들이여."

전봉준은 농민군의 재봉기를 결심하고 주위에 알렸다. 이 과정에서 동학의 접주들인 무장의 손화중, 태인의 김개남 등이 같이 일어섰다.

"잘 들어라. 우리가 일어선 목적은 나라를 구하고 백성을 편안케 하는 데에 있다. 또 이 나라를 두고 청과 왜의 다툼이 빈번하니 이것 또한 없애고자 한다!"

실로 엄청난 구호였다. 조정에서도 제대로 못하는 일을 일개 농민들의 힘으로 행하자는 것이다. 또 조선이 건국되기 전부터 뿌리 깊게 박힌 중국에 대한 사대주의를 과감히 부수자고 이야기하고 있었다. 이는 실로 1천5백 년 이상 지속되어온 사대주의를 거부한 항쟁이었다.

동학교도들 이하 농민들의 분노는 엄청난 것이었다. 자신들을 파리 목숨보다 못하게 여기는 나라에서는 이래 사나 저래 사나 어차피 죽기는 매한가지였다. 가는 곳마다 죽기를 각오하고 싸우니 점점 싸우는 방법도 깨우치게 되었고, 무엇보다 썩을 대로 썩은 관군이다 보니 농기구만 가지고 싸워도 승리를 얻을 수 있었다. 게다가 금상첨화 격으로 진격하는 곳마다 으레 그 지방의 백성들이 뜻을 같이 하여 도와주니 사방이 동학군이었다.

전봉준의 군대는 정읍, 태인, 장성, 영광, 부안, 무안 등을 거침없이 밀고 들어갔다.

장성의 황룡시장을 점령할 때의 일이다. 동학군이 장성 시장을 경유할 것을 미리 안 관군은 시장 곳곳에 관군을 매복시켰다. 관군의 매복은 특이했다. 모두 상인의 행색을 하게 하였고, 이들이 가지고 있던 대나무 바구니나 항아리 등에 무기를 잔뜩 소지하게 했다. 그러니 양민을 건드리지 않는 동학군이 이곳을 지날 때 양쪽에서 일시에 습격하면 승산은 관군에게 있었던 것이다.

그러나 그곳 백성들이 미리 관군의 계략을 전봉준에게 귀띔해주었다. 전봉준은 비밀리에 이들 매복병을 제거하고 동학군을 그 복색으로 입게 했다. 상황이 이러하니 관군의 대패는 당연한 귀결이었다.

또 성에서 싸움이 있으면 미리 성 안의 백성들과 통하여 대포에 물을 넣어두게 시키니 막상 싸움이 시작되어도 대포는 무용지물이었다. 그리고 이런 사실을 불문에 붙이니 관군은 귀신의 조화라 하며 불안에 떨었고, 동학군은 더 한층 사기가 올랐다.

동학군이 관군과의 싸움에서 대승을 거둔 곳은 전주성이었다. 당시 전주의 남쪽에 위치한 전주성에는 많은 무기와 풍부한 식량이 비축되어 있었다.

싸움이 오래 가면 무기는 떨어지고 식량마저 동나게 마련이다. 따라서 그 지역을 누가 차지하느냐에 따라 호남 지방 전체의 판세가 좌우되는 것이다.

"절대 밀리지 말라! 관군은 이내 도주할 것이다!"

전봉준은 선두에 나서서 독려하였고, 이를 막는 관군의 태도 역시 완강했다.

"저따위 도당에게 이곳을 빼앗길 수 없다. 모조리 섬멸하라!"

일진일퇴의 싸움이 계속되었다. 관군과 동학군에 전사자가 속출하였으나 싸움은 끝이 나지 않았다.

조정에서는 계속 이곳에 병력을 집중 지원하였다. 제1전이 끝나 여러 장수와 병졸들이 죽음을 당하면 곧바로 새로운 장수와 병력이 투입되었다. 그리고 이들마저 제2전에서 죽으면 또다시 병력 투입이 있었다.

물론 동학군의 피해도 막대했다. 그러나 제3전이 있기 전까지 이곳 싸움은 동학군의 승리로 막을 내렸다.

이때 조정에서는 홍계훈을 양호남의 토벌사로 임명하고 중앙군 정예부대 8백 명을 지원하였다.

"한낱 도당들에게 당하고만 있을 수 없다. 내가 직접 나가 저들을 섬멸하리라."

홍계훈은 전주성에 약간의 궁수와 민병만 남기고 전군을 움직여 전주를 떠나 동학군을 추격하였다.

홍계훈의 이 전략은 바로 전봉준의 귀에 들어왔다.

"자, 때는 이때다. 홍계훈이 우리를 내치겠다고 출병을 하여 전주성이 빈 상태다."

전봉준이 새로운 작전을 이야기했다.

"저들이 우리가 있는 곳까지 도달하기 전에 철수하여 샛길로 전주에 입성한다. 그리고 저들이 손쓰기 전에 전주성을 점령하는 것이다."

정면 대결을 피하고 이길 수 있는 방법을 쓴 것이다.

드디어 4월 27일 새벽. 전봉준의 동학군은 샛길로 내달려 전주의 요새인 완산 철봉을 점령하고 바로 성문을 향해 포문을 열었다. 그러자 성을 지키던 장수는 황급히 몸을 피했고, 남아 있는 관군과 민병들이 성문을 활짝 열고 동학군을 맞이하였다.

전주성 입성.

이로써 전봉준의 군대는 완산 평야에 깃발을 휘날리게 되었고, 승리의 북소리가 천지를 진동하였다.

일이 이렇게 되자 조정은 청과 일본에 군사 파견을 요청하는 한편 동학군에 회유책을 써서 휴전을 제의했다. 전봉준은 이 제의를 수락하며 폐정개혁안 12조를 요구하였다.

'동학교도는 조정과의 숙원을 없애고 상호 협력할 것이다. ……탐관오리, 횡포한 부호와 양반 등을 엄벌에 처하라. 또 노비문서를 없애고, 과부의 재혼을 허락하라. 일본인과의 밀통자는 엄벌에 처해야 한다. 그리고 백성들이 조정에 진 빚은 일체 면제해야 하며 규정 외의 세금을 징수치 말아야 한다.……'

조정은 동학군의 이 제의를 순순히 받아들였다. 그리고 전라도에 53개의 집강소(執綱所:상설 개혁 민정기관)를 두어 동학교도에게 이를 관장케 했다.

실로 엄청난 개혁이 이루어진 것이다. 이 나라 역사가 생긴 이래 최초로 백성들의 힘을 보여준 사건이었다. 전봉준은 백성들과 함께 민중 봉기로는 최초이자 최대의 성과를 거둔 것이다.

전봉준. 우리나라 최초의 민중 봉기의 결실을 맺은 자. 우리나라 최초로 사대주의를 배척한 자. 양반 계급에 대항하고, 노비제도의 철폐와 과부의 재혼을 거론한 자.

그러나 전봉준이 이룩한 성과는 당시 조정이 불러온 일본군에 의해 무산되고 말았다. 1894년 6월, 일본은 갑자기 궁궐에 침입하여 명성황후 정권을 몰아내고 흥선 대원군을 옹립했다. 그러자 청나라가 군사를 몰고 들어왔다. 조선에서 일본과 청나라의 세력다툼이 벌어진 것이다.

이에 전봉준은 다시 동학군을 일으킬 것을 결심하였다. 호남과 호서의 동학군 10만 명을 이끌고 진격하여 공주의 우금치에서 관군과 일본군을 만나 1주 이상의 대격전을 벌였다. 하지만 근대식 무기로 무장한 일본군을 당할 수는 없었다. 또한 일전에 지원을 약속한 대원군이 타국 군대에 의해 정권을 잡고 나니 언제 그랬냐는 듯이 완전히 바뀌어 오히려 전봉준의 동학군을 거들떠보지도 않았다.

동학군은 대패하였다. 그리고 계속 후퇴를 거듭하였다. 전봉준은 순창에 숨어 재기를 노리다가 그해 12월 28일 관군에 붙잡히게 되었다.

관군에 붙잡혔지만 전봉준은 역시 시대의 영웅이었다. 다리를 심하게 다쳐 운신하기 어려운 그를 관군이 무수히 구타하자 그는 분연히 꾸짖었다.

"내가 국법을 어겼으면 마땅히 국법으로 다스려 죽여라!"

그리고 그에게 참형(1894년 3월 9일)이 내려지자 "나를 종로 네거리에서 죽여라. 백성들을 보고 싶다."하고 스스로의 죽음조차 선택하였으니 이때가 그의 나이 41세였다.

마지막까지 의연함을 잃지 않았던 전봉준. 이런 전봉준이기에 그를 애도하는 한 소절의 슬프고도 암울한 노래가 아직까지도 전해와 우리의 가슴을 적시고 있는 것이다.

새야 새야 파랑새야 녹두밭에 앉지 마라
녹두꽃이 떨어지면 청포장수 울고 간다
가보세, 가보세, 을미적, 을미적
을미적 – 병신되면 못 가느니.

(주: 파랑새는 팔왕(八王)새로 전봉준의 전(全)을 가리킴. 녹두는 전봉준의 호로 몸집은 작으나 유난히 단단하여 붙인 것임. 가보세는 갑오(甲午)년의 봉황새(鳳)를 가리키고, 을미년에 적을 부수지 못하면 병신년에 병신이 되어 당한다는 설이 있음.)

동학

    1860년(철종 11) 4월에 최제우(崔濟愚)가 창도한 종교. 서교(西敎 : 천주교)의 도래에 대항하여 동쪽 나라인 우리나라의 도를 일으킨다는 뜻에서 붙인 이름이다. 한울에 대한 경천사상을 중심으로 보국안민(保國安民)과 광제창생(廣濟蒼生)을 내세운 민족적이고 사회적인 종교이다. 제2대 교주인 최시형(崔時亨)에 이르러서는 '사람 섬기기를 한울같이 한다 [事人如天] 는 가르침으로 발전하였고, 손병희는 더 나아가서 사람이 곧 한울이라는 '인내천(人乃天)'을 선포하였다. 이는 인간 평등과 사회 개혁을 주장하고 있어 당시 사회 변화를 갈망하고 있던 민중의 호응을 얻었다. 1905년에는 손병희(孫秉熙)에 의하여 천도교(天道敎)로 개칭되었다.

    1894년의 전봉준 등이 주도한 농민봉기는 주체가 동학이라는 점에서 '동학혁명'이라고는 하지만 당시 동학과는 무관한 사람도 많은 참여를 하여 '갑오농민전쟁'이라고도 불린다.

을사오적을 찢어죽이소서

“아니! 영감님은 대체 뉘신데 이러시는 게요?”

“……”

“이것 보세요. 영감님!”

참으로 어처구니없는 일이었다. 청천대낮에 성문 앞에 엎드려 시종원 사람만 나오라니…….

이 돌연한 사태에 대한문을 지키던 순검들이 부복해 있는 늙은이 앞으로 하나 둘 모여들었다. 뿐만 아니라 길 가던 행인들도 꾸역꾸역 모여들어 삽시간에 대한문 앞은 구경꾼으로 북적거렸다. 그때서야 늙은이는 고개를 들고 추상같은 목소리로 순검을 꾸짖었다.

“너희들은 정녕 나를 모른단 말이더냐? 나는 전 찬정(贊政) 최익현이다. 쓰러져가는 나라를 그냥 둘 수 없어 이렇게 상소를 들고 왔건만 어찌 너희들이 내 앞을 가로막는단 말이냐! 위도 썩어 있지만 아래도 이러하니 나라가 제대로 돌아가지 않을 수밖에……. 이제는 두 말 말고 이 상소가 폐하께 전달될 수 있도록 하여라.”

좌중을 압도하고도 남을 위엄 있는 목소리였다. 아니, 좌중은 이미 최익현이라는 이름에 압도당하고 있었다.

　최익현. 그가 누구이던가. 조선 철종 때 문과에 급제하여 벼슬길에 오른 자로 그는 철종의 승하와 더불어 등장한, 나는 새도 떨어뜨린다는 흥선 대원군의 섭정에 강하게 반기를 들고 나섰다.

　당시 흥선 대원군은 당쟁의 뿌리를 뽑고자 하는 강력한 의지를 나타냈고, 그 일환으로 전국에 산재해 있는 서원을 철폐할 것을 명령했다. 이에 많은 유생들이 반기를 들었는데 최익현은 그 선봉에 서서 흥선 대원군을 강력히 탄핵하였다.

　"당쟁이라 함은 궁중 정치의 타락에서 연유된 것이다. 저희들끼리 벼슬자리를 놓고 으르렁거리더니, 이제 그 폐단의 책임을 서원에 떠넘겨 서원 철폐를 논하니 이는 연목구어(緣木求魚)에 비할 수밖에 없는 일이다."

　최익현의 저항은 거세었다. 심지어 그는 대원군을 독지네와 마왕에 비유하며 전국의 유생들을 찾아다니며 열변을 토했다.

　이런 가운데 흥선 대원군은 경복궁의 중건을 전국에 선포하였다. 궁궐이 빈약해 국가의 위엄이 서지 않는다는 이유로 엄청난 자금이 필요한 대공사를 벌인 것이다. 곧 국고는 바닥이 났고, 백성들에게 각종 세금을 강요하였다. 부역도 힘에 겨울 정도로 시켰다. 당연히 백성들의 원망 소리가 하늘을 뒤덮었다.

　최익현은 가만히 앉아 지켜볼 수만은 없었다.

　"이럴 수는 없는 일이다. 자신이 제시한 명분을 실현하기 위해 전 백성을 도탄에 빠뜨리는 저런 자는 당연히 물러가야 한다."

그는 곧 긴 상소문을 써내려갔다.

'……경복궁의 중건을 중지해야 함이 마땅합니다. 임금의 급무는 덕을 펼쳐 백성들을 편안하게 함에 있어야 하옵니다. 그런데 일부 어리석은 자들의 우견 때문에 왕실이 사치를 일삼으니 이는 참으로 나라를 망치고자 하는 작폐이옵니다.……'

최익현의 상소는 궁궐에 커다란 파문을 일으켰다. 그 누가 대원군에게 대항을 한단 말인가! 흥선 대원군이 필생의 역작으로 여기는 경복궁 증축을 정면으로 반박한다는 것은 상상도 못할 일이었다.

이 상소문을 접한 흥선 대원군의 분노는 이루 말할 수 없었다. 그는 최익현이라는 오만 방자한 자를 벌하고자 했다. 하지만 조정에서는 오히려 최익현에게 우국충절의 마음이 있다 하여 벼슬을 내리기에 이르렀으니 최익현의 명성은 더욱 높아만 갔다.

급기야 그는 고종 10년에 이르러 대원군의 폭정을 일일이 열거하고 나아가서 고종이 직접 정치를 해야 한다는 상소문을 올렸다.

고종도 장성하였고, 또한 여장부인 명성황후가 대원군의 섭정에서 벗어나고자 활발히 움직이고 있을 때였다. 따라서 최익현의 이 상소문은 조정에 커다란 회오리바람을 일으켰고 이것은 흥선 대원군의 실각을 만든 계기가 되었다.

이 일로 최익현은 감히 임금의 자리를 논했다 하여 형식상 제주도 유배를 갔다가 곧 풀려났을 뿐이었다. 이런 최익현을 조선 천지 어느 누가 모른다고 할 수 있겠는가!

최익현이라는 이름을 들은 사람들은 곧 옷매무시를 가다듬고 태도를 바꾸어 그를 대했다. 고자세로 비웃던 순검들이 황망히 엎드려서 예를 표했고, 구경하던 사람들도 그 자리에 엎드려 한시대의 거인을 바라보았다.

최익현의 출현은 많은 사람들에게 희망이 되었지만 무거운 부담을 느끼는 사람들도 있었다. 특히 한국 점령에 뜻을 두고 차근차근 단계를 밟아가던 일본의 입장은 더욱 난처했다.

"뭐라고! 최익현이가 또 서울에 나타났다고!"

보고를 받은 일본 헌병대장은 탁자를 치며 자리에서 벌떡 일어났다.

"이 망할 놈의 늙은이가!"

생각 같아서는 당장 요절을 내도 분이 안 풀릴 것 같았다. 하지만 최익현에게는 많은 추종자들이 있어 섣불리 그를 없앨 수는 없었다.

"아니! 지난번에 경기도 포천으로 호송시켰는데 왜 또 나타난 게야! 이 늙은이가 죽으려고 환장을 했구먼."

그러나 최익현이 누구인가. 서슬 퍼런 대원군 시절에도 목숨을 걸고 자신의 뜻을 펼쳤던 자가 아닌가.

1904년(광무 8년), 일본이 러일전쟁에 앞서 한국을 자기 손 안에 넣고 이용할 목적으로 한일 관계 강화책을 시도하여 새롭게 동맹을 맺었다. 이때 동맹 체결 과정에서 일본은 군대를 인천에 상륙시키고 의정부 대신들을 협박하여 의정서를 만들었는데, 이것이 한일의정서이다.

이 의정서에서 일본은 한국을 인정한다고는 했지만 이는 다만 형식적인 것일 뿐, 이후 가까운 장래에 한국을 삼키겠다는 뜻을 암암리에 위협적으로 내보이고 있었다.

이런 일본의 간계를 최익현이 모른 체 할 리가 없었다. 그는 곧 상소문을 올렸다.

'……삼가 아뢰옵건대 이는 일본에 나라를 넘기자는 의도로 밖에 볼 수 없습니다. 폐하께서는 부디 나라를 팔고, 정치를 어지럽게 하는 내각원 사람들을 엄히 벌하여 주십시오.……'

최익현의 상소가 조정에 전해지자 당황한 일본은 곧 최익현의 집을 습격하여 그를 잡아다가 꾸짖기도 하고 달래기도 하다가, 뜻대로 되지 않으니 그를 경기도 포천으로 보냈던 것이다.

그런데 포천에 있어야 할 자가 서울에 나타나 자신들의 계획을 방해하려는 것이 아닌가.

"최익현을 그냥 놔둘 수는 없다. 여봐라, 그 늙은이를 당장에 잡아 오너라."

명령이 떨어지자 헌병들은 부리나케 달려가 최익현을 잡아와 헌병 대장 앞에 대령했다.

"들으시오. 지난날 공은 청국을 등에 업고 우리 일본을 모함하더니 이제 한일 양국이 교의를 두텁게 하기 위해 약조까지 한 마당에 무슨 저의가 있어 우리의 교의를 짓밟으려 한단 말이오."

헌병대장은 도무지 참을 수 없다는 듯 분한 표정을 지으면서 최익현을 나무랐다.

그러나 이런 소리를 듣고 가만히 있을 최익현이 아니었다. 그는 조금도 주저하지 않고 대답했다.

"닥쳐라, 이놈. 네놈이 누구 앞에서 그런 허튼 소리를 하는 것이냐. 나는 한국만 알 뿐 청국도, 일본도, 또 그 외 다른 나라는 모르는 사람이다. 이런 내가 어찌 타국을 등에 업고서 생을 유지한단 말이더냐! 또한 너희가 지금 한일 간의 교의를 이야기 하는데 을미년에 왕비를 죽인 자가 누구란 말이냐? 너희들의 얕은 꾀는 이미 백일하에 드러났다. 우리는 자손만대로 이 원수를 갚을 것이니 너희는 더 이상 잔재주를 부리지 말도록 해라."

헌병대장은 그만 말문이 막혔다. 그가 취할 수 있는 조치는 최익현을 명동 헌병대에 유치했다가 치안을 방해하는 자라는 명목을 붙여 귀양을 보내는 일뿐이었다.

1905년(광무 9년). 러일 전쟁에서 승리한 일본은 드디어 야심을 드러내어 한국과 을사보호조약을 맺었다. 이 조약의 주된 내용은 한국이 가지고 있는 외교권을 박탈한다는 것이었다. 외교권의 박탈. 대체 외교권이 없이 어떻게 한 나라가 존재한다는 말인가. 이는 말이 좋아서 조약이지 사실상 한국을 자신의 식민지로 만들겠다는 말과 조금도 다름이 없는 것이었다.

이때 이 조약 체결을 담당한 자는 이토 히로부미였다. 이토는 1905년 11월 15일 이 조약서를 들고 와 황제를 배알했지만 중대한 사안이었으므로 대신들의 반대가 심했다. 그러자 그는 곧 전략을 바꾸어 17일 정부의 고관들을 일본 공사관으로 불러 위협적인 분위기를 조성해 가며 찬성 여부를 물었다.

이에 반대하고 일어선 자는 참정대신 한규설과 탁지부대신 민영기 둘뿐이었다. 나머지 대신들은 그 자리에서 이 조약서를 글자 한 자삭제 없이 그대로 받아들인 것이다. 당시 이 협약에 조인을 한 자는 이완용, 박제순, 이지용, 이근택, 권중현 등 5인이었다.

참으로 어처구니없는 일이었다. 대신 다섯 명의 합의로 나라의 주권이 일본으로 넘어간 것이다. 많은 사람들이 분개하였다. 이 사실이 장지연에 의해 〈황성신문〉에 '시일야방성대곡(是日也放聲大哭)'이란 제목으로 보도되었고, 민영환은 혀를 깨물고 자살하였다. 특진관 조병세, 참정 홍만식, 주영공사 이한응 등 자살하는 사람들이 줄을 이었다.

최익현의 분노도 하늘을 찌를 듯했다. 그는 곧 피눈물을 흘리면서 긴 상소문을 작성했다.

'……을사오적을 다섯 수레에 실어서 찢어 죽여야 하옵니다. 아니, 오적의 십 족(十族)까지도 죽여 없애야 하옵니다. 폐하께서는 무엇이 두려워 저들에게 벌을 내리지 않으시옵니까? 만일 폐하께서 저들에게 벌을 내리지 않으신다면 폐하는 모든 참된 신하를 역적으로 만드는 것이옵니다. 오늘 오적이 지은 죄는 임금을 시해하는 것에 버금가는 일이옵니다. 이를 그냥 둔다면 폐하와 이 나라 사직과 백성은 다 없어지고 마는 것이옵니다.……'

상소문은 한 번으로 끝나지 않았다. 최익현은 틈만 나면 상소문을 작성하여 밀사를 통해 궁궐로 들여보냈다. 하지만 아무런 힘도 갖지 못한 조정이었다.

한국의 임금은 그저 일본의 허수아비일 뿐이었으니 조정은 통한의 눈물만 흘릴 뿐, 할 수 있는 것은 아무것도 없었다.

"어쩔 수 없는 일이다. 이미 조정은 힘을 상실했으니 이제 상소문

따위로는 아무것도 할 수 없다. 내가 직접 일어서는 수밖에……."

이듬해인 광무 10년 4월, 결심을 굳힌 최익현은 호남지방으로 내려갔다. 의병을 일으키자는 것이었다. 그러나 최익현의 뜻을 전달받은 사람들의 태도는 쌀쌀하기만 했다. 나라가 일본에 넘어간 것이 기정사실인데 구태여 일어설 필요가 없다는 것이 대부분의 의견이었다.

이런 상황에서도 한때 최익현의 제자였던 임병찬이 그를 쾌히 따랐다.

"오늘의 시국을 좌시할 수는 없는 일이옵니다. 선생님께서 맹주의 자리에 계신다면 목숨을 바치겠습니다."

임병찬의 가세. 이는 풍전등화와 같은 조정의 운명과, 이를 구하고자 하는 최익현의 갈망에 더없는 희망이 되었다.

"내 어찌 이를 마다하겠는가. 고맙네. 정말 고맙네."

최익현의 눈에서 뜨거운 눈물이 흘렀다.

경상도에서는 이미 신돌석이라는 장수가 일어섰으며, 강원도에서는 유인석이 깃발을 드높이고 있었다. 이제 전라도에서만 일어선다면 그야말로 전국이 하나가 되어 일본을 물리칠 수 있었다.

이튿날부터 최익현은 바삐 움직였다. 참판 민종식을 홍주에 보내 의병을 모집케 했으며 최제학과 이재윤 등을 움직여 각 도의 사람들을 모았다. 최익현의 이런 의기는 호남과 호서지방 사람들의 심금을 울렸으며 매일 수백, 수천의 사람들이 그에게 모여들었다.

그러나 최익현에게는 이렇다 할 군사 전문가가 없었다. 최익현이 의병을 모집하고 있다는 소문이 전해지자 당시 통감으로 있던 이토 히로부미는 바로 군사령관을 전라도로 보냈다.

정규군과 군사 경험이 없는 의병과의 전쟁. 결과는 불을 보듯 뻔했다. 최익현의 의병은 일본군과 일본에 붙은 관군들에 의해 전사하거나 생포되었다. 싸움 한 번 제대로 못 해보고 의병활동이 막을 내린 것이다.

게다가 최익현과 임병찬은 서울로 압송되어 일본군 사령부에 구금되었다가 각각 3년, 2년의 형량을 받고 일본 대마도로 귀양살이를 떠나게 되었다.

3년의 귀양살이. 최익현은 대마도에 도착한 날부터 식음을 전폐하였다.

임병찬이 이를 극구 만류하였으나 최익현의 결심은 요지부동이었다.

"내 어이 원수의 밥을 먹으며 잠시라도 생명을 연장하려 한단 말이냐. 나를 괘념치 말고 너희는 살아 조국으로 돌아가 나라를 구하라."

최익현은 스스로 죽음의 길을 택하였다. 그리고 죽음에 앞서 마지막으로 광무 황제(고종)께 아뢰는 상소문을 작성하였다.

'……이제 신은 여기서 죽습니다. 신의 나이가 74세에 이르니 삶에 대한 미련은 없습니다만 을사오적을 처벌치 못한 점과 국권이 일본에게 먹혀들어감에 죽어서도 눈을 감을 수 없을 것 같습니다. 신이 생각건대 일본은 앞으로 3년이나 4년 후면 멸망할 것이온즉 부디 폐하께서는 국사를 저버리지 마시고 용기를 가지고 더욱 분발하셔야 합니다. 와신상담. 마음을 굳게 하시면 모든 백성들이 폐하를 위해 사력을 다할 것입니다. 백성들의 마음은 폐하의 마음이 굳세고, 굳세지 않음에 좌우됨을 아셔야 합니다. 신 영결에 즈음하여 눈물을 머금고 삼가 아뢰는 바이옵니다……'

마지막 상소문이었다. 이 상소문을 작성하고 얼마 안 있어 최익현은 세상을 등지고 말았다. 후에 최익현의 주검이 부산으로 들어왔을 때 백성들이 부두로 나와 통한의 눈물을 흘렸다 하니 조선왕조의 마지막 역사에서 그가 차지한 자리가 어떠했는지 미루어 짐작할 만하다.

최익현의 죽음. 이는 다만 한 인물의 죽음이 아니었다. 그의 죽음은 조선왕조 오백 년을 지탱해온 조선 정신의 죽음이었다.

을사조약

1905년 러일전쟁에서 승리한 일제가 대한제국의 외교권을 박탈하기 위해 강제로 체결한 조약. 공식 명칭은 한일협상조약(韓日協商條約)이며, 제2차 한일협약, 을사보호조약, 을사5조약이라고도 한다.

일본 추밀원 의장 이토 히로부미[伊藤博文]는 고종에게 보호조약의 강제체결을 위해 회유와 협박을 거듭했다. 그러나 고종이 순순히 응하지 않자, 그는 각료들을 일본 공사관으로 불러 이 조약을 승인하게 했다. 공포 분위기 속에서 진행된 회의가 결론을 내지 못하자, 일제는 회의장소를 옮기고 고종을 제외한 상태로 다시 열었다. 그래도 결론이 나지 않자 이토는 대신들 한 사람 한 사람에게 찬성여부를 물었다. 이에 학부대신 이완용(李完用), 군부대신 이근택(李根澤), 내부대신 이지용(李址鎔), 외부대신 박제순(朴齊純), 농상공부대신 권중현(權重顯) 등이 약간의 내용 수정을 한다는 조건 하에 찬성했다. 이토는 이들 5명으로 회의를 다시 열고, 외부대신 박제순과 특명전권공사 하야시의 이름으로 이른바 '한일협상조약'을 강제 체결했다

그 내용은 다음과 같다.

1. 일본 정부는 일본 외무성을 경유하여 금후 한국이 외국에 대하는 관계 및 사무를 감리·지휘하고 일본의 외교 대표자 및 영사는 외국에 있는 한국인 신민 및 이익을 보호함.

　2. 일본 정부는 한국과 타국 간에 현존하는 조약의 실행을 완수하는 책임에 있어서 한국 정부는 금후 일본 정부의 중개를 경유하지 않고서는 국제적 성질을 가진 어떠한 조약이나 약속을 하지 않기로 함.

　3. 일본 정부는 그 대표자들로 하여금 한국 황제 폐하의 궐하에 1명의 통감을 두되 통감은 전적으로 외교에 관한 사항을 관리함을 위하여 경성에 주재하고 친히 한국 황제를 알현하는 권리가 있음.

　4. 일본과 한국 간에 현존하고 있는 조약과 약속은 본협약 조관에 저촉되지 않는 한 모두 그 효력을 계속하는 것으로 함.

　5. 일본 정부는 한국 황실의 안녕과 존엄을 유지하도록 보호함.

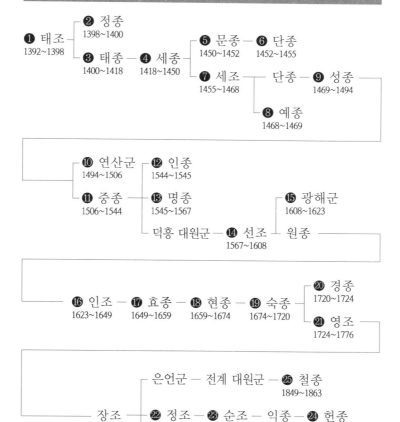

❶ 태조
1392~1398

❷ 정종
1398~1400

❸ 태종
1400~1418

❹ 세종
1418~1450

❺ 문종
1450~1452

❻ 단종
1452~1455

❼ 세조
1455~1468

단종 — ❾ 성종
1469~1494

❽ 예종
1468~1469

❿ 연산군
1494~1506

⓫ 중종
1506~1544

⓬ 인종
1544~1545

⓭ 명종
1545~1567

덕흥 대원군 — ⓮ 선조
1567~1608

⓯ 광해군
1608~1623

원종

⓰ 인조
1623~1649

⓱ 효종
1649~1659

⓲ 현종
1659~1674

⓳ 숙종
1674~1720

⓴ 경종
1720~1724

㉑ 영조
1724~1776

장조

은언군 — 전계 대원군 — ㉕ 철종
1849~1863

㉒ 정조
1776~1800

㉓ 순조
1800~1834

익종 — ㉔ 헌종
1834~1849

은신군 — 남연군 — 흥선 대원군

㉗ 순종
1907~1910

㉖ 고종
1863~1907

강

은